"十四五"职业教育国家规划教材

"十三五"职业教育国家规划教材

 课程思政

数字资源
音频视频　延伸阅读

21世纪职业教育教材·文秘系列

档案管理实务

（第三版）

主　编　何　屹

北京大学出版社
PEKING UNIVERSITY PRESS

图书在版编目(CIP)数据

档案管理实务/何屹主编. -- 3 版. -- 北京：北京大学出版社，2024.9. -- （21 世纪职业教育教材）. -- ISBN 978-7-301-35365-3

Ⅰ.G271

中国国家版本馆 CIP 数据核字第 2024P3G340 号

书　　　名	档案管理实务（第三版）
	DANG'AN GUANLI SHIWU（DI-SAN BAN）
著作责任者	何　屹　主编
策划编辑	周　丹
责任编辑	周　丹
标准书号	ISBN 978-7-301-35365-3
出版发行	北京大学出版社
地　　　址	北京市海淀区成府路 205 号　100871
网　　　址	http://www.pup.cn　新浪微博：@北京大学出版社
电子邮箱	编辑部 zyjy@pup.cn　总编室 zpup@pup.cn
电　　　话	邮购部 010-62752015　发行部 010-62750672　编辑部 010-62704142
印刷者	三河市北燕印装有限公司
经销者	新华书店
	787 毫米×1092 毫米　16 开本　18.5 印张　485 千字
	2010 年 9 月第 1 版　2020 年 1 月第 2 版
	2024 年 9 月第 3 版　2025 年 7 月第 4 次印刷（总第 28 次印刷）
定　　　价	59.00 元

未经许可，不得以任何方式复制或抄袭本书之部分或全部内容。
版权所有，侵权必究
举报电话：010-62752024　电子邮箱：fd@pup.cn
图书如有印装质量问题，请与出版部联系，电话：010-62756370

第三版前言

《档案管理实务》是教育部"十三五"职业教育国家规划教材、"十四五"职业教育国家规划教材，多年来一直是高职文秘、档案管理等专业的重要基础课程教材，享有较高的使用率与认可度。经过两次精心修订，本教材在内容上日臻完善，得到了广大师生的好评。然而，随着职业教育改革的深化、科技的飞速发展以及行业环境的不断变化，档案管理在管理规范、管理理念、管理技术与应用等方面均呈现出显著的新动态。

鉴于此，本教材结合近年来教学实践经验的积累，对内容与结构进行了全面而细致的更新，以准确反映档案管理领域的前沿动态。此次修订在提升内容质量的同时，特别注重体现档案管理前沿的新政策、新水平，强调课程思政内容的融入，旨在实现知识与技能、思政与专业的深度融合，主要体现在如下方面：

一、思政引领，有机融合思政元素与课程内容

本教材深入挖掘档案管理学科中的思政教育元素，遵循思政与技能并重、岗位与任务对接的理念，创新了教材结构设计，将政治素养、职业道德、工匠精神等要素有机融入课程内容之中。每个项目均设置了明确的素养目标，并增加了"职业箴言"栏目，以激励学生树立正确的职业观念，同时也为教师提供了丰富的思政教学资源，助力课程思政的有效实施。

二、结构优化，提升教学实用性、针对性和可操作性

通过增设思维导图、调整任务训练模块，本教材在结构上实现了优化。每个项目和子任务都分别增设了项目结构和思维导图，便于师生明确教学内容与重点；删除了原教材中每个子任务的"任务训练"模块，在每个项目设置了一次综合的"技能提升训练"模块，布置落地任务，设置"任务工单"，便于教师开展档案实训，锻炼和培养学生的职业技能。

三、革故增新，确保教材内容的前沿性与一致性

本教材依据最新档案管理规范与技术标准，对相关内容进行了全面更新。如对项目一中档案概念及法规阅读、项目二中电子文件的归档、项目七中档案开放利用等相关表述进行了较大修改；针对教材中涉及《档案法》的知识点、案例及法规阅读进行了修订。确保教材内容与当前档案管理规范，档案工作的新技术、新方法相一致。同时，部分陈旧案例的替换也进一步提升了教材的时代性与创新性。

本教材由何屹（项目一至项目八，项目十）和孙亚军（项目九）合作编写，并得到浙江大东吴集团企业专家顾强儿主任的专业指导，在此致以衷心的感谢。本教材职业性特点

鲜明，注重对学生的操作技能的培养，不仅适用于职业类院校文秘、人力资源管理等专业的教学，也可以作为企业档案管理人员的工作参考用书。

　　尽管我们力求完善，但限于编者水平有限，新修订的教材仍可能存在不足之处。恳请各位专家与同人批评指正。

编者

2024 年 7 月 16 日

　　本教材配有教学课件或其他相关教学资源，如有老师需要，可扫描右边的二维码关注北京大学出版社微信公众号"北大出版社创新大学堂"（zyjy-pku）获取。

- 课件申请
- 样书申请
- 教学服务
- 编读往来

本书课程思政元素

根据教育部《高等学校课程思政建设指导纲要》精神和党的二十大精神进教材的要求，本教材围绕"培养什么人，怎样培养人，为谁培养人"这一教育根本问题，深入挖掘档案管理实务中蕴含的思政资源，通过单元目标、案例导入、职业箴言、知识点介绍、技能提升训练、法规阅读等教学素材的设计与整合，以"润物细无声"的方式，将"爱国、敬业、诚信、友善"的社会主义核心价值观以及"合作、实干、奉献、自强"等职业精神，贯穿于教材之中，以熏陶、激励大学生的理想信念，从而实现铸魂育人、德智相融的目标。

本教材根据档案管理工作特性，遵循思政与技能并重、岗位与任务对接的理念，创新了教材结构设计，将党的二十大精神与档案管理工作中需要的政治素养、职业道德、工匠精神等融汇并细化于教材章节内容之中，教师在实际教学中可根据专业与学生特点，参考以下思政内容导引表，展开研讨、训练，进行总结、分析，以更好地落实课程思政教学目标。

项目	思政知识点	主要思政内容/案例	课程思政目标
项目一	项目目标	素养目标 职业箴言	1. 培养积极主动的服务意识、无私奉献的职业精神； 2. 树立认真负责的敬业精神。
	任务一"档案演变"	素养目标 甲骨档案 法规阅读	1. 增强历史自豪感和文化自信； 2. 深化爱国主义情怀； 3. 培养遵守法律法规的意识。
	任务二"档案工作者素质"	素养目标 案例导入 案例分析 拓展阅读	1. 培养爱岗敬业的精神与勇于担当的品质； 2. 树立预防意识，做到防患于未然； 3. 培养数字化意识及创新意识。
项目二	项目目标	素养目标 职业箴言	1. 培养主动收集信息、守正创新的服务意识； 2. 树立严谨细心、勇于担当的职业精神。
	任务一"档案收集归档"	素养目标 案例导入 案例分析	1. 培养爱岗敬业的精神、积极主动的服务意识； 2. 培养团队合作精神，激发奉献精神。
	任务二"电子文件归档" 任务三"档案征集"	红色档案征集案例 法规阅读	1. 培养守正创新精神； 2. 培养与时俱进的工作思维方式； 3. 培养深厚的家国情怀和强烈的社会责任感。
	技能提升训练	任务实施	1. 培养严谨细致的工作态度； 2. 培养严格自律的做事习惯。

续表

项目	思政知识点	主要思政内容/案例	课程思政目标
项目三	项目目标	素养目标 职业箴言	1. 培养实事求是、灵活创新的意识； 2. 培养认真细心、具有责任心的工匠精神。
	任务一"分类方案"	案例导入	1. 培养实事求是、灵活创新的意识； 2. 树立懂法、守规的规则意识。
	任务二"档案整理"	案例导入 档案分类与整理 卷内文件整理流程	1. 培养严谨务实的工作态度； 2. 培养细心、耐心的职业精神； 3. 提升思考能力，培养独立分析并解决问题的能力； 4. 培养学生的团队合作精神，规范做事方法。
项目四	项目目标	素养目标 职业箴言	1. 树立实事求是的历史发展观； 2. 培养认真细心、负责的工匠精神。
	任务一"价值鉴定方法"	案例导入 档案鉴定方法讲解	1. 做事灵活，运用历史与发展的眼光看待案卷价值； 2. 树立严谨、一丝不苟的职业责任感。
	任务二"档案保管期限表"	案例导入	1. 培养严谨、一丝不苟的工作态度； 2. 培养知法、懂法、守法的法律意识。
	任务三"档案鉴定与销毁"	案例导入 案例分析	1. 学会规范地评估与分析案卷； 2. 养成守规、遵法的规则意识。
项目五	项目目标	素养目标 职业箴言	1. 培养敬业、负责的工匠精神； 2. 树立安全意识、环境保护意识。
	任务一"档案保管物质条件"	案例导入	树立绿色理念、践行环保标准。
	任务二"档案保管技能"	案例导入 档案保管环境	1. 培养脚踏实地、精益求精的工匠精神； 2. 学会以问题为导向，形成防患于未然的安全意识与风险意识； 3. 增强事业心和历史使命感。
	任务三"特殊载体档案的保管"	案例导入 案例分析	1. 树立踏实认真、规范做事的职业素养； 2. 树立劳动光荣的价值观，增强历史使命感。
	拓展阅读	皇史宬、后湖黄册库介绍	理解古人建造档案库房的智慧，树立民族自豪感。
项目六	项目目标	素养目标 职业箴言	1. 培养精心、静心著录编研的职业素养； 2. 树立细心、负责的工作态度。
	任务一"档案检索与著录"	案例导入 案例分析	1. 培养历史责任感与敬业精神； 2. 培养实事求是、科学严谨的做事态度。
	任务二"电子档案检索"	检索方法实战	1. 培养与时俱进、积极创新的工匠精神； 2. 培养科学严谨的做事态度。
	任务三"档案编研技能" 任务四"常见编研产品"	案例导入	1. 培育精益求精的工匠精神； 2. 培养科学严谨、客观公正的写作态度； 3. 树立主动服务的意识，增强责任感。

续表

项目	思政知识点	主要思政内容/案例	课程思政目标
项目七	项目目标	素养目标 职业箴言	1. 培养实事求是、科学统计的职业素养； 2. 树立热心、贴心、积极服务的敬业精神。
	任务一、任务二"档案统计"	案例导入	1. 培养创新开拓的职业精神； 2. 培育科学严谨的做事态度。
	任务三"档案利用"	案例导入 档案利用方式	1. 培养创新开拓的职业精神； 2. 树立主动服务的意识，增强责任感。
项目八	项目目标	素养目标 职业箴言	1. 培育认真尽责的职业素养； 2. 树立集体荣誉感和责任感。
	任务一"实物档案"	案例导入 实物档案分类与归档要求	1. 培养认真负责的敬业精神； 2. 培养集体荣誉感和历史使命感。
	任务二"实物档案管理"	案例导入 实物档案管理方法	1. 培养创新开拓的职业精神； 2. 培育敬业、守法、清廉的职业素养。
项目九	项目目标	素养目标 职业箴言	1. 培养认真尽责的职业素养； 2. 培育敬业、守法、清廉的职业素养。
	任务一"人事档案"	案例导入 案例分析	1. 培养以人为本的服务意识； 2. 培育守正清廉的职业素养。
	任务二"会计档案"	案例导入 案例分析 会计档案管理方法	1. 树立遵纪守法的法律意识； 2. 培育守正清廉的职业素养。
	任务三"社保档案"	案例导入 社保档案管理方法	1. 树立以人为本的服务理念； 2. 培育守正清廉的职业素养。
项目十	项目目标	素养目标 职业箴言	1. 培养与时俱进、创新开拓的职业精神； 2. 树立风险意识，增强责任感。
	任务一"档案数字化"	案例导入 档案数字化操作	1. 培养与时俱进、创新开拓的职业精神； 2. 树立风险意识，增强责任感； 3. 培育敬业尽责、精益求精的工匠精神。
	任务二"档案数据库"	案例导入 档案数据库建设与开发	1. 培养与时俱进、创新开拓的职业精神； 2. 培育敬业尽责、精益求精的工匠精神。

目 录

项目一　认识档案与档案管理工作 (1)
　　任务一　认识档案与档案机构 (3)
　　任务二　档案管理工作及岗位素质要求 (10)
　　技能提升训练 (15)
　　思考与练习 (17)
　　拓展阅读 (18)
　　法规阅读 (19)

项目二　档案收集工作 (21)
　　任务一　档案室收集归档 (23)
　　任务二　电子文件的归档 (28)
　　任务三　综合档案馆档案接收与征集 (36)
　　技能提升训练 (41)
　　思考与练习 (44)
　　拓展阅读 (44)
　　法规阅读 (46)

项目三　档案整理立卷 (47)
　　任务一　认识全宗和分类方案 (49)
　　任务二　档案整理流程 (56)
　　技能提升训练 (70)
　　思考与练习 (72)
　　拓展阅读 (73)
　　法规阅读 (73)

项目四　档案价值鉴定 (75)
　　任务一　档案价值鉴定方法 (77)
　　任务二　制定档案保管期限表 (82)
　　任务三　档案鉴定组织与档案销毁 (86)
　　技能提升训练 (90)
　　思考与练习 (92)
　　拓展阅读 (92)
　　法规阅读 (93)

项目五　档案保管工作 ………………………………………………………… (95)
　　任务一　档案保管的物质条件 ……………………………………………… (97)
　　任务二　库内档案保管环境与秩序管理 …………………………………… (102)
　　任务三　特殊载体档案的保管 ……………………………………………… (111)
　　技能提升训练 ………………………………………………………………… (117)
　　思考与练习 …………………………………………………………………… (120)
　　拓展阅读 ……………………………………………………………………… (120)
　　法规阅读 ……………………………………………………………………… (122)

项目六　档案检索与编研 ……………………………………………………… (123)
　　任务一　档案检索工具与档案著录 ………………………………………… (125)
　　任务二　电子档案检索 ……………………………………………………… (133)
　　任务三　档案编研及流程 …………………………………………………… (146)
　　任务四　常见编研产品编写 ………………………………………………… (151)
　　技能提升训练 ………………………………………………………………… (158)
　　思考与练习 …………………………………………………………………… (161)
　　拓展阅读 ……………………………………………………………………… (161)
　　法规阅读 ……………………………………………………………………… (162)

项目七　档案统计与利用 ……………………………………………………… (163)
　　任务一　档案统计工作 ……………………………………………………… (165)
　　任务二　档案馆（室）的登记与统计工作 …………………………………… (174)
　　任务三　档案开放与档案利用 ……………………………………………… (191)
　　技能提升训练 ………………………………………………………………… (204)
　　思考与练习 …………………………………………………………………… (207)
　　拓展阅读 ……………………………………………………………………… (208)
　　法规阅读 ……………………………………………………………………… (209)

项目八　实物档案 ……………………………………………………………… (211)
　　任务一　认识实物档案 ……………………………………………………… (213)
　　任务二　实物档案管理 ……………………………………………………… (216)
　　技能提升训练 ………………………………………………………………… (225)
　　思考与练习 …………………………………………………………………… (227)
　　拓展阅读 ……………………………………………………………………… (227)
　　法规阅读 ……………………………………………………………………… (228)

项目九　专门档案管理 ………………………………………………………… (229)
　　任务一　人事档案管理 ……………………………………………………… (231)
　　任务二　会计档案管理 ……………………………………………………… (244)
　　任务三　社保档案管理 ……………………………………………………… (251)
　　技能提升训练 ………………………………………………………………… (256)
　　思考与练习 …………………………………………………………………… (259)

拓展阅读 …………………………………………………………………（259）
　　法规阅读 …………………………………………………………………（260）
项目十　档案数字化与数据库管理 ……………………………………（261）
　　任务一　档案数字化 ……………………………………………………（263）
　　任务二　档案数据库管理 ………………………………………………（274）
　　技能提升训练 ……………………………………………………………（279）
　　思考与练习 ………………………………………………………………（282）
　　拓展阅读 …………………………………………………………………（283）
　　法规阅读 …………………………………………………………………（283）
参考文献 …………………………………………………………………（284）

项目一
认识档案与档案管理工作

档案是我们人类共同的财富,保存着人类共同的历史记忆,它是国家机构、社会组织及个人在社会实践活动中形成的原始记录。从远古的结绳记事、刻木为契,到甲骨、简帛、纸质档案,再到今天的信息化电子文件,虽然记录档案的载体形式不断变化,但是档案的本质属性及价值不变。为了学习档案管理,应先对档案的概念、种类和档案机构等有一个初步的认识和了解,进而对档案管理工作和档案工作者素质要求进行全面的掌握。

本项目知识重点

【项目结构】

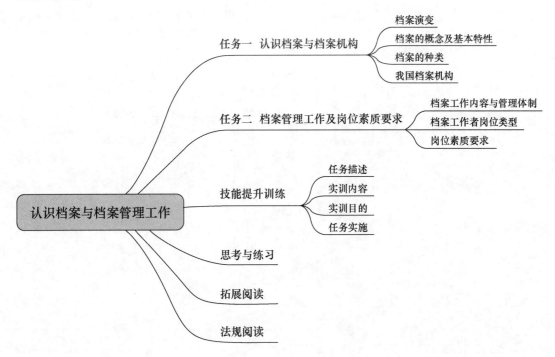

【项目目标】

(1) 知识目标:通过本项目的学习,掌握什么是档案,掌握我国档案机构设置及工作体系等相关知识内容。

(2) 能力目标:通过本项目的学习与技能提升训练,明确档案管理工作内容与岗位素质要求,并能自觉培养与提升岗位所需的职业素养。

（3）素养目标：通过本项目的学习与技能提升训练，增强学生的历史荣誉感，培养学生爱岗敬业、主动服务的奉献精神与勇于担当的优良品质。

【职业箴言】

档案工作存史资政育人，是一项利国利民、惠及千秋万代的崇高事业。

解读：这是 2021 年 7 月 6 日在建党 100 周年之际习近平总书记对档案工作作出的重要批示，即把蕴含党的初心使命的红色档案保管好、利用好，把新时代党领导人民推进实现中华民族伟大复兴的奋斗历史记录好、留存好，更好地服务党和国家工作大局，服务人民群众。这不仅充分体现了习近平总书记对档案工作的高度重视，也提出了新时代档案工作的总体思路和要求，为做好新时代档案工作指明了前进方向，注入了强大动力。

任务一 认识档案与档案机构

思维导图

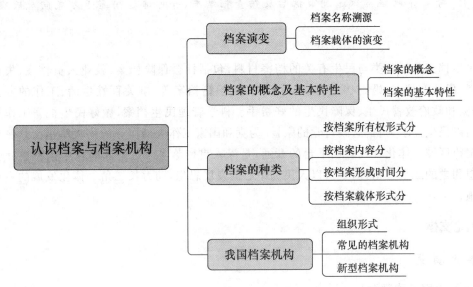

知识目标

- 掌握档案的概念及基本特性。
- 掌握档案的种类。
- 熟悉我国档案机构及设置原则。

能力目标

- 能够区分档案馆与档案室的不同。
- 能够熟悉我国档案机构体系。

素养目标

- 培养学生的文化自信和历史自豪感。
- 培养学生的档案意识。

案例导入

长三角民生档案跨区域一体化在线查档平台正式上线

长三角民生档案跨区域一体化在线查档平台是全国首个跨省域的档案查询利用平台,实现了上海、江苏、浙江、安徽原有民生档案查档平台的互联互通。平台首期上线了婚姻登记、独生子女、知青等三种档案的跨省远程利用,三省一市居民可以通过互联网查档和政务网跨馆查档两种方式在长三角地区345家综合档案馆中查询与自己相关的民生档

> 案。近年来,浙江档案部门借助档案工作信息化整体水平较高的优势,牵头建设长三角民生档案跨区域一体化在线查档平台,使长三角民生档案"异地查档、便民服务"从线下走到线上,有力推进了档案政务服务一体化,真正做到让"数据多跑路,群众查档少跑腿"。据了解,该平台上线后,三省一市居民只需实名注册任一省市的政务服务网,就可自行发起查档申请。同时,居民在线下也可就近到长三角地区任一综合档案馆,由工作人员代为发起查档,跨省异地档案馆通过审批后反馈查档结果,并可通过快递等方式向居民提供档案。

民生档案是指各类与民生有关的档案材料,包括社会保险档案、就业人员档案、失业人员档案、房地产档案、婚姻档案、城市拆迁档案、学籍档案等,事关百姓生活、工作的方方面面,是党和政府改善民生、保障民生的好帮手。科学管理民生档案,做好民生档案工作是档案部门以民生需求为目标,践行党的宗旨、为党和国家工作大局服务的一大举措。长三角民生档案跨区域一体化在线查档平台的开通,是深入贯彻落实习近平新时代中国特色社会主义思想和党的二十大精神,坚持以人民为中心的发展思想,助力长三角一体化发展的一项惠民措施。

▶ 理论支撑

一、档案演变

(一)档案名称溯源

"档案"一词最早出现于明末清初,清顺治十八年(1661)官府文书中已使用"档案"一词;清康熙十九年(1680)的《起居注》中有"部中无档案"的记载。康熙四十六年(1707),杨宾在其著作《柳边纪略》中对"档案"一词的来历和含义做了详细说明:"边外文字多书于木,往来传递者曰牌子,以削木片若牌故也。存贮年久者曰档案,曰档子,以积累多,贯皮条挂壁若档故也。然今文字之书于纸者亦呼牌子、档子矣。"我国的档案在不同时期有着不同的称谓:商代称作"册",周代称作"中",秦汉称作"典籍",汉魏以后称作"文书""文案""案牍""案卷""簿书",清代以后多用"档案",一直沿用至今。古代历朝重视对史料档案的保管,建有专门收藏典籍档案的府库,如汉代的石渠阁、兰台、东观,唐代的甲库,宋元时期的架阁库,明代的皇史宬、后湖黄册库等。至今,我国还把档案工作者称为"兰台人",他们的职业精神称为"兰台精神"。

(二)档案载体的演变

档案载体是存储、记录档案信息内容的物质材料,随着人类文明的进步,档案载体经历过无数次的改革发展,这推动着档案事业的发展。从古至今,除了远古的结绳、刻契等原始的记事外,档案载体有多种多样的形态,有甲骨档案、金石档案(见图1.1)、简牍档案(见图1.2)、缣帛档案(见图1.3),还有纸质档案,现代的录音录像档案、照片档案,以及计算机和网络技术下的磁盘/光盘等存储的电子档案等。

甲骨档案是我国迄今为止发现的年代最早的档案。甲骨文是刻写在龟甲、兽骨上的文字,是公认的我国最早的文字,最初被发现于河南省安阳市小屯村的殷墟遗址。文字的发明及应用极大地促进了文献记录,是人类文明的一大进步,文字是语言的记录符号,是人类表达思想、交流经验最直接的工具,也是档案产生的前提条件。以青铜器或岩石为书写材料的金石档案与以竹木简为书写材料的简牍档案相比,较笨重且不便携带;以丝织物为书写材料的缣帛档案成本高。直至纸张的出现才解决此类问题。

图 1.1　金石档案　　　　　图 1.2　简牍档案　　　　　图 1.3　缣帛档案

纸质档案的出现是档案发展史上的重大进步。西汉时期出现的纸张改变了人类记录历史的形式。东汉蔡伦对纸张的生产进行了改进,《后汉书·蔡伦传》记载:"自古书契多编以竹简,其用缣帛者谓之为纸。缣贵而简重,并不便于人。伦乃造意,用树肤、麻头及敝布、鱼网以为纸。"纸张的出现、推广为世界文明做出了重大贡献。在造纸术传到西方之前,历史上也曾出现过羊皮档案、纸草档案、泥版档案等。

到了近现代,随着科学技术的发展,档案载体形式不断丰富,出现了录音录像档案、照片档案、电子档案等新型档案。

二、档案的概念及基本特性

《中华人民共和国档案法》(2020年修订,以下简称《档案法》)中明确指出:"档案,是指过去和现在的机关、团体、企业事业单位和其他组织以及个人从事经济、政治、文化、社会、生态文明、军事、外事、科技等方面活动直接形成的对国家和社会具有保存价值的各种文字、图表、声像等不同形式的历史记录。"

档案具有以下三个基本特性:形成的广泛性与原始性,具有凭证查考价值,载体及形式的多样性。

1. 形成的广泛性与原始性

档案作为一种信息载体,和人们的社会生活紧密相关。具体来说,档案来源于各种机构和个人,是他们在从事经济、政治、文化、社会、生态文明、军事、外事、科技等活动中产生的。机构包括机关、团体、企业事业单位等组织,个人涵盖了家族、家庭、个人等。可见,档案的形成主体几乎包含了社会活动的所有主体,这就决定了档案来源的广泛性。

原始性是指档案的历史记录性,是档案的本质属性。档案不是事后编写和随意搜集的,而是在一定的时间和地点直接使用原始文件材料转化而来的。

2. 具有凭证查考价值

档案直接来源于人们的各种社会活动,是"原始的第一手资料",其内容具有原生性、真实性,能最直接、客观、准确地记述和反映形成主体活动的历史记录,因而具有凭证查考价值,即俗语说的"空口无凭,立字为据"。

各种机关、团体、企业事业单位为了有效地实行管理,必须切实地掌握材料。档案可以为国家机构、社会组织与个人提供证据和咨询资料,借以总结经验、制订计划、进行决策、处理各种问题等。

3. 载体及形式的多样性

随着社会的进步,档案的形式是不断发展变化的。从以上的介绍可以看出,由于信息记录方式和载体形式的多样性,档案的形式也是多种多样的。从档案载体的演化看,古有甲骨、金石、青铜、简牍、缣帛等,今有纸张、胶片、磁带、光盘、网络硬盘和云空间等;从信息记录方式看,有刀刻、手写、印刷、摄影、录音、录像等;从表达方式看,有文字、图像、声音等;从档案文件的种类和名称看,有诏书、奏折、照会、条约、命令、计划、总结、手稿、日记等。

三、档案的种类

档案的种类是指根据一定的标准制定分类体系,并对档案进行分门别类而得到的类型。档案的种类很多,不同的分类方法,结果也就不同。

1. 按照档案所有权形式可分为:国家所有档案、集体所有档案和个人所有档案

针对不同所有权的档案,收集和管理的办法也不同,档案工作者要按照档案法律法规的规定区别执行。比如,属于国家所有的档案,要按规定定期向国家档案馆移交。属于集体或个人所有的档案,其所有权的转让,一般要在自愿、合法的基础上进行。

2. 按照档案的内容可分为:文书档案、科技档案与专门档案

文书档案是指行政管理档案,即在社会的行政管理活动中由各种行政性或政治性公文(如请示、批复、决定、决议、法规、法律等)转化而成的档案,文书档案在档案大家族中有着重要的地位。

科技档案是指人们在科技、生产活动中形成的由纯业务性的科技文件材料转化而成的档案,如图纸、设计任务书、科研报告等。它是人类面对自然进行科学研究,进行物质生产活动的记录。

专门档案是指除文书档案和科技档案之外的,所有在专门活动中形成的档案,如会计档案、人事档案,以及社保档案、学籍档案、婚姻登记档案、收养登记档案或其他与民生有关的各类档案。

3. 按照档案的形成时间可分为:历史档案与现行档案

历史档案是指形成时间较早,离现在较久远且主要起历史文化传承作用的档案,如古代档案、近代档案。我国通常分为中华人民共和国档案和中华人民共和国成立前档案,而后者又习惯按政权性质分为旧政权档案和革命历史档案。

现行档案是指形成时间较晚,离现在的时间距离较近且主要起现实性参考作用的档案,即对人们的现实工作生活依然有具体的实际作用的档案,这类档案主要来自各类现行机关。

4. 按照档案载体形式可分为:甲骨档案、简牍档案、金石档案、纸质档案等

甲骨档案是我国古代以龟甲、兽骨为载体的原始记录,主要产生于商代后期(约前14—前11世纪)的占卜活动中,是现存最早的中国古代档案。

简牍档案是指以竹简、木牍为载体形成的档案。简是指竹简,牍是指木牍。

金石档案是铭文档案和石刻档案的总称,是指将文字铸刻在青铜器、铁器、石头上而形成的档案。金是指青铜器、铁器等,石是指石头。

纸质档案是指以纸张为载体形成的档案。最早的纸质档案——甘肃"放马滩纸",形成于西汉初期,不仅是迄今发现的世界最早的植物纤维纸,也是世界最早的纸质地图实物和最早的纸质档案。

四、我国档案机构

要做好档案管理工作,就要对我国的档案机构及其职责,档案工作的内容、性质、原则等有基本的认识。

档案机构是指管理档案事业的行政机构和管理档案工作的业务机构,前者为档案行政管理机构,如国家和地方档案局;后者包括机关、团体、企业事业单位的档案室和各级档案馆。此处所讲的档案机构主要是指业务机构。

(一)组织形式

纵观我国档案工作的实践,可知我国的档案机构在组织形式上大致有分立型档案机构和综合型档案机构两种类型。

1. 分立型档案机构

分立型档案机构是指仅仅负责管理组织(包括机关、团体、企业事业单位等)内某一门类的档案机构,多见于企业。由于各自只管理一类档案,所以在一个组织内部往往要设置若干个不相统属、各司其职的档案机构。例如,管理组织党务、行政、群团等方面档案的"文书档案室",管理组织职工人事方面档案的"人事档案室",管理组织产品、基建、设备等方面档案的"科技档案室"等,都属于分立型档案机构。这些机构的领导关系是各不相同的,如"文书档案室"归党办或厂办领导,"科技档案室"则归技术负责人领导;同时,这些机构之间也少有往来,业务上的联系很少。

分立型档案机构是档案工作发展过程中自然形成的,带有自发性的特点。过去的档案工作内容较单一,涉及的档案类型不多,利用要求不高,所以逐步形成了分立管理的模式。在新的形势下,这类机构已不太适应组织改革和档案工作发展的需要,并暴露出一些问题。例如,在某些档案材料的归属上容易发生矛盾,难以提供综合性信息,查找利用不太方便,不便于统筹管理,容易产生人力、物力、财力的浪费等。

2. 综合型档案机构

综合型档案机构是指统一管理本组织的全部档案,归口负责组织全部档案工作的机构。

综合型档案机构又可分为若干具体类型,如档案处、档案科、档案馆、档案室、档案资料信息中心等。这些机构有的主要以行政机构的形式出现(如档案处、档案科),有的主要以事业机构的形式出现(如档案馆、档案资料信息中心)。有的适合大(中)型组织(如档案处、档案馆),有的适合中小型组织(如档案室)。一个组织一般只需要采取其中的一种具体类型即可。

在实际操作中,大多数组织会建立综合型档案机构。因为与分立型档案机构相比,综合型档案机构具有以下明显的优点:

(1) 有利于档案机构的稳定。实行档案综合管理,档案机构能得到调整和充实,有的成为组织内部直属单位,稳定性增强,受组织内部机构改革的冲击减弱,可以在一定程度上保证档案工作的持续、稳定、健康发展。另外,综合型档案机构在对外联系和交往方面更加便利、有效,组织的档案工作与国家整个档案事业体系的关系更为密切。

(2) 有利于档案工作职能的发挥。综合型档案机构归口统一,管理组织的所有档案事务,其业务管理和行政管理双重职能的行使以及相关的编制、经费等的落实,既能受到国家有关档案工作的政策法规保护和支持,也易得到组织本身的认可和肯定。

(3) 有利于档案工作所需人力、物力和财力的保障。实行档案统一管理,通过适当的安排和统一调配,档案工作所需的人力、物力和财力可以得到进一步的保障,甚至有一定的节约。例如,通过换岗、轮岗使档案工作者一专多能,通过统一调配使用,保证库房、设备、装具的规范、美观,通过资金的集中使用,能开展一些大的项目建设等。

(4) 有利于档案工作业务的开展。档案工作应该采取何种管理体制和管理模式,关键是要看这种体制及模式是否有利于业务工作的开展,是否有利于提高业务工作的水平和质量。实行档案综合管理,可以统一各类档案的业务管理制度和要求,使档案的业务管理水平迈上新的台阶,管理更规范,保管更安全,查找更便捷,利用更有效。

(二) 常见的档案机构

1. 档案室

档案室是指各组织统一保存和管理本组织档案的内部机构,是整个组织的组成部分。档案室的本质特征是统一管理本组织档案,为本组织服务。它是一个组织的档案信息存储、加工和传输的服务部门,与本组织的领导和各组织机构发生联系,为领导决策、处理工作、组织生产、进行科研等活动提供依据和参考材料。从全国档案工作来说,档案室是国家档案工作组织体系中最普遍、最大量、最基层的业务机构。

我国档案室数量多、分布广、类型复杂,归纳起来主要有以下几种类型:

(1) 普通档案室,又称文书档案室,是指大多数机关、团体、企业事业单位建立的档案室,负责管理本组织在行政管理中形成的各种载体形式的文书档案。文书档案室一般受本组织行政办公室领导,在业务上受同级和上级档案事业管理机关的指导、监督和检查。

(2) 科技档案室,即集中保管科技档案(一般也管理科技资料)的专门档案机构。它是档案室的一种形式,是本组织生产技术资料的信息管理中心。其主要职责是指导和检查业务部门办理的科技档案的归档移交、整理编目、上架、保管等工作,为本组织经营决策和业务指导提供信息服务。

(3) 录音录像档案室,又叫音像档案室或声像档案室,即专门管理电影片、电视片、录音带、录像带、唱片、照片的档案室。在电影制片厂、电视制作中心、新闻摄影部门、图片公司、唱片公司、广播电台等单位,一般都设有管理某些或某一种类录音录像档案的档案室。

(4) 人事档案室,即单位人事部门设立的专门管理职工的履历、自传、考核、奖惩、任免、职称、学位、工资、职级、离休、退休、退职等个人材料的档案室。人事部门在工作活动中形成的一般人事文件材料,归机关文书档案室管理。

(5) 综合档案室,是指企业事业单位建立的综合型档案机构,统管本单位形成的各种类型的档案。设立综合档案室是企业事业单位档案机构设置的一个发展趋势,它有利于统一管理本单位档案,便于综合开发和利用档案信息资源,也符合机构精简原则。

（6）联合档案室，即同一专业系统或专业性质相近的若干机关、团体、企业事业单位共同建立的档案管理机构。联合档案室有两种联合方式：一是纵向联合，即在同一系统的业务领导机关内设置，统一管理各下属单位的档案；二是横向联合，多为政府机关单位，即在一个地区或一个政府机关内设置，统一管理本地区或本政府驻地相近的各单位的档案。这种档案室可以把有限的人力、物力、财力集中使用，减轻各单位负担，并在档案管理工作中实行统筹安排，科学组织，以有效地发挥档案的作用，为各单位工作服务。

此外，一些大型企业正在试行档案、图书、情报的一体化管理，成立档案信息服务中心，它是在原有档案机构、图书机构和情报机构的基础上设立的统一的信息管理机构。这种组织形式便于建立计算机管理系统，同时也有利于实现对信息资源的联合开发利用。

2. 档案馆

（1）档案馆的职能。根据《档案法》《档案馆工作通则》等有关文件的规定，档案馆属于党和国家的科学文化事业机构，是永久保管档案的基地，是科学研究和各方面工作利用档案史料的中心。

各级综合档案馆的职责是集中管理国家需要长期保管的档案和史料，维护历史的真实面貌，为现实的社会主义现代化建设和历史的保存需要服务。各级综合档案馆的具体任务主要有四个方面：一是接收和征集本级各机关、团体及其所属单位具有长期和永久保存价值的档案以及有关资料，并进行科学管理；二是通过多种方式，积极开展档案资料的利用工作；三是编辑出版档案史料；四是参与地方编史修志工作。

（2）档案馆的类型。

① 综合档案馆。综合档案馆是按照不同的行政区域或历史时期设置的收藏和管理规定范围内多种门类档案的档案馆。目前，我国在中央设置了三个综合档案馆：中央档案馆、中国第一历史档案馆、中国第二历史档案馆。在地方按行政区域分级设立综合档案馆：包括省级、市级、县级综合档案馆。我国综合档案馆数量众多，是我国档案馆和档案事业的主体。

② 专门档案馆。专门档案馆是按照国家规定收藏和管理指定范围的专门档案的档案馆。

一是指档案内容所反映的职能和领域的专门性。如云南省测绘资料档案馆、中国气象局气象档案馆、北京市城建档案馆等。

二是指档案载体形式的特殊性。如中国照片档案馆、中国电影资料馆等。

③ 部门档案馆。部门档案馆是专业主管部门按照国家规定设置的收藏管理本部门档案的档案馆。如中华人民共和国外交部档案馆、交通运输部档案馆、公安部办公厅档案馆等。

3. 档案行政管理机构

除了上面所讲的档案室和档案馆业务机构外，我国常见的档案机构还有主管我国档案事业的档案行政管理机构，包括国家档案局及省级、市级、县级档案局等。按照我国《档案法》中的相关规定，我国档案行政管理机构实行地域管辖的管理原则。

国家档案局的主要职责有：主管全国的档案工作，负责全国档案事业的统筹规划和组织协调，建立统一制度，实行监督和指导；根据档案管理需要，在职责范围内指导本系统的档案业务工作；集中管理档案的文化事业，负责收集、整理、保管和提供利用负责范围内的档案;加强档案工作人才培养和队伍建设,提高档案工作者业务素质。

县级以上地方档案主管部门的主要职责有:贯彻执行有关法律、法规和国家有关方针政策;制定本行政区域内的档案事业发展计划和档案工作规章制度,并组织实施;监督、指导本行政区域内的档案工作,依法查处档案违法行为;组织、指导本行政区域内档案理论与科学技术研究、档案宣传与档案教育、档案工作人员培训。

(三)新型档案机构

随着我国档案事业的不断发展与完善,我国各级管理和保管档案的机构经过几次改革与重组之后,已在全国范围内形成了一个严密、完整的组织体系。与此同时,随着社会经济的多元化发展,在借鉴国外管理档案先进经验的基础上,我国也出现了一批新型的档案机构。

1. 文件中心

文件中心是一种社会化、集约化和专业化的档案管理机构,它的设置一般不像档案室隶属于文件形成单位,而是按地区、按系统建立的介于文件形成单位和地方综合档案馆之间的一种过渡性档案管理机构。

文件中心所保管的文件属原形成单位所有,保持原来的顺序和标记,只供原形成单位使用,其他单位未征得原形成单位同意不得使用。建立文件中心可使单位减轻保管大量非现行文件的沉重负担,提高工作效率,降低文件保管费用。

2. 档案中介服务机构

档案中介服务机构是一种专业服务公司,指从事档案咨询、评估、鉴定、整理、寄存、数字化和档案管理软件销售等中介服务的机构,机构名称多为档案事务所、档案信息技术公司、档案咨询公司或档案数字化加工服务公司等。我国针对档案中介服务机构实行备案管理办法,以规范档案中介服务机构的行为,地方档案主管部门是行政区域内管理档案中介服务机构备案的机关,负责对档案中介服务机构进行备案监督管理。

任务二 档案管理工作及岗位素质要求

思维导图

```
                                          ┌─ 我国档案管理工作内容
                      ┌─ 档案工作内容与管理体制 ┤
                      │                   └─ 我国档案管理体制
                      │
                      │                   ┌─ 档案行政工作人员
档案管理工作及岗位素质要求 ┼─ 档案工作者岗位类型 ┤
                      │                   └─ 档案专业技术人员
                      │
                      │                   ┌─ 政治思想素质
                      └─ 岗位素质要求      ┼─ 专业技能
                                          └─ 心理素质
```

◉ **知识目标**
● 掌握我国档案管理体制及管理趋势。
● 明确我国档案工作者的岗位素质要求。

◉ **能力目标**
● 能够掌握我国档案管理工作的具体内容。
● 明确我国档案工作者的岗位素质要求,并按照我国档案工作者的岗位素质要求来培养自己的职业素养。
● 能够制定单位的档案管理制度或档案管理办法。

◉ **素养目标**
● 培养认真负责的专业精神。
● 培养忠诚担当的个人品质。

◉ **案例导入**

> **我国档案工作者誓词**
>
> 　　作为一名光荣的档案工作者,我庄严宣誓:忠诚档案事业,热爱档案工作,严守档案法规,加强档案管理,精通档案业务,维护档案安全。为充分发挥档案工作记载历史、传承文明、服务未来的作用而不懈努力;为国家的繁荣昌盛贡献全部力量。
> 　　——这段誓言荣获2012年"中信信息杯""中国档案工作者誓词"征集评选活动的金奖,是由国家档案局和中国档案报社通过全国性的征集和评选产生而确立下来的。

　　档案工作是一项政治性和业务性很强的工作。这段不到百字的铿锵誓言指出了档案工作和档案工作者的历史使命和担当,表达了档案工作者对档案事业的热爱和忠诚,也展示了档案工作者的爱岗敬业和无私奉献的职业精神。作为档案工作者,要始终用习近平新时代中国特色社会主义思想武装自己,做新时代档案工作的不懈奋斗者。

◉ **理论支撑**

一、档案工作内容与管理体制

(一)我国档案管理工作内容

　　从广义上讲,档案管理工作是指国家的档案事业,包括档案室工作、档案馆工作、档案事业管理工作、档案教育工作、档案科学研究工作和档案宣传出版工作等。从狭义上讲,档案管理工作仅指档案室和档案馆以及其他档案管理机构对档案的管理工作。本书指狭义的档案管理工作。档案管理工作是指用科学的原则和方法管理档案,为国家各项事业服务的一项专业工作。它的基本内容包括档案的收集、整理、鉴定、保管、统计、编研、检索、利用八个方面,也习惯称为档案管理工作的八大环节。概括地讲就是:收、管、用。

　　档案管理工作内容流程如图1.4所示。

　　这八个环节是根据档案管理工作实践的需要而形成的,有各自的工作内容和目的。

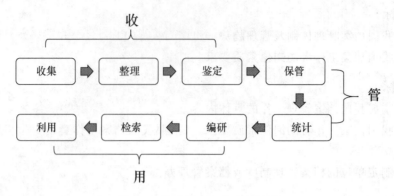

图1.4 档案管理工作内容流程

档案收集：档案收集是档案管理工作的起点。档案收集包括：机关或企业事业单位档案室将部门的材料归档集中；档案馆对应接收的档案进行接收，以及对散存于社会的有价值的档案进行征集。

档案整理：档案整理是档案管理工作的核心。档案整理使档案有序化，为档案管理的全部工作提供严格有序的工作基础。

档案鉴定：档案鉴定是决定档案存毁的关键一环。档案鉴定是对归档文件进行分析，确定保管期限，并将到期档案再鉴定，剔除销毁无价值档案的过程。档案鉴定是档案管理工作中最具决定意义且难度最大的一项工作。

档案保管：档案保管是通过建设档案库房，采取各种防治措施，以维护档案的完整和安全的工作。

档案统计：档案统计为科学管理提供准确的信息。档案统计包括登记与记录、分析与研究，以做到"心中有数"。

档案编研：档案编研是研究性较强的一项工作。档案编研是以馆（室）藏档案为基础，结合社会需要，研究档案信息内容、编辑出版档案文献、参与编修史志等的工作。

档案检索：档案检索是联系档案利用者和管理者的桥梁和纽带。通过编制档案检索工具，为利用者查找档案材料提供便利。

档案利用：档案利用是档案管理的根本目的。档案利用即档案的利用服务，通过各种方式、方法向社会直接或间接提供档案信息。

上述档案管理工作的各项内容、各个环节既有区别又互相联系，既互相制约又互相促进，构成一个相对稳定的有机整体。

（二）我国档案管理体制

《档案法》第三条规定："坚持中国共产党对档案工作的领导。"第四条规定："档案工作实行统一领导、分级管理的原则，维护档案完整与安全，便于社会各方面的利用。"这是我国档案管理工作的组织原则和管理体制，即全国档案工作在各级人民政府统一领导下，由各级档案主管部门实行统一、分级、分专业管理。国家全部档案分别由各级各类档案机构集中管理。一切机关、团体、企业事业单位及其他组织形成的档案，必须按照国家的规定，由本组织的档案机构集中管理，不得据为己有或由个人分散保存。

1. "统一领导、分级管理"的原则

"统一领导、分级管理"既是我国档案工作的基本原则,也是建设我国档案管理体制的原则、指导思想及最根本的一项组织制度。"统一领导、分级管理"原则包含着丰富的内容。

(1) 从中央到地方建立档案事业管理机关,在各级党委和政府领导下,统一制定政策、法规、标准,对档案工作予以指导,分级、分专业地掌握全国、本地区、本专业系统的档案事务。

(2) 按行政区域和中央条块管理体制,对国家全部档案进行分级、分类集中管理。我国各级各类档案机构受所在行政主管部门以及相应的档案主管部门的双重领导,即条块结合,多头管理。国家全部档案按照系统和行业进行分级、分类集中管理。

(3) 实行党政档案工作的统一管理。全国各机关档案工作和各级各类档案馆工作,均由各级档案主管部门进行统一的监督和指导。另外,各机关档案机构、各级档案馆,必须按照统一规定的基本规章制度和基本办法开展档案管理工作,不得各行其是。

2. "局馆合一"体制

"局馆合一"即档案局、档案行政机构与档案馆、档案业务机构实行局馆合并,一个机构,两块牌子,履行两种职能。这就有机地形成了一个统一、科学、高效的管理体制和运行机制。

国家档案局和中央档案馆是一个机构两块牌子,履行档案保管、利用和全国档案事业行政管理两种职能,是中共中央和国务院的直属机构,由中共中央办公厅管理。在地方,省(自治区、直辖市),市(地、州、盟),县(区、旗)实行档案局和档案馆合并,负责本行政区域内档案事业的行政管理和本级档案的保管利用。

我国各级档案局与档案馆的关系,如图1.5所示。

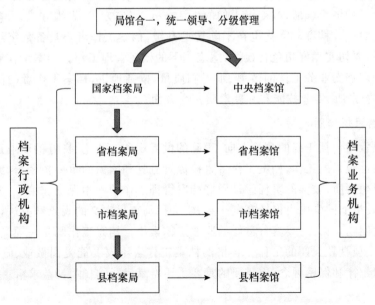

图 1.5 我国各级档案局与档案馆的关系

实行"局馆合一"管理体制是由我国基本国情决定的。它充分考虑了档案部门的实际情况，适应了党政机构改革和经济体制改革的总体要求，使国家全部档案得到最有效的管理和最广泛的利用，体现了中国特色社会主义档案事业的特点和优势。

二、档案工作者岗位类型

档案工作者有不同层次、不同领域、不同部门之分，根据档案工作的性质和任务，档案工作者岗位主要有如下两大类型。

（一）档案行政工作人员

档案行政工作人员是指在各级各类档案行政机构中任职，依法从事档案行政事务的人员，如档案局局长、司长、处长、科长、科员、办事员等。

（二）档案专业技术人员

档案专业技术人员主要是指在各级各类档案馆（室）、企业事业单位、团体及其他组织档案机构中从事档案收集、整理、利用等管理工作的业务人员。根据2022年颁布的《中华人民共和国职业分类大典》，档案专业人员属于"新闻出版、文化专业人员"大类。

《档案专业人员职务试行条例》指出：档案专业职务设研究馆员、副研究馆员、馆员、助理馆员、管理员。研究馆员、副研究馆员是高级职务，馆员是中级职务，助理馆员、管理员是初级职务。

三、岗位素质要求

档案工作者岗位素质是指档案工作者能够胜任档案工作岗位所必须具备的知识、技能及各种基本素养等的总和。《档案法》第十一条规定："档案工作人员应当忠于职守，遵纪守法，具备相应的专业知识与技能。"随着新一代互联网和信息技术的快速发展，数字技术已经渗透到社会生活的各个领域，改变了人们的生活方式、工作方式、思维方式，人类社会发展迈入了数字经济时代。档案数字化也在不断转型升级，档案工作者要具备数字经济时代所要求的岗位素质，要切实做好角色转换，以适应当下的档案管理工作。档案工作者综合素质的高低直接影响着档案业务工作的效率、水平和质量，概括地讲，档案工作者的岗位素质主要包括：政治思想素质、专业技能和心理素质三个方面。

（一）政治思想素质

政治思想素质包括正确的政治方向、正确的世界观和方法论、良好的职业道德。档案工作是一项政治性很强的工作，档案工作者直接保管着党和国家的重要机密，档案工作者具有较高的政治思想素质、较强的责任感是做好档案管理工作的根本保证。第一，要坚持正确的政治方向，在政治上同党中央保持高度一致；学会用马克思主义的观点和方法，观察、分析事物，处理、解决问题。第二，要具备良好的职业道德素质。档案工作既是一项光荣、神圣的事业，同时也是一项默默无闻的工作。合格的档案工作者不仅要能爱岗敬业、吃苦耐劳，还要有高度的组织纪律和保密观念，更重要的是要乐于奉献、廉洁自律、精益求精。

（二）专业技能

《中华人民共和国国民经济和社会发展第十四个五年规划和2035年远景目标纲要》明确指出：要加快数字化发展，建设数字中国，并作出了系统部署。党的二十大报告提出：加快建设制造强国、质量强国、航天强国、交通强国、网络强国、数字中国,并对加快发展数字经济提出了明确要求。数字经济时代对档案工作者提出了更高的要求,档案工作者不仅需要具备档案学的业务知识,还需要具备多方面的素质,如广博的知识结构、创造性的思维能力,特别是现代信息技术运用的能力,这样,才能胜任数字化和现代化的档案管理工作。现代信息技术运用的能力包括:信息处理能力、信息问题解决能力和信息交流能力。其中,信息处理能力是档案工作者的专业技能素质中最基本的要素,要求档案工作者在档案管理中能科学地鉴别、筛选、分析相关的档案信息。

(三)心理素质

在当今复杂多变的社会中,个人的心理素质正起着愈加重要的作用。在档案管理工作中,由于复杂的资料来源、枯燥无味的工作内容,档案工作者很容易出现职业厌倦等心理状况,进而严重影响工作的积极性与热情,影响档案事业的发展。良好的心理素质成为档案工作者不可或缺的品质,档案工作者要注意提高自身心理素质。

除了以上三个方面的要求,档案机构和档案工作者应依法开展档案管理工作,否则会视情节轻重情况承担法律责任。我国《档案法》对于档案机构和档案工作者违法行为所负的法律责任予以了明确说明。《档案法》第四十八条明确列出十大档案违法行为,如不得丢失、篡改、损毁、伪造档案或者擅自销毁档案,不得买卖或者非法转让属于国家所有的档案,否则依法追究法律责任。同时,为了预防和惩处档案管理违法违纪行为,2013年国家档案局联合其他部门出台了《档案管理违法违纪行为处分规定》,细化了各类档案管理违法违纪行为及对应处罚规定。

技能提升训练

▶ 任务描述

文秘学生第一次接触档案,对档案和档案工作的内容不太了解。有人说:"现在社会,档案其实没啥用。"有人说:"档案部门是个'冷部门',职业没啥大的发展。"也有人说:"档案管理工作是一份苦差事,每天就是编不完的目录、装不完的资料,很枯燥,不是很'火'的事业,不适合年轻人。"为消除学生对档案和档案工作的困惑,学校拟计划在近期组织学生进行一次走访调研,让学生亲自了解档案及档案工作,提前完成对档案和档案工作的认知,为学生将来从事相关岗位做准备。

▶ 实训内容

主题:档案和档案工作认知。

1. 档案的前世今生

结合我们身边的档案资源,实地走访学校档案室或地方档案馆,调研并拍摄视频,查找网络资源,制作一段3~5分钟的微视频,要求概述我国档案的发展演变历史,列举身边存在的档案,并说明档案对于我们个人和社会的价值。

2. 档案人的一天

学生走访学校档案室或地方档案馆等,了解其机构设置情况、档案工作体系、岗位素质要求,用照片、视频、文字等形式记录那些奋斗在各档案工作岗位上的"档案人"的工作瞬间,并以《档案人的一天》为题制作10钟左右的PPT,阐释档案工作的内容和性质,并结合访谈内容明确档案工作者应具备的职业素养。

实训目的

学生实地感知档案与档案工作的价值,了解档案工作内容及岗位素质要求,进一步激发热爱档案事业的情感,自觉地树立档案保管意识,提升自身职业素养。

任务实施

第一步 确定调研方法

为更好地认识档案和档案工作,学生需要先掌握一定的调研方法。

(1)实地观察法。实地观察法是指观察者有目的、有计划地运用自己的感觉器官或借助科学观察工具,能动地了解处于自然状态下的社会现象的方法。观察者在实地通过观察可以获得直接的、生动的感性认识和真实可靠的第一手资料。

(2)访谈调查法。访谈调查法是指访问者通过口头交谈等方式直接向被访问者了解社会情况或探讨社会问题的调查方法。与实地观察法相比,访谈调查法可以获得更深层、更有价值的信息。

(3)文献研究法。文献研究法是指围绕研究的某一问题,通过对文献资料的搜集和摘取,以获得关于调查对象信息的方法。

本次实训任务可查阅参考资料的网站有:档案之窗(http://www.dawindow.com/),国家档案局及各级各类官方综合档案网站,中国档案资讯网(http://www.zgdazxw.com.cn),中国知网的档案行业知识服务平台(https://r.cnki.net/index/arc/)。

第二步 设计方案,实施调研

1. 设计方案

调研方案是调研活动实施之前对整个调研工作进行的规划,此次实训任务的调研方案需要对调研的内容和意义、调研范围、调研对象、调研方式与方法等进行详细设计,这些可以由小组讨论确定。

2. 实施调研

学生以小组形式进行调研,以学校档案室或地方档案馆等为对象,小组内学生合作实地走访调研,收集汇总资料。

第三步 整理分析,制作成果

整理资料是研究资料的基础。调研收集到的文字资料、影像资料、数据资料等不同类型的资料,小组成员需根据实训任务要求梳理分类,并按照实训要求制作完成以《档案的前世今生》为题的3~5分钟的微视频和以《档案人的一天》为题的PPT。

第四步 课堂分享,完成任务工单

课堂上各组将实训任务成果(包括微视频和 PPT)分享展示,教师点评,小组互评。实训任务完成后,每位同学根据自己的任务分工和实训过程,完成表1.1中的任务工单,撰写实训总结。

表1.1 任务工单

任务名称	档案和档案工作认知					
任务目的	更好地形成正确的档案认知、档案工作及岗位素质要求认知,树立良好的档案管理意识,掌握一定的调研方法,提升自身岗位素养,为以后的学习和职业技能提升奠定基础					
实训内容	(1) 档案和档案价值认知——制作以《档案的前世今生》为题的短视频; (2) 档案工作内容和岗位素质要求认知——以《档案人的一天》为题的 PPT					
任务提示	从个人、家庭等身边各类档案着手; 从学校档案室或地方档案馆着手					
第( )组	姓名					
	学号					
任务	(1) 档案的前世今生					
	档案					
	档案价值					
	(2) 档案人的一天					
	档案工作					
	岗位素质要求					
实训心得						

思考与练习

一、案例分析

××纺织厂行政科长杨××,在兼任文书档案员期间,工作不负责任,管理松懈,丢失档案一卷。后虽已追回,但因该档案涉及一些人员和事件的调查、处理意见,在群众中扩散后,妨害了职工的团结,造成了不好的影响。为了严肃法纪,该厂根据《档案法》相关规定,给予杨××行政记过处分。

结合案例分析杨××的行为属于什么行为,结合杨××的行为谈谈档案工作者的素质要求。

二、技能题

××单位行政档案工作人员招聘公告信息。

职位描述：

① 负责公司文档资料的管理工作；

② 负责日常行政工作的执行；

③ 负责领导交办的其他事务。

任职资格：

① 具备档案管理知识；

② 熟悉档案管理相关法律法规，以及企业档案管理的流程；

③ 工作认真细致，条理性强，有高度的责任心和服务意识；

④ 良好的口头表达能力和沟通协调能力，熟练使用办公设备和软件；

⑤ 保密意识强，稳定性好。

结合案例谈谈当下档案工作者的岗位素质要求主要集中在哪些方面。对比一下，谈谈我们应该如何强化自身职业素质。

拓展阅读

我国档案法的诞生

1987年9月5日，第六届全国人民代表大会常务委员会第二十二次会议通过了《档案法》，这是中国历史上第一部档案法律的诞生，《档案法》的通过是我国档案史上具有划时代意义的一件大事。《档案法》确认了档案与档案工作的法律地位，规定了我国档案工作的根本制度、组织原则和基本任务，成为中国特色社会主义档案事业建设的根本准绳。之后经历1996年、2016年两次的修正，又在2020年6月20日第十三届全国人民代表大会常务委员会第十九次会议上修订通过，2021年1月1日起施行新的《档案法》。

国际档案理事会

图1.6 国际档案理事会标志

国际档案理事会（International Council on Archives，ICA）成立于1948年8月，总部设在法国巴黎，国际档案理事会标志如图1.6所示。它与联合国教科文组织有咨询性的合作关系，并与国际图书馆协会联合会、国际信息与文献联合会、国际电影档案馆联合会等国际组织有着密切的联系。其宗旨为：通过国际合作，促进档案学的发展；保护人类的档案遗产不受损害；鼓励人们利用和研究档案。我国于1980年正式向国际档案理事会提出申请，并被接纳为甲类会员国。1996年9月，第十三届国际档案大会在中国举办。

数字时代档案职业的新进展——档案数字化管理师

以云计算、大数据、人工智能为代表的新一代数字技术正推动着中国进入数字经济时代，企业和组织的管理理念、办公方式发生了巨大变革。新职业——数字化管理师应运而生。2022年9月27日,《中华人民共和国职业分类大典》(2022年版)首次标注了数字职业类别(标注类别为S),共标注数字职业97个,档案数字化管理师便是其中之一。

按照新版职业分类大典,档案数字化管理师是指从事数字文件及元数据的采集、整理、归档、检查,并通过数字档案管理系统进行管控和利用的人员。其主要工作任务包括六项,即采集、捕获数字文件及元数据;进行数字文件的登记、分类、著录、编目、归档,转化为数字档案;检查数字档案的真实性、完整性、可用性和安全性;提出数字档案管理系统开发的功能需求;进行数字档案的迁移、备份;管理、控制和利用数字档案。

档案数字化管理师正式纳入我国新版职业分类大典,反映了数字时代档案先进生产服务技术的需要和国家战略设计的关注。档案数字职业的出现,是对数字经济发展趋势的呼应,也是数字化赋能档案事业发展的体现。

目前,国家档案局根据最新颁布的《中华人民共和国职业分类大典》(2022年版),正在组织进行档案数字化管理师国家标准的起草工作,以推动档案数字化管理师资格考试培训和资格认定等有关工作。

资料来源:杜恒琪,刘丽珍.数字时代档案职业的新发展——档案数字化管理师[N].中国档案报,2023-06-27(要闻).

法规阅读

(1)《中华人民共和国档案法》

(2)《机关档案管理规定》

项目二 档案收集工作

档案收集工作是档案管理工作的首要环节,是档案管理工作的基础,为档案管理工作提供了实际管理的对象。只有收集到丰富的档案资料,才能真正提高档案管理工作的质量,更好地提供服务。本项目将对档案室的收集归档工作、电子文件的归档工作以及综合档案馆的档案接收与征集进行详细介绍。前两者适用于各机关、团体、企业事业单位等的收集归档工作,后者适用于各级综合档案馆的收集归档工作。

本项目知识重点

【项目结构】

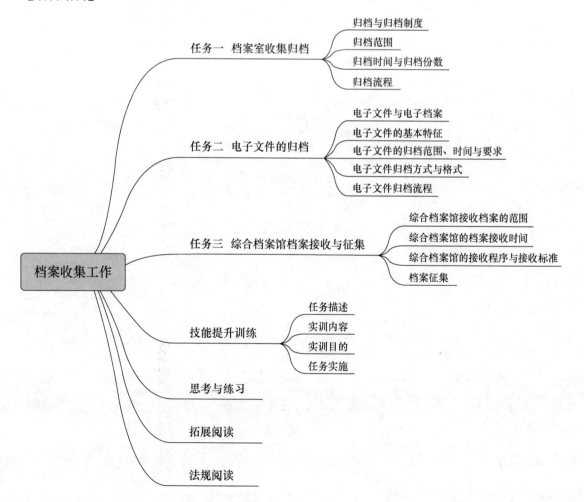

【项目目标】

(1)知识目标：通过本项目的学习，掌握档案室、综合档案馆档案的收集范围、收集方法，明确归档制度和要求，掌握电子文件归档的方法。

(2)能力目标：通过本项目的学习与技能提升训练，学生能够按照档案收集方法和程序开展归档工作。

(3)素养目标：通过本项目的学习与技能提升训练，学生具有主动收集、守正创新的服务意识，勇于担当的职业态度。

【职业箴言】

移交一份档案，奉献一份业绩；归档存记忆，留史鉴未来。

解读：这两句话是说档案收集工作的重要性，收集归档是档案工作的起点，档案工作者平时应按照归档制度和归档要求及时完整地将有价值的档案资料收集归档留存，为以后的工作提供借鉴和查考依据。

任务一　档案室收集归档

▶ 思维导图

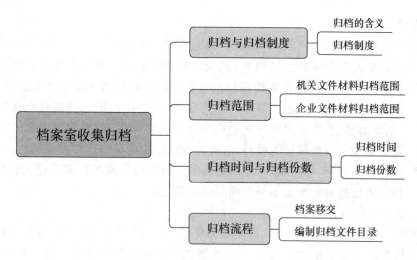

▶ 知识目标

- 掌握不同类型单位的档案归档范围、归档时间的具体规定。
- 明确档案室收集归档工作的组织与具体流程。

▶ 能力目标

- 能够设计单位档案室收集归档工作方案。
- 能够根据档案室收集归档的具体要求进行档案归档仿真训练。

▶ 素养目标

- 具有主动收集、守正创新的服务意识。
- 具有严谨细心、勇于担当的职业态度。

▶ 案例导入

> 小王刚被分配到××公司档案室就承担了公司收集去年档案资料的工作。几个部门陆续将本部门整理好的文件材料移交到档案室，只有研发处迟迟未送来。业务主管就让小王去研发处催要，当他向相关人员说明来意后，不料研发处负责人员说："还没有到时间呢，我们还没有整理好。"小王解释说："早一点收上来是为了便于档案整理入库保管，这是制度。"不料研发处负责人员又说："便于你们保管了，就不便于我们利用了。"说完，就不理小王了。

企业科技档案收集工作是档案收集工作的基础，档案收集工作的质量会对企业的技术储备能力、市场竞争力和档案服务于科研生产的能力产生重要的影响。小王就是出于此点考虑,才督促研发处移交档案材料的。但是研发处不同于公司其他部门,他们产生的档案具有一定特殊性,研发处不愿意移交档案是因为担心不便于自己利用。档案室在制定归档制度时,应根据各部门的特点,有区别地对待。对于研发处,档案室可以根据研究项目的特点,按项目完成时间归档,适当地延迟归档时间,而不要硬搬归档制度,不讲究灵活性,造成不必要的麻烦,进而影响公司整体工作。案例中小王应该积极探索,创新收集方法,灵活主动地做好收集工作,而不是墨守成规。

▶ 理论支撑

档案收集工作是指按照国家法律规定,通过接收和征集的办法,把分散在各单位、单位内部各机构或个人手中有价值的档案,以及散失在社会上的有重要历史价值的档案,分别集中到各单位档案室和各级各类档案馆的工作,是档案馆(室)取得和积累档案及有关资料的主要途径,是档案室工作的起点。《中华人民共和国档案法实施条例》(以下简称《档案法实施条例》)第十九条规定:"依照《档案法》第十三条以及国家有关规定应当归档的材料,由机关、团体、企业事业单位和其他组织的各内设机构收集齐全,规范整理,定期交本单位档案机构或者档案工作人员集中管理,任何内设机构和个人不得拒绝归档或者据为己有。"

档案收集归档情景剧

档案收集工作的内容主要包括以下三个方面:

(1)档案室对本单位内部各部门需要归档文件的接收工作。单位各部门办理完毕的文件是档案室档案的主要来源,建立健全单位内部文件材料的归档工作制度是单位档案部门开展档案收集工作的基础,接收单位内部文件材料是档案收集的主要途径。

(2)各级国家综合档案馆对各现行单位和撤销单位具有长久保存价值的档案的集中和接收工作。接收现行单位和撤销单位的档案,特别是接收现行单位的档案,是各级国家综合档案馆收集工作的经常性任务。

(3)对历史档案的接收和征集工作。历史档案是指中华人民共和国成立前,各机关、团体、企业事业单位以及著名人物在社会活动中形成的档案,包括革命历史档案、民国时期档案和历代王朝的档案。接收、征集历史档案是档案馆丰富馆藏的重要手段。

档案收集工作包括档案室和档案馆的档案收集归档,本任务主要讲解档案室的档案收集归档工作。

档案收集归档流程如图 2.1 所示。

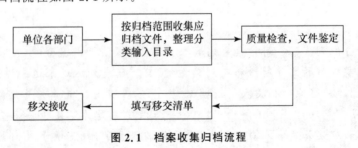

图 2.1 档案收集归档流程

一、归档与归档制度

各单位在工作活动中形成的具有保存价值的文件材料,由本单位的文书部门或业务部门整理立卷,定期移交给档案室或负责管理档案的人员集中保管,这项工作称为"归档"。

归档是国家明文规定的一项制度,即通常所说的"归档制度",主要内容包括归档范围、归档时间、归档份数、归档流程等。档案收集工作主要是依靠建立健全归档制度来完成的。

二、归档范围

归档范围是指一个单位产生的所有文件材料中需要归档的材料。目前,机关文件材料的归档范围按照国家档案局 2006 年发布并施行的《机关文件材料归档范围和文书档案保管期限规定》执行;企业文件材料归档范围按照国家档案局 2012 年发布、2013 年施行的《企业文件材料归档范围和档案保管期限规定》执行。

(一) 机关文件材料归档与不归档范围

1. 机关文件材料归档范围

(1) 反映本机关主要职能活动和基本历史面貌的,对本机关工作、国家建设和历史研究具有利用价值的文件材料。

(2) 机关工作活动中形成的在维护国家、集体和公民权益等方面具有凭证价值的文件材料。

(3) 本机关需要贯彻执行的上级机关、同级机关的文件材料;下级机关报送的重要文件材料。

(4) 其他对本机关工作具有查考价值的文件材料。

2. 机关文件材料不归档范围

(1) 上级机关的文件材料中,普发性不需本机关办理的文件材料,任免、奖惩非本机关工作人员的文件材料,供工作参考的抄件等。

(2) 本机关文件材料中的重份文件,无查考利用价值的事务性、临时性文件,一般性文件的历次修改稿、各次校对稿,无特殊保存价值的信封,不需办理的一般性人民来信、电话记录,机关内部互相抄送的文件材料,本机关负责人兼任外单位职务形成的与本机关无关的文件材料,有关工作参考的文件材料。

(3) 同级机关的文件材料中,不需贯彻执行的文件材料,不需办理的抄送文件材料。

(4) 下级机关的文件材料中,供参阅的简报、情况反映,抄报或越级抄报的文件材料。

总之,凡属机关归档范围的文件材料,必须按有关规定向本机关负责档案工作的部门移交,实行集中统一管理,任何人不得据为己有或拒绝归档。

(二) 企业文件材料归档与不归档范围

企业文件材料是指企业在研发、生产、服务、经营和管理等活动过程中形成的各种门类和载体的记录。具体的企业文件材料归档与不归档范围如下:

1. 企业文件材料归档范围

(1) 反映本企业在研发、生产、服务、经营、管理等各项活动和基本历史面貌的,对本企业各项活动、国家建设、社会发展和历史研究具有利用价值的文件材料。例如,本企业党群工作文件材料;本企业设立、变更、解散过程文件材料,本企业董事会、监事会、股东会构成及变更等方面的文件材料;有关机关和上级主管部门领导、社会知名人士检查、视察、调研本企业工作时形成的文件、工作汇报、录音录像等文件材料。

（2）本企业在各项活动中形成的对维护国家、企业和职工权益具有凭证价值的文件材料。例如，本企业资产管理文件材料；本企业承办的大型展览会、博览会、论坛、学术会议、国际性会议的文件材料。

（3）本企业需要贯彻执行的有关机关和上级单位的文件材料，非隶属关系单位发来的需要执行或查考的文件材料；社会中介机构出具的与本企业有关的文件材料；所属和控股企业报送的重要文件材料。例如，行业协会、中介机构等对本企业做出的重要决定，出具的审计、公证、裁定等重要文件材料；直属单位、所属和控股企业的请示、报告、函与本企业的批复、复函等文件材料等。

（4）有关法律法规规定应归档保存的文件材料和其他对本企业各项活动具有查考价值的文件材料。

2. 企业文件材料不归档范围

（1）有关机关和上级主管单位制发的普发性不需本企业办理的文件材料，任免、奖惩非本企业工作人员的文件材料，供工作参考的抄件等。

（2）本企业文件材料中的重份文件，无查考利用价值的事务性、临时性文件，未经会议讨论、未经领导审阅和签发的文件，一般性文件的历次修改稿、各次校对稿，无特殊保存价值的信封，不需办理的一般性来信、来电记录，企业内部互相抄送的文件材料，本企业负责人兼任外单位职务形成的与本企业无关的文件材料，有关工作参考的文件材料。

（3）非隶属关系单位发来的不需贯彻执行和无参考价值的文件材料。

（4）所属和控股企业报送的供参阅的一般性简报、情况反映，其他社会组织抄送不需本企业办理的文件材料。

（5）其他不需归档的文件材料。

三、归档时间与归档份数

（一）归档时间

归档时间是指各单位文书处理部门或有关业务部门将需要归档的文件向档案部门移交的时间。应该根据各种文件的形成特点和规律，灵活地规定归档时间。

1. 管理性文件

一般在文件形成的第二年上半年内向档案部门移交归档。

2. 科技性文件

按照《科学技术研究项目档案管理规范》（DA/T 2—2023）规定，科研档案形成部门应将归档科研文件材料在科研项目（科研课题）结题验收后3个月内移交档案部门归档。但是在实际操作中可根据项目的规模和研究周期灵活选择归档时间，如研究周期长的科研项目可分阶段或按科研课题及时归档移交。奖励申报、推广应用阶段产生的文件材料应在相关工作完成后1个月内完成归档移交。

3. 会计文件

依据《会计档案管理办法》（2015年修订，2016年施行）的规定，在会计年度终了后，可由本单位会计管理机构临时保管一年，期满后移交给单位档案管理机构保管。因工作需要确需推迟移交的，应经单位档案管理机构同意。有些工作中常用的企业财务会计文件也可适当延迟。单位会计管理机构临时保管会计档案最长不超过三年。

值得注意的是,对于一些专业性强、载体形式特殊或机密性强的文件,驻地分散的下属单位的文件,形成规律较为特殊的文件及新时期涌现出来的企业文件,为了便于实际的利用和管理,经过一段时间的实践和总结,可适当地调整归档时间,既要便于在文件形成后一定时间内企业工作人员的就近利用,也要便于有保存价值的文件及时归档。

（二） 归档份数

归档份数是指文件归档时的数量。总的来说,纸质档案凡是需要归档的文件一般归档一份,重要的、使用频繁的则需归档若干份,磁性载体档案一般要有备份。工程档案的份数一般不少于两套,但其中某套工程档案中有些材料由于利用比较频繁,出于保护原件的需要可以在归档的时候多备几份以供利用,具体可以按照实际情况由各单位自行决定,没有强制性的规定。

四、归档流程

归档文件一般由文书部门整理完毕后,按规定时间和要求向本单位档案室移交。

1. 档案移交

按档案移交目录移交,交接双方清点清楚。档案移交目录一式两份,确保无误后,双方签字,各留一份,以备查考。档案移交目录格式可参考表2.1。

表2.1 档案移交目录格式

部门：

序号	案卷标题	起止日期	卷内		保管期限	备注
			件数	页数		
1						
2						
3						

移交人： 接收人： 交接日期：

科技文件归档时还需编写归档文件简要说明,归档人员负责编写该简要说明。归档文件简要说明一般包括以下内容：项目的名称和代号,项目的任务来源、工作依据和实施过程,项目的科技水平、质量评价和技术经济效益,科技档案质量情况,项目主持人及参加者姓名和分工,文件整理者和说明书撰写人姓名、日期等。

会计材料由本单位的财务会计部门负责整理立卷或装订成册,并按规定期限将应归档的会计档案全部移交档案部门,不得自行封装保存。会计档案在归档时,财务会计部门要编造清册一式两份,双方办理移交手续。会计档案移交清册格式可参考表2.2。

表2.2 会计档案移交清册格式

编号	档案种类	所属年月		数量		保存年限	保存起讫期限	原经手人	备注
		年份	月份	单位	数量				

接收单位： 经办人： 移交单位： 经办人： 年 月 日

2. 编制归档文件目录

档案移交完毕后，各单位档案部门要将每年移交的档案登记造册，编制归档文件目录及封面。

任务二　电子文件的归档

◆ 思维导图

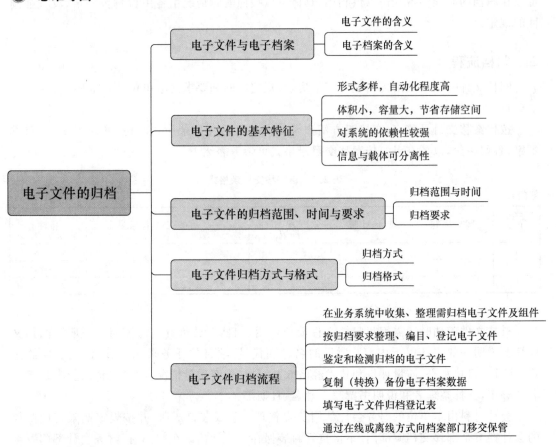

◆ 知识目标

- 掌握电子文件与电子档案的含义。
- 了解电子文件归档范围、归档时间的具体规定。
- 明确电子文件归档方式与格式、归档流程。

◆ 能力目标

- 能够设计某单位电子文件归档流程方案。
- 能够根据电子文件收集归档的具体要求办理移交的相关手续，如填写"电子文件归档登记表"等。

素养目标

- 培养学生守正创新、与时俱进的思维方式。
- 提高学生信息化素养,培养学生数字化意识。

案例导入

A 市 B 局实现电子文件单套制全流程管理

某省 A 市"办公自动化系统及行业业务系统电子文件单套制全流程管理——以 A 市 B 局为试点"项目于 2021 年 11 月顺利通过验收,成为 A 市档案治理体系和治理能力迈向现代化的重要成果之一。该项目通过"管理+技术+制度"系统推进电子文件单套制全流程管理,利用数字档案馆和水利应用系统的迭代升级,加强平台融合,构建"电子文件形成系统—电子文件统一管理平台—基层档案管理系统—档案馆管理系统"全流程归档模式,确保数据"一键推送、一个入口接收、归档一站管理",实现了水利电子文件接收、归档、移交、利用全流程管理。

A 市 B 局先后制定《B 局电子文件电子档案移交与接收办法》《B 局电子文件归档和电子档案管理办法》《B 局电子文件归档整理规则》等 15 项制度规范,为全市电子文件归档提供了制度保障,并加快了成果的推广应用,稳步推进了电子文件单套制全流程管理。此外,A 市 B 局健全电子签章使用机制,实现了电子公文收发文办理、流转及电子档案登记、移交、接收全流程在线电子签章;健全档案协查机制,开通档案协查直通车,实现了与档案馆及其他机关单位跨区域、跨部门档案协查办理,切实发挥电子档案利用效益。

随着信息技术的发展,电子档案日益成为信息记录、传输、交换、利用与共享的重要载体,但长期以来由于电子文件具有可复制、易篡改和依赖设备系统读取等特性,现实工作中多实行双套归档管理,即将具有永久保存价值或其他重要价值的电子文件转换为纸质文件同时归档。近年来,随着我国电子政务的快速发展,办公自动化系统、业务系统等日趋成熟,安全性越来越高,电子档案单套管理的条件已经基本成熟。

理论支撑

一、电子文件与电子档案

电子文件是指国家机构、社会组织或个人在履行其法定职责或处理事务过程中,通过计算机等电子设备形成、办理、传输和存储的数字格式的各种信息记录。电子文件由内容、结构和背景组成。移交后的电子文件常被称为电子档案,即具有凭证、查考和保存价值并归档保存的电子文件及其相关信息的集合。

二、电子文件的基本特征

1. 形式多样,自动化程度高

电子文件是在计算机中产生和处理的,其信息形态是数字化的。电子文件形式多样,有文本文件、图形文件、影像文件、多媒体文件等。它改变了传统文件收集管理的流程,采用计算机进行文件登记,可以达到一次录入、多种形式输出的效果,方便了文件的查找和利用。电子文件信息的存储、传输、编辑等操作系统,自动化程度高,便于管理。

2. 体积小,容量大,节省存储空间

电子文件脱机存储的物理介质主要是磁带、磁盘或光盘等磁性载体,体积小、容量大。一张小小的光盘存储的信息量较大,采用激光写入的每位信息占据的面积很小,记录密度高,存储容量大,节省了存储空间。随着互联网、云计算、大数据等技术的应用,新的档案虚拟存储载体出现,如网络硬盘、云空间或云中心等,其存储容量巨大。目前,云存储技术已广泛应用于各个领域。云存储为档案资源的共享及高效管理提供了新的技术支持。

3. 对系统的依赖性较强

电子文件改变了传统的办文方式,文件的修改、复制、粘贴、移动变得更加便捷。但是,电子文件的起草、修改、定稿、收发、传递都在计算机上进行,其制作、处理以及归档后的全部活动都必须借助计算机系统才能实现,这就形成了对系统的依赖性。

4. 信息与载体可分离性

电子文件的内容和记录它的载体随时随地都可以分离,电子文件信息与载体的可分离性使文件容易复制,便于操作,为编辑、修改文件与信息共享等提供了极其便利的条件。但是在提高工作效率的同时,也造成电子信息的易更改性,使文件信息随时面临着被修改、盗窃,甚至被销毁的危险。电子文件的安全维护更加复杂,难度更大。

三、电子文件的归档范围、时间与要求

具有保存价值的电子文件必须归档保存。各单位应根据《电子文件归档与电子档案管理规范》(GB/T 18894—2016)、《电子档案移交接收操作规程》(DA/T 93—2022)、《政务服务电子文件归档和电子档案管理办法》(2023年版)等标准和要求,将电子文件归档管理纳入单位的信息化建设规划,并从全程管理理念和前端控制原则出发,规范归档电子文件移交与接收工作,确保归档电子文件的真实、完整、可用和安全,有力支持实现各行业、各领域电子文件从形成到归档全过程的电子化管理。

1. 电子文件归档范围与时间

电子文件可参照国家有关纸质文件的归档范围进行归档并划定保管期限。与之相应的软件、背景信息和元数据一同归档,以保证归档电子文件的完整性。电子文件形成或者办理部门应定期将已收集、积累并经过整理的电子文件及元数据向档案管理部门提交归档,归档时间不得迟于电子文件形成后的第2年6月。各单位电子文件操作员对移交的电子文件要检验文件的真实性、可靠性、完整性、可用性,发现问题应及时采取补救措施。

2. 电子文件归档要求

(1) 归档的电子文件应是办结的正式版本,需手续合规、程序规范、要素齐全。电子文件应以通用格式形成、收集,或在归档前转换为通用格式。

(2) 电子档案管理系统应功能强大,实现对电子档案的接收、管理、保存和利用。该系统除了安全可靠、配置灵活外,系统结构还应具备开放性(可实现与其他系统的功能集成、数据交换和共享),系统功能应具备可扩展性(应满足当前及可预见的时间内的业务需求,可方便地进行功能扩展),系统实现应具备灵活性(支持电子档案管理的业务模式、工作流程和数据结构等的灵活定义与部署),以及支持在线文件和离线文件的批量接收与处理,并具备保

存过程信息等功能。

（3）电子文件组件和构成要素齐全完整，电子文件与相关元数据保持关联关系。文书、照片、录音录像电子文件元数据项参照《文书类电子文件元数据方案》(DA/T 46—2009)、《照片类电子档案元数据方案》(DA/T 54—2014)、《录音录像类电子档案元数据方案》(DA/T 63—2017)等标准的要求执行。党政机关电子公文元数据还应符合《电子文件归档与电子档案管理规范》(GB/T 18894—2016)和《政务服务事项电子文件归档规范》(GB/T 42727—2023)的要求。

（4）电子文件应按照《电子文件归档与电子档案管理规范》(GB/T 18894—2016)进行整理，封装形成存档信息包。电子文件归档应通过归档接口由办公自动化系统、业务系统和电子档案管理系统在线完成，由电子档案管理系统完成登记并编排档号。涉密电子文件的归档应符合保密相关规定。

（5）应指定有关部门或专人负责本单位的电子文件归档工作，将电子文件的收集、整理、归档、保管、利用纳入机关文书处理程序和相关人员的岗位责任。

四、电子文件归档方式与格式

1. 电子文件归档方式

由于电子文件具有可复制、易篡改和依赖设备系统读取等特性，实际工作中一般要求将具有永久保存价值或其他重要价值的电子文件转换为纸质文件或者缩微胶卷同时归档，实行双套管理，归档形式为离线或在线移交。随着电子政务快速发展，办公自动化系统、业务系统普遍应用，电子档案单套管理的条件已经基本成熟，目前国家档案局在推进电子文件的在线移交、单套归档保管，即电子文件仅以电子形式进行归档和管理。具体操作参照《电子档案单套管理一般要求》(DA/T 92—2022)。

以往的电子文件归档主要参照《电子文件归档与管理规范》(GB/T 18894—2002)，采用逻辑归档和物理归档两种形式。随着我国信息化建设的快速推进，以及业务系统与电子档案管理系统的不断完善，2016年发布的国家标准《电子文件归档与电子档案管理规范》(GB/T 18894—2016)规定机关、团体、企业事业单位和其他组织所产生的"具有凭证、查考和保存价值且办理完毕、经系统整理的电子文件"应基于安全的网络环境或专用离线存储介质，采用离线归档或在线归档方式，通过电子档案管理系统客户端或归档接口完成电子文件及其元数据的归档。各单位应结合业务系统、电子档案管理系统运行环境以及本单位实际，确定电子文件及元数据归档接口，并做出书面说明。归档接口通常包括 Web Service 归档接口、中间数据库归档接口以及归档电子文件及其元数据的规范存储结构。

（1）离线归档。离线归档实际上是将电子文件与其归档的必需说明文件建立联系后，存储到电子介质上移交档案管理部门的过程。这种归档方式具有导出和导入两个过程，导出即将电子文件数据从文件生成系统中导出并存储到脱机的电子介质上；导入是将归档数据从脱机电子介质导入到电子档案管理系统，以便审查、移交与归档管理。因此离线归档要有数据导出与导入接口程序。

（2）在线归档。在线归档是通过办公系统与电子档案管理系统的连接，将需要归档的文件数据直接传送到电子档案管理系统，实施归档保存的过程。与离线归档的区别在于，电子文件在线归档不需要将文件从文件生成系统中导出，直接将归档数据导入电子档案管理系统即可,这样的归档方式更加快捷,前提是文件生成系统要与电子档案管理系统兼容。

不论是离线归档还是在线归档,都要求文件生成系统具备完善的文件管理功能,因为电子文件在文件生成系统内以何种方式管理及如何导入到电子档案管理系统中,直接关系到电子文件的完整性与今后的管理及利用问题。没有文件管理功能的文件生成系统,归档前的电子文件只能手工整理,将文件内容与其说明文件进行关联后,再放入文件夹,一个文件一个文件地将文件的元数据、条目、正文及附件内容捆绑起来管理,然后再将这些文件以文件包的形式导入电子档案管理系统。这样会增大电子文件发生错误以及丢失的风险。

2. 电子文件归档格式

电子文件归档格式应具备格式开放、不绑定软硬件、显示一致性、可转换、易于利用等性能,能够支持长期保存及格式转换。电子文件应以通用格式形成、收集并归档,或在归档前转换为通用格式。根据《电子档案单套管理一般要求》(DA/T 92—2022),不同类型的电子文件格式要求如下:

(1) 文书类电子档案:正本、定稿、公文处理单等以 OFD、PDF 等版式文档格式归档保存,修改过程稿以 WPS、RTF、DOCX 等格式归档保存。党政机关电子公文格式符合《党政机关电子公文归档规范》(GB/T 39362—2020)的要求。电子公文文件格式的具体要求如表 2.3 所示。

表 2.3 电子公文文件格式具体要求

文件构成	文件形态	归档格式
文件处理单	纸质(扫描)	双层 OFD
	电子(网页、文本)	OFD
公文主体(含正本、定稿、历次修改稿等多个版本)	纸质(扫描)	双层 OFD
	电子(网页、文本)	OFD
其他附属文件	电子	文本类:OFD; 图像类:JPG、TIF; 图形类:SVG、STEP; 音频类:WAV、MP3; 视频类:MPG、AVI、MP4、MXF; 社交媒体类:HTML、MHT

(2) 图像类电子档案:以 JPG、TIF 格式保存,其他以可交换图像文件格式(EXIF)保存。

(3) 音频类电子档案:重要的珍贵的档案以 WAV 格式保存,其他的以 MP3 格式保存。

(4) 视频类电子档案:以 MPG、AVI、MP4、MXF 格式保存。

(5) 其他电子文件:参照《电子文件归档与电子档案管理规范》(GB/T 18894—2016)、《电子档案单套管理一般要求》(DA/T 92—2022)的原则和相关行业标准选择主流、成熟、开放的格式。如社交媒体类采用 HTML、MHT 等格式。

五、电子文件归档流程

电子文件形成单位应指定有关部门或专人负责本单位的电子文件归档工作,将电子文件的收集、整理、归档、保管、利用纳入单位文书处理程序和相关人员的岗位责任。电子文的真实性、完整性、安全性和可识别性,移交前由形成部门负责,移交后由档案部门负责。电子文件形成单位应在电子文件处理系统中设置符合安全要求的操作日志,随时自动记录对电子文件实时操作的人员、时间、设备、项目、内容等,以保证归档电子文件的真实性。电子文件归档流程具体如图2.2所示。

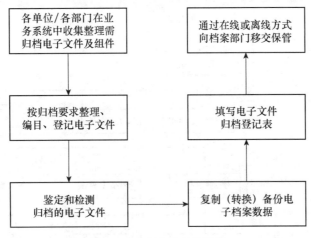

图 2.2　电子文件归档流程

1. 收集、整理需归档电子文件及组件

电子文件形成部门或办理部门可在业务系统中根据归档范围将需归档的电子文件及组件按照分类方案收集、整理。注意电子文件归档稿本一般为正本或定稿,草稿、修订稿一般不归档,除非是特别重要的。此外格式要符合规范,以特殊格式归档的,其专用软件、技术资料等要齐全完整。电子文件及元数据的形成、收集和归档要符合制度要求,并且两者要一一对应,数量准确、齐全完整。

2. 整理、编目、登记电子文件

档案工作者应清点、核实电子文件门类、形成年度、保管期限、简述及元数据的数量等信息。同时要按门类划分要求,结合本单位的实际情况和电子文件内容制定分类编号方案。编目就是按照分类编号方案的规定对电子文件进行划分,并给每份电子文件一个固定的唯一号码,从而使全部电子文件成为一个有机整体的过程,编目后应对电子文件进行登记。电子文件的整理是未来电子档案管理和利用等工作的基础。档案工作者应按照归档范围和归档要求收集整理,并使用计算机分类输入目录。离线归档的电子文件要注意载体内数据结构组织,移交载体内电子文件的存储结构如图2.3所示。具体要求参照《电子档案移交接收操作规程》(DA/T 93—2022)。

图2.3中的"说明文件.TXT"是用于存放本载体有关信息的,包括载体参数(如载体容量、载体类型等)、载体编号、载体保管单位、载体制作单位、载体检查单位、读取本载体内文件所需要的软硬件环境及其他各种有助于说明本载体的信息,一个载体只有一个说明文件。"目录文件.XML"是用于存放有关文件的目录信息的,目录文件与每份电子文件相对应,根据电子文件具体归档方式进行文件级描述或案卷级描述,每个条目中包括载体内电子文件顺序号、档号、责任者、题名、日期、密级、电子档案名称、备注等内容。

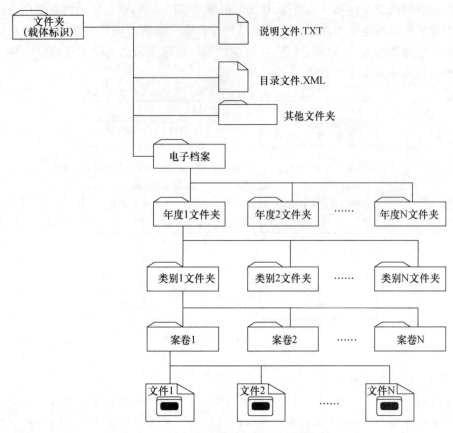

图 2.3　移交载体内电子文件的存储结构

3. 鉴定和检测归档的电子文件

档案工作者应对电子文件的真实性、可靠性、完整性和可用性进行鉴定,鉴定合格率应达到100%,并对电子文件和离线存储介质进行病毒检测,确保电子文件和离线存储介质无病毒、无损伤、可正常使用等。

4. 复制(转换)备份电子档案数据

归档的电子文件应按本单位档案分类方案进行分类、整理,并复制备份,离线存储介质至少应制作一套备份。可根据异地备份、电子档案珍贵程度和利用需要等实际情况制作第二套、第三套,并在装具上标示套别。存储电子文件的载体介质要符合国家规范,包装盒上应贴有标签,标签内填写编号、名称、密级、保管期限、硬件及软件环境。此外,如部分电子数据格式不规范或与要移交的电子档案数据库不兼容,可适当进行数据转换。

5. 填写电子文件归档登记表

档案工作者应将数据库或光盘中待归档电子文件的单位名称、归档电子文件门类、文件数量、归档方式,以及存储电子文件的载体各项检验情况等信息进行详细登记。电子文件归档登记表如表2.4所示。

表 2.4　电子文件归档登记表

单位名称				
归档时间		归档电子文件门类		
归档电子文件数量	卷	件	张　分钟	字节
归档方式		□ 在线归档	□ 离线归档	
检验项目	检验结果			
载体外观检验				
病毒检验				
真实性检验				
可靠性检验				
完整性检验				
可用性检验				
技术方法与相关软件说明登记表、软件、说明资料检验				
电子文件形成或办理部门（签章） 年　月　日		档案部门（签章） 年　月　日		

注：归档电子文件门类包括文书、科技、专业、录音录像、电子邮件、网页、社交媒体与其他。

6. 向档案部门移交保管

档案移交前应确定移交方式和接口类型，电子档案的移交形式可以是交接双方之间进行存储介质传递，也可以通过电子档案传输系统在线上交接。各单位应建立统一的办公自动化系统与电子档案管理系统，否则可能会因不兼容，造成不同软件形成的数据难以转换的情况发生，给电子文件归档造成困难。电子档案检验合格后办理移交手续，由交接双方在电子档案移交与接收登记表（格式如表 2.5 所示）上签字、盖章，一式两份，一份交电子档案形成单位，一份由档案管理部门自存。电子文件归档后按有关规定移交至档案保管部门，作为电子档案进行保管。原电子文件数据及载体在完成电子文件归档后，保留时间至少一年。

表 2.5　电子档案移交与接收登记表

交接工作名称			
内容描述			
移交电子档案数量		移交数据量	
载体起止顺序号		移交载体类型、规格	
检验内容	单位名称：		
	移交单位：		接收单位：
准确性检验			
完整性检验			
可用性检验			
安全性检验			
载体外观检验			

续表

填表人(签名):	年 月 日	年 月 日
审核人(签名):	年 月 日	年 月 日
单位(印章):	年 月 日	年 月 日

注：
① 交接工作名称按移交单位或全宗号、移交档案的年度、批次等内容描述。
② 内容描述填写交接档案内容、类别、数据类型、格式、交接方式、过程等说明事项。
③ 移交电子档案数量是指交接档案的文件总数和案卷总数。
④ 移交数据量一般以 GB 为单位，精确到小数点后 3 位。
⑤ 载体起止顺序号是指在线移交时，按载体内电子档案的存储结构组织数据所标注的顺序号。
⑥ 填写移交载体类型、规格时，若为在线移交，填写"在线"，若为离线移交，填写"离线"。
⑦ 准确性检验是指检验移交档案的内容、范围的正确性及交接前后数据的一致性，可填写检验方法。
⑧ 完整性检验是指对移交的档案和档案数据的完整性进行检验。
⑨ 可用性检验是指检验电子档案的可读性等。
⑩ 安全性检验是指对计算机病毒等进行检测。
⑪ 载体外观检验是指检查载体标识、有无划痕、是否清洁等。

　　电子文件的形成、积累、收集、整理、鉴定和归档工作是由形成者或承办者按照归档要求将形成的电子文件积累下来，进行整理、鉴定、归档，向档案管理部门移交的。因为档案形成部门最熟悉电子文件的内容和电子文件之间的关系，由他们积累并整理归档才能保证电子档案的来源和质量。

　　总之，要做好电子文件归档工作，档案形成部门应长远规划、分工明确，坚持标准统一，打通业务系统与档案管理系统之间的数据通道，只有这样才能实现电子文件接收、归档、移交、保存等环节的全流程管理，加快实现电子档案"双轨制"移交向"单套归档"转变。

任务三　综合档案馆档案接收与征集

思维导图

```
                                    ┌─ 接收档案的范围 ── 与档案馆行政所属范围一致
                                    │
                                    ├─ 档案接收时间 ── 档案形成之日起满20年/5年
综合档案馆档案接收与征集 ───────────┤
                                    ├─ 接收程序与接收标准 ─┬─ 接收程序
                                    │                      └─ 接收标准
                                    │
                                    │                  ┌─ 档案征集原则
                                    │                  ├─ 征集范围
                                    └─ 档案征集 ──────┤
                                                       ├─ 征集标准及工作组织
                                                       └─ 征集方法
```

知识目标
- 掌握综合档案馆接收档案的范围、时间。
- 明确综合档案馆接收和征集工作的程序及标准。

能力目标
- 能够分析综合档案馆接收和征集工作的重要性。
- 能够掌握综合档案馆的接收程序和标准。
- 能够根据综合档案馆征集档案的相关规定对具体案例进行分析。

素养目标
- 培养学生严谨务实的工作作风。
- 培养学生积极主动服务的意识。

案例导入

征集红色档案 赓续红色血脉

红色档案的征集是用活档案资源的基础性工作。为深入挖掘当地红色档案资源,更好地传承红色基因,切实用红色档案讲好党的故事,安徽省祁门县档案馆积极开展了红色档案征集工作。此次档案征集中,祁门县档案馆征集到中华苏维埃共和国五分铜币和中国工农红军第一后方医院笺等红色档案。其中五分铜币发行于第一次及第二次国内革命战争时期,是革命时期中国红色政权的经济生命线。红色货币经历了革命时期的峥嵘岁月,见证着可歌可泣的革命史,是非常珍贵的革命文物,具有重要的文物价值和研究价值。下一步,祁门县档案馆将充分调动档案征集力量,挖掘被淹没的红色档案,用活档案资源,赓续红色血脉,践行初心使命。

资料来源:甘苹,李畅.征集红色档案,赓续红色血脉[EB/OL].(2024-04-19)[2024-06-13].https://www.ahqimen.gov.cn/zxzx/zhxw/9237839.html.

征集档案资料是综合档案馆丰富馆藏的补充形式,综合档案馆要根据具体情况灵活操作、合法征集。综合档案馆的基本职责是,集中统一地管理党和国家需要长远保管的档案和史料,维护历史的真实面貌,为社会服务。红色档案记载了中国革命的伟大历程和感人事迹,是弘扬革命传统和革命文化,激发爱国热情、振奋民族精神的生动教材。祁门县档案馆作为地方综合档案馆,有责任收集具有历史凭证作用和科学研究价值的各种门类、各种载体的档案,并全面深入进行红色资源的保护研究,积极推进红色资源的保护工作。

理论支撑

综合档案馆的收集工作,主要是接收与征集本级各机关、团体及其所属单位具有长期或永久保存价值的档案以及有关资料的过程。资料是档案馆馆藏的重要组成部分,档案馆资料收集工作是弥补档案不足、延伸和扩展档案内容、填补某些档案空白的需要。

一、综合档案馆接收档案的范围

综合档案馆在地方按行政区域分为省级、市级、县级综合档案馆(本任务以市级综合档案馆为例介绍),综合档案馆接收档案的范围包括中华人民共和国成立前后的档案,主体是中华人民共和国成立以后的档案。根据《各级各类档案馆收集档案范围的规定》(2011年公布并实施),综合档案馆接收档案范围主要包括以下六个方面:

(1)各级综合档案馆依法接收本级下列组织机构的档案:中国共产党委员会及所属各部门,人民代表大会及其常设机构,人民政府及其所属各部门和单位,人民政协及其常设机构,人民法院、人民检察院,各民主党派机关,工会、共青团、妇联等人民团体,国有企业、事业单位等。

(2)各级综合档案馆可全部或部分接收以上机构的下属单位和临时机构的档案,乡镇机构形成的档案列入县级综合档案馆接收范围。

(3)中华人民共和国成立前本行政区内各个历史时期政权机构、社会组织、著名人物的档案列入综合档案馆收集范围。

本行政区内重大活动、重要事件形成的档案,涉及民生的专业档案列入综合档案馆收集范围。经协商同意,综合档案馆可以收集或代存本行政区内社会组织、集体和民营企业事业单位、基层群众自治组织、家庭和个人形成的对国家和社会有利用价值的档案,也可以通过接受捐赠、购买等形式获取。

(4)各级部门档案馆,收集本部门及其直属单位形成的档案,但其中履行行政管理职能的档案,要按有关规定定期向综合档案馆移交。

(5)各级专门档案馆,收集本行政区内某一专门领域或特定载体形态的专门档案或档案副本。

(6)国有企业、事业单位设立的档案馆,收集本单位及其所属机构形成的档案。国有企业发生破产转制、事业单位发生撤销等情况,其档案可按照有关规定由本级综合档案馆接收。

二、综合档案馆的档案接收时间

《档案法实施条例》第二十条规定:"机关、团体、企业事业单位和其他组织,应当按照国家档案主管部门关于档案移交的规定,定期向有关的国家档案馆移交档案。属于中央级和省级、设区的市级国家档案馆接收范围的档案,移交单位应当自档案形成之日起满二十年即向有关的国家档案馆移交。属于县级国家档案馆接收范围的档案,移交单位应当自档案形成之日起满十年即向有关的县级国家档案馆移交。经同级档案主管部门检查和同意,专业性较强或者需要保密的档案,可以延长向有关的国家档案馆移交的期限。已撤销单位的档案可以提前向有关的国家档案馆移交。由于单位保管条件不符合要求或者存在其他原因可能导致不安全或者严重损毁的档案,经协商可以提前交有关档案馆保管。"

而对于电子档案而言,如果沿用纸质档案等传统载体档案规定,满20年再移交进馆,显然是不合适的,对电子档案的安全保管和长期可用都是极大的隐患。因此,《电子档案移交与接收办法》第六条规定:"档案移交单位一般自电子档案形成之日起5年内向同级国家综合档案馆移交。对于有特殊要求的电子档案,可以适当延长移交时间。涉密电子档案移交时间另行规定。"

三、综合档案馆的接收程序与接收标准

（一）接收程序

凡列入档案馆接收范围的机关、团体、企业事业单位和其他组织都必须按照国家规定，将反映其主要职能活动和基本历史面貌的具有长久保存价值的文书档案、科技档案、专门档案等各种门类和载体的档案，定期向档案馆移交。

综合档案馆：接收到期档案进馆，应提前书面通知移交单位；档案馆应提前做好档案接收准备工作，采取有效措施，确保进馆档案的安全保管和有效利用；档案馆应编制接收单位名册，建立接收档案情况登记台账；加强接收工作的计划性，有序做好档案接收工作。

立档单位：应做好档案移交各项准备工作，对移交档案进行全面检查、鉴定；在移交档案前，应及时提请档案馆对移交档案进行验收，档案馆验收档案应当有2名以上工作人员共同进行，确保移交的档案齐全、完整、规范；应根据档案信息化的要求建立文件级目录和重要文本数据库。

移交的档案验收合格后，立档单位和档案馆应按规范办理移交手续，签订档案交接文据，一式两份，双方留存。立档单位和档案馆应共同维护好档案移交工作过程中的档案安全，确保档案安全移交。

电子档案移交与接收的主要流程为：立档单位组织和迁移转换电子档案数据、检验电子档案数据、移交电子档案数据等，综合档案馆检验电子档案数据、办理交接手续、接收电子档案数据、著录保存交接信息、存储电子档案数据等。《电子档案移交接收操作规程》（DA/T 93—2022）第7.3条规定："检测合格后，档案馆与档案移交单位应办理电子档案交接手续，填写完成《电子档案移交接收登记表》，由交接双方确认，各自留存。如具备符合国家有关要求的电子印章系统或其他形式可确保《电子档案移交接收登记表》上电子印章的有效性，《电子档案移交接收登记表》可采用电子形式办理和保存；否则应以纸质形式盖章留存。"

（二）接收标准

移交的档案必须齐全、完整，经过规范、系统整理，质量符合要求：其卷皮、案盒应规范、统一，符合档案馆制定的具体质量标准；进馆档案必须以全宗为单位整理编目，分阶段移交，保持全宗的完整性；进馆档案必须符合档案技术保护要求；立档单位应对移交进馆的档案进行杀虫、消毒处理，档案无霉变、褪色、尘污、破损、虫蛀、鼠咬等现象；立卷质量符合国家档案局制定的有关规范；档案的保管期限要准确；立档单位向档案馆移交档案，必须同时移交系统、齐全、规范、有效的检索工具两套。档案馆应根据档案信息化的要求建立文件及目录数据库、重要文本数据库。此外，与档案有关的资料，如组织沿革、全宗指南、目录、大事记等要一并移交，目录一式两份（案卷目录和卷内目录），全宗说明一式三份。

四、档案征集

依据2023年国家档案局颁布的《档案征集工作规范》（DA/T 96—2023），档案征集是指档案馆按照有关规定收集散存档案、散失档案和其他有关文献的活动。散存档案是指未保存在法定保管机构的档案。散失档案是指从原形成国家（地区）散失到国（境）外的档案。

（一）档案征集原则

（1）依法依规原则。依法依规开展散存档案、散失档案征集工作，保障档案安全、维护各方合法权益，是做好档案征集工作的前提。档案征集工作涉及的法律法规包括《档案法》《中华人民共和国民法典》《中华人民共和国著作权法》。

（2）档案原件优先原则。优先征集档案原件，对不具备征集档案原件条件的，可征集档案的复制件。

（3）接受捐献优先。鼓励档案所有者向档案馆捐献档案；对具有较高保存价值的档案，经协商档案所有者愿意出售的，可依法依规进行购买。

（4）常规征集与重点征集相结合。既开展一般性常规征集工作，又针对馆藏缺失和工作需要，开展重点征集工作。

（二）征集范围

《档案征集工作规范》（DA/T 96—2023）规定：凡与本行政区相关的各个历史时期政权机构、社会组织、著名人物形成的档案，具有典型地方特色，或较高历史、文化、科研价值的档案均可列入征集范围，包括但不限于：

（1）记录中国共产党发展历程中的组织和重要活动、事件、人物等具有重要价值的档案。

（2）记录中华人民共和国成立以来的重大活动、重要事件、重要成就、著名人物等具有重要价值的档案。

（3）记录中华人民共和国成立以前的重要活动、事件、人物等具有重要价值的档案。

（4）记录维护国家主权和领土完整的具有重要价值的档案。

（5）记录民主党派、社会团体的重要活动、事件、人物等具有重要价值的档案。

（6）记录与港澳台事务相关具有重要价值的档案；记录华人、华侨、国际友人等具有重要价值的档案；记录对外交流、交往具有重要价值的档案。

（7）记录地方历史、特色文化、民族艺术、地方民俗的档案；记录当代经济、政治、文化、社会、生态文明等具有重要价值的档案等。

（三）征集标准及工作组织

征集的档案应至少具有凭证价值、参考价值、研究价值、文化传承价值中的一方面价值。征集档案时应考虑档案的稀缺性、代表性以及与馆藏档案的相关性，不可随意征集。同时，征集的档案应来源合法、真实可靠、权属明确。

档案征集工作应依法有序开展，具体包括以下工作：

（1）明确征集部门。成立档案征集部门或指定内设部门承担档案征集的职责，开展日常档案征集工作。

（2）组建专家队伍。应从档案、图书、历史、文博工作及其他相关领域聘请有鉴定评估工作经验的专家组建征集档案鉴定专家库，根据征集档案特点选取相关专家组成档案鉴定专家组，开展具体鉴定评估工作。

（3）编制征集规划。着眼于档案馆自身定位、馆藏实际和档案事业发展趋势，编制征集工作总体规划或中长期规划；制订年度征集计划或工作方案，规范有序地开展征集工作。征集工作中所需的鉴定、购买、差旅、会议、奖励等费用纳入档案馆年度预算安排。

（4）发布征集公告。开展专题征集的，可视具体情况向社会发布征集公告，广泛寻找征集线索。

（四）征集方法

档案馆档案征集的方法主要包括无偿征集、有偿征集、购买、征收（没收）、征购、交换等方法。无偿征集主要包括捐献等方法；有偿征集包括补偿性、奖励性的捐献、寄存、复制副本、交换和交流等方法；购买包括货币交易购买、竞拍购买、委托交易购买；征收和征购是档案馆或有关执法部门依法采取强制手段将档案强行征集进馆的一种档案征集方法；交换是各档案馆之间或档案馆与图书馆、博物馆、纪念馆等机构之间交换各自应当保存的属于本地区的档案、图书、文物等。

总之，档案收集工作是档案管理工作的起点，具有一定的规范性、技术性和操作性，尤其是文件归档范围的划分、归档流程的控制，以及电子文件归档的操作，做好此项工作对整个档案管理工作具有重要意义。因此，各单位档案室和各级各类档案馆要严格按照各自例行的接收制度和征集方法完成相应的档案收集工作。

技能提升训练

任务描述

又到了收集上一年度档案材料的时候了，学校档案室开始开展此次档案收集工作。今年是学校办学50周年，为真实、全面、生动地展示学校建设和发展成就，体现学校办学特色，更好地发挥校史育人的积极作用，学校现向全校各单位、全体师生员工、离退休教师、校友以及所有关心支持学校建设发展的社会各界人士征集学校办学50周年各个历史时期形成的校史资料和实物档案，并指定学校档案室负责档案征集工作，负责日常档案征集的对接联系工作和征集档案的接收工作。档案征集公告发出后，很多校友纷纷捐献自己珍藏的录取通知书、学生证、荣誉证书、饭卡等实物档案，以及学校组织的重大活动或会议的照片、毕业合影等照片档案。

实训内容

小组分工合作，通过角色扮演，模拟两个档案接收工作的情景，并拍摄、剪辑工作情景视频。

（1）年度材料归档移交接收工作情景的模拟（档案室与各部门）。

（2）校史资料征集接收工作情景的模拟（档案室与校友等社会人士）。

实训目的

学生通过完成档案归档移交接收与征集接收实训任务，了解年度材料归档移交接收和档案征集接收的工作流程与要求，提升档案管理工作技能。

任务实施

为更好地完成单位"年度材料归档移交接收工作"和"校史资料征集接收工作"两个工作情景模拟的实训任务，提升档案收集工作能力，小组应先根据需要细化分工，有计划、有步骤地依法依规收集。

第一步　了解相关标准与具体操作要求

1. 国家标准

本次实训可参考的档案收集相关法规政策主要有国家档案局发布的法规标准库(https://www.saac.gov.cn/),以及本单位制定的档案管理制度中关于档案收集工作的相关内容。例如:《机关文件材料归档范围和文书档案保管期限规定》《企业文件材料归档范围和档案保管期限规定》《电子档案移交接收操作规程》(DA/T 93—2022)、《档案征集工作规范》(DA/T 96—2023)等。

2. 学校归档与征集的具体要求

一般在档案归档或征集前,学校会发布相关年度档案材料收集归档通知或者档案征集公告等,这些通知或公告一般对收集或征集范围、收集或征集标准与要求,以及接收形式、时间有具体说明。这些通知或公告可以作为学生设计具体模拟环节时的参考资料。在实训中,这些通知或公告的原文件可以由教师提供,也可以由学生在学校档案室网站上查找。

第二步　任务分工,准备材料

以 3~4 人为一组,组长统筹,小组各成员分工合作,按照档案收集或征集基本流程设计环节并进行角色扮演,完成年度材料归档移交接收与校史资料征集接收两个工作情景模拟(前期沟通和督导过程无须模拟,可使用旁白辅助)。情景模拟所需材料、辅助道具自行准备(教师提供学院上一年度需要归档的纸质文件;学生自己准备录取通知书、学生证、荣誉奖杯等实物档案等),拍摄视频的设备,学生模拟时应注意着装得体。

第三步　选择场地,情景展示

各小组在校内选择合适的场地(如小型会议室或档案实训室)进行年度材料归档移交接收与校史资料征集接收两个工作情景模拟,同时拍摄工作情景模拟的视频,模拟时学生应注意抓住关键环节。

1. 年度材料归档移交接收关键环节

学生分别扮演学校档案室工作人员及学院兼职档案员。

(1) 归档验收:归档文件材料在移交时,交接双方须当面清点核对,学校档案室工作人员应按归档要求对归档文件材料进行检查验收,不符合归档要求的需指出具体问题并退回档案形成部门整改,归档文件材料合格后方可办理移交手续。

(2) 移交接收:学院兼职档案员向学校档案室工作人员移交本学院 2023 年度的文件材料。在移交时,须填写"归档文件移交接收登记表",一式两份,双方签字盖章后各留一份备查。

2. 校史资料征集接收关键环节

学生分别扮演学校档案室工作人员,校领导、教学教师或人事等学校人员,校友等社会人士。

(1) 征集材料的论证:根据拟征集接收档案的特点,学校档案室工作人员对接收到的档案真伪及价值进行评估,出具明确的鉴定意见,并讨论确定征集方式(无偿征集、有偿征集、购买等)。一般学校需与捐献者协商签订档案接收捐献协议,明确征集档案的所有权和处置权等。

(2)征集材料的接收:模拟征集材料的接收情景时,学校档案室工作人员需先填写"接收捐献档案登记表",核对档案数量,并登记入库。模拟时,小组也可以采用举行捐献仪式、颁发捐献证书的形式进行征集材料的接收。具体方式由小组自己确定。

第四步　剪辑制作,完成任务工单

学生剪辑录制的两个工作情景模拟视频,要求设计片头字幕以及片尾,单个视频时长控制在3~5分钟内。视频要求能展示工作场景主题与情节,应突出档案收集或征集工作的关键环节。

课堂上各组将制作的视频分享展示,教师点评,小组互评;实训任务完成后,每位同学根据自己的任务分工和实训过程,完成如表2.6的任务工单,撰写实训总结。

表2.6　任务工单

任务名称	档案归档移交接收和档案征集接收工作情景模拟					
任务目的	更规范地完成年度材料归档移交接收与校史资料征集接收两个工作,树立遵守法律法规意识,能完成档案收集工作					
实训内容	(1)年度材料归档移交接收工作情景模拟。 (2)校史资料征集接收工作情景模拟。					
任务提示	从学院年度归档材料、学校档案室征集档案着手					
第(　)组	姓名					
	学号					
任务	(1)年度材料归档移交接收工作					
	归档验收					
	移交接收					
	(2)校史资料征集接收工作					
	征集论证					
	征集接收					
实训心得						

思考与练习

一、案例分析

××贸易公司的小陈刚接任专职档案管理员的职务,就遇到了接收归档文件材料的工作。公司办公室的文书管理员小陆将处理完毕的文件交给了小陈,让他进行鉴定、整理,还说以往公司的立卷归档工作就是这么做的。请思考下列问题:

(1) 该公司文件归档工作的做法是否符合国家规定?为什么?

(2) 小陈在文件归档工作中的职责有哪些?

二、技能题

下面是浙江省妇联的几份文件,请你鉴别一下哪些需要归档,哪些不需要归档。你的理由是什么?

(1) 浙江省妇联主席××在全国妇女工作会议上的典型发言。

(2) 中共浙江省委关于省委组织部××、×××等同志的任职通知。

(3) 中共浙江省委关于浙江省纪律检查委员会刘××贪污腐化的处理决定。

(4) 浙江省妇联关于全省妇女教育发展规划。

(5) 浙江省妇联主席××在企业传承与发展论坛上的致辞。

(6) 浙江省妇联关于妇女儿童发展规划中期监测评估报告。

拓展阅读

我国电子文件归档"双套制"到"单套制"发展

"双套制"是文件管理由纸质时代走向数字时代的过渡形式,而"单套制"是我国电子文件管理模式调整的目标和方向。

20世纪90年代以来,随着信息化、办公自动化及各类电子业务系统的应用,电子文件开始在办公业务系统及其他业务系统中大量出现,但是电子文件在可靠性等方面难以保障。从传统档案管理的视角来看,电子文件不可信任,不可作为长期保存的对象,因此,出于对文件证据要求及长久可读的考虑,将电子文件转换成纸质文件实行"双套"归档,即以某种形式(主要是打印)将电子文件固化到传统存储介质(主要是纸张)上,这是电子文件"双套制"的含义。

但是随着政务信息化和社会信息化的深入,以及数字政府和数字经济的迅速发展,"双套制"在整个社会数字转型的大趋势下已不合时宜。2012年发布的《电子档案移交与接收办法》和2015年发布的《会计档案管理办法》都对电子文件的移交与归档提出了新要求,强调将电子文件及其元数据共同归档,明确符合条件的电子会计资料可仅以电子形式保存。2015年,上海自贸试验区开展电子文件"单套制"管理模式的探索;同年,浙江省档案局也依托浙江政务服务网在省建设厅开展行政审批电子文件归档和采用电子档案"单套制"管理新模式。2016年发布的《电子文件归档与电子档案管理规范》(GB/T 18894—2016)取消了对"双套制"的强制性要求,同年发布的《全国档案事业发展"十三五"规划纲要》明确提出,要在有条件的部门开展"单套制"管理试点。此后,国家档案局发布的《机关档案管理规定》和《国家档案局关于修改〈电子公文归档管理暂行办法〉的决定》进一步明确提出"电子文件可以仅以电子形式进行归档""符合国家有关规定要求的电子公文可以仅以电子形式归档"等相关规定。2020年新修订的《档案法》第三十七条明确规定,"电子档案应当来源可靠、程序规范、要素合规""电子档案与传统载体档案具有同等效力,可以以电子形式作为凭证使用"。由此可见,电子文件"单套"归档、保存和利用已经具备了充分的法律依据,成为深化档案工作数字转型、服务于政务信息化及社会信息化的关键。

"单套制"归档模式是指在档案管理的过程当中,如果只是产生电子文件,那么档案管理只保存作为第一手资料的电子文件。这种"单套制"的模式,是相对于纸质+电子"双套制"归档的一种新型模式。

2022年国家档案局出台了《电子档案单套管理一般要求》(DA/T 92—2022),"单套制"档案管理模式实施之后,档案信息的传递方式只能以规范的数字化信息进行。要实现这一传递方式的改变,需要从成文单位起草文件之时起就进行规范化改革,实现文档一体化管理。"单套制"档案管理模式的运行,有利于提高档案工作效率、降低档案管理成本。

部分参考自:肖秋会,汤俊妹,许晓彤.文件管理双轨制、双套制、单轨制、单套制辨析[J].中国档案,2021(4):72-74.

档案收集工作的要求

(1)归档材料应当齐全、完整、优化。齐全是指门类齐全,不论是内容还是载体;完整是指归档的材料要完整、不缺损;优化是指在数量充分的基础上要求质量优化,具有特色。《档案法》第十四条、第十五条分别规定:"应当归档的材料,按照国家有关规定定期向本单位档案机构或者档案工作人员移交,集中管理,任何个人不得拒绝归档或者据为己有。国家规定不得归档的材料,禁止擅自归档。""机关、团体、企业事业单位和其他组织应当按照国家有关规定,定期向档案馆移交档案,档案馆不得拒绝接收。"

(2)加强档案调查和指导。各机关、团体和企业事业单位的档案机构依法统一管理本单位的档案,一方面负责对本单位各部门文件材料收集、整理、归档工作进行业务指导,对所属机构的档案工作进行监督、指导;另一方面,档案机构要采取多种措施,通过各种途径大力加强调研,征集民间特色档案,促进档案资源建设,以丰富馆藏内容,改善馆藏结构,将应接收的档案及时接收进馆。

(3)保持全宗不可分散性。全宗就是一个立档单位形成的全部档案,一个立档单位的各项活动是密切联系的,因此在活动中形成的各种文件材料也必然存在着固有的联系。为了确保文件的完整,在收集档案时必须坚持全宗不可分散的原则,一个单位所形成的档案应集中到一个档案室,不能人为地分散处理。

(4)加强档案工作的标准化。档案载体和书写材料应当符合档案保护和装订的要求。应当使用符合耐久性要求的书写材料,严禁使用纯蓝墨水、红墨水、铅笔、圆珠笔等非耐久性书写材料。归档材料中有电子文件的,应当与相对应的纸质文件一并存档。

法规阅读

(1)《档案征集工作规范》(DA/T 96—2023)

(2)《电子档案移交接收操作规程》(DA/T 93—2022)

(3)《电子文件归档与电子档案管理规范》(GB/T 18894—2016)

(4)《各级各类档案馆收集档案范围的规定》

项目三

档案整理立卷

档案整理立卷是指将已处理完毕的、有保存价值的零散文件进行系统整理并组成案卷的过程,包括档案形成部门对归档文件的整理立卷和档案室对接收的归档档案的编号、编目与排架等。档案整理立卷是档案管理的一项基础性业务工作。目前,档案整理要求以件为单位。本项目重点介绍全宗内档案分类方案,整理立卷方法,案卷编号、编目与排架,适用于各类单位。

本项目知识重点

【项目结构】

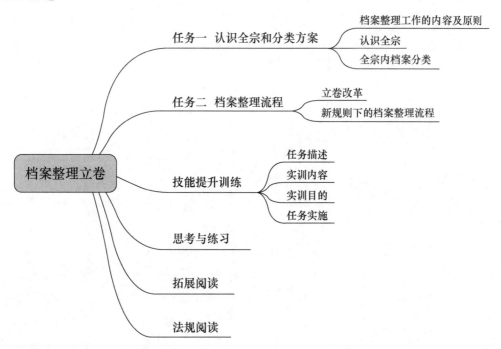

【项目目标】

(1) 知识目标:通过本项目的学习,掌握档案整理工作的内容、原则和要求;学会正确地区分档案全宗以及全宗内档案的分类方法;初步掌握档案整理的方法与要求。

(2) 能力目标:通过本项目的学习与技能提升训练,学生能够按照档案整理立卷方法和程序,开展档案整理立卷工作。

(3) 素养目标:通过本项目的学习与技能提升训练,培养学生严谨守规的工匠精神、认真负责的工作态度。

【职业箴言】

档案整理是份清苦差事,需要耐心和匠心,才能卷卷件件皆锦绣。

解读: 档案整理工作很枯燥烦琐,档案工作者每天面对的是编不完的目录、整不完的资料,需要一定的耐心和匠心才能保证整理的每一份案卷都规范合理,尤其是在充满各种诱惑的变革时代,没有乐于奉献的精神是做不好档案整理工作的。

任务一　认识全宗和分类方案

▶ **思维导图**

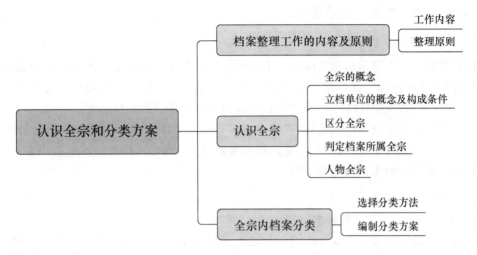

▶ **知识目标**
- 掌握全宗及立档单位的概念与构成条件。
- 明确档案整理工作中分类方案的种类、组合及制定原则与要求。

▶ **能力目标**
- 能够根据立档单位的构成条件判断具体单位能否构成立档单位。
- 能够根据不同分类方案的特点与适用要求判断具体单位的分类方案是否合理规范。

▶ **素养目标**
- 培养实事求是的工作作风，合理选择分类方案。
- 培养在标准化工作流程中创新工作方法的思维能力。

▶ **案例导入**

> 新成立的××公司是一家小型企业，秘书常丽兼管档案工作，她采用组织机构—年度—保管期限分类法进行档案的分类。公司成立5年多来，总经理换了两任，内部组织机构变动频繁，部门调整大，而常丽采用的档案分类方法一直没有变化。一天，总经理要查一份4年前的文件，由于部门的变动，常丽已经记不清这份文件的形成部门了。结果，常丽翻遍了柜子，才找到这份文件。

立档单位进行档案分类时应结合单位的具体情况，灵活地选择适用的分类方案，文书档案的分类方案可以按问题、保管期限分类，也可以按年度、机构分类，但是在实际工作中往往不是采用单一分类方案,而是综合运用多种分类方案。每种分类方案都有自己的适用范围,不能随意用之。上述案例中采用机构—年度—保管期限分类法进行档案的分类,但当内部组织机构变动频繁、部门的调整很大时,常丽这样做产生的后果是不利于档案分类的连续性。

▶ **理论支撑**

一、档案整理工作的内容及原则

（一）档案整理工作的内容

档案整理工作内容具体包括以下几个方面：① 区分全宗；② 全宗内档案的分类；③ 立卷,即卷内文件的排列和编号、填写卷内目录和备考表、拟写案卷标题、填写案卷封面；④ 装订(或装盒)；⑤ 案卷排列和编号；⑥ 编目,即编制案卷目录；⑦ 案卷排架。

全宗内档案的分类、立卷、装订(或装盒)、案卷排列和编号、编目等业务环节一般由档案形成部门或相关人员承担,即文书立卷。归档案卷的统一编号和排架由本单位档案室承担。全宗的划分和排列则多由档案馆承担。

（二）档案整理的原则

1. 保持文件之间的有机联系

文件之间的有机联系是指文件在产生和处理过程中所形成的内部相互关系,也称文件的"内在联系"。保持文件之间的有机联系是档案整理工作的根本性原则。保持文件之间的有机联系可以提高归档文件的查全率和查准率。

文件之间的有机联系主要表现在以下几个方面：

(1) 文件在来源上的联系。

来源一般是指形成档案的社会组织或个人。同属于一个形成者或同类型的形成者的文件在来源上有着密切的联系。例如,华源物业公司的收文、发文和内部文件,属于同一个形成者,具有来源上的密切联系。

因为不同来源的文件反映不同形成者的历史活动面貌,所以整理档案时必须先保持文件在来源上的联系,不同来源的档案不能混淆在一起。

(2) 文件在内容上的联系。

内容是指文件涉及的具体事务或问题。同一件事务、同一项活动、同一个问题所产生的文件之间必然具有密切的联系。

整理档案时保持文件之间在内容上的联系,有利于完整地反映文件形成者各种活动的来龙去脉和基本情况,也便于查找利用。

(3) 文件在时间上的联系。

文件的时间是指文件的形成时间。整理档案时保持时间上的联系,有利于体现形成者活动的阶段性、连续性和完整性。

(4) 文件在形式上的联系。

形式上的联系一般是指文件在载体、文种、表达方式以及特定的标记等因素上的联系。整理档案时保持文件形式上的联系,有利于揭示文件的特殊价值,便于档案的保管与完整性的保持。

2. 应保证纸质文件和电子文件整理协调统一

根据《归档文件整理规则》(DA/T 22—2015),在信息化条件下,归档文件整理必须综合考虑纸质文件和电子文件的整理要求,将纸质文件材料整理与电子文件整理统一起来。

目前纸质文件与电子文件在较长的时间内会并行存在,因此保证二者的协调统一是进行归档文件整理的要求之一。归档文件整理时一般应将归档电子文件作为第一整理对象,先在电子档案管理系统上完成电子文件的整理,再据此整理纸质归档文件,以保持整理工作的一致性和稳定性。

3. 应区分文件的不同价值,便于保管和利用

整理时应先区分文件的价值,划定不同的保管期限。《归档文件整理规则》(DA/T 22—2015)对分类的要求有,将不同年度、不同机构(问题)、不同保管期限的文件区分开来,为开展后续工作打下基础。便于保管、方便利用是归档文件整理工作的重要目标,不同价值的文件材料采取不同的保管期限策略,可以提高档案的管理效率。

二、认识全宗

(一) 全宗的概念

全宗是指一个国家机构、社会组织或个人形成的具有有机联系的档案整体。凡是具有独立性的单位或个人的全部档案就叫一个全宗。按全宗内容的性质,可将全宗分为机关全宗和人物全宗;按构成全宗的方式,可将全宗分为独立全宗、联合全宗和全宗汇编等。

全宗具有不可分散性,同一个全宗的档案不能分散整理,不同全宗的档案不能混淆。

全宗的不可分散性的含义包括以下三点:

(1) 全宗是一个整体,不可分割。

(2) 全宗具有客观性。

(3) 全宗以一定的单位为基础,具有相对的稳定性。

(二) 立档单位的概念及构成条件

1. 立档单位的概念

立档单位是指形成档案全宗的国家机构、社会组织或个人,也称全宗构成者。

例如,"浙江省人民政府"是一个立档单位,它的全部档案就构成一个全宗;"王××"是一个立档个人,他的全部档案就是一个全宗。

2. 立档单位的构成条件

立档单位的构成条件主要包括以下三个方面内容:

(1) 行政上,立档单位可以独立行使职权并能以自己的名义向外行文,这是构成立档单位的首要条件。

(2) 财务上,立档单位是一个经济核算单位,可以编制财务预算或财务计划。

(3) 人事上,立档单位有一定的人事任免权,设有管理人事的机构或岗位。

应特别指出的是,上述确定立档单位的条件中,第一个条件是首要条件。因为在某些特殊条件下,一些立档单位不同时具备三个条件。在这种情况下,判断其是否为立档单位,主要依据第一个条件,看它能否独立行使职权并以自己的名义向外行文。

例如，××市××区中心学校的财务工作由该区设立的财务中心统一管理，各个学校不再单独设置自己的财务机构，不单独处理财务工作，但他们仍能够独立行使职权，仍是一个个立档单位。

3. 确定立档单位的方法

（1）从文件中查找。立档单位都具有相对独立的行文权，所以从文件的发文机构就可以确定立档单位的归属。

（2）从实际工作情况考察。可以依据立档单位实际工作情况来判定，基本情况包括单位名称、主要职能、机构沿革、具体的工作活动等。

（三）区分全宗

理解了全宗的含义，在实际工作中就很容易区分全宗了，一般有以下几种情况需要特别注意：

1. 立档单位发生根本性变化后全宗的区分

（1）立档单位被撤销，工作终止，其档案应作为独立全宗予以保存。例如，××省进行机构改革，撤销了省政协经济委员会，将其职能划入省发展和改革委员会。那么省政协经济委员会的档案应作为撤销机关独立全宗保存，以后产生的应作为省发展和改革委员会全宗档案的一个组成部分。

（2）由几个立档单位合并而成的新的立档单位，合并前的各立档单位档案分别构成独立全宗，合并后形成的档案构成一个新的全宗。如果是以其中一个立档单位为中心，兼并若干个其他单位，那么中心立档单位兼并前后的档案应作为同一个全宗，其他被兼并立档单位兼并前的档案分别构成独立全宗。

（3）立档单位的某个内部机构或职能独立出来形成新的立档单位，独立前的档案作为原单位全宗的一部分，独立之后的档案作为新的全宗。

（4）某单位的某个内部机构或职能直接并入其他立档单位时，之前的档案为原单位全宗，之后为所并入单位的全宗。

（5）合署办公的立档单位，其档案若能区分开，则一般分别构成独立全宗；如果档案区分有困难，则可以按全宗的补充形式处理。

2. 立档单位发生非根本性变化后全宗的区分

立档单位的非根本性变化是指立档单位名称的变更、职权范围的变化、内部组织调整、工作地点变化等，一般不引起全宗的变化。

3. 临时和派出机构档案的全宗归属

对临时与派出机构的档案，应具体分析。若时间较短，职能性质不重要，档案数量不多，则不构成独立全宗，而是作为其上级主管单位的全宗的一部分；反之，可为独立全宗。

（四）判定档案所属全宗

档案馆在整理档案时，必须准确地判定档案所属全宗，特别是在一些不同全宗的档案相互混杂或分散时。档案室因所保管的档案为同一个全宗，因此在整理时无须区分全宗，只需区分类别。

判定档案所属全宗，关键在于确定档案的形成者，档案所属全宗可以通过以下三类文件进行判定：

(1) 立档单位的发文（印件和底稿）。发文都有机关署名，即发文的作者。发文的作者就是档案的形成者，只要查明发文的作者就可以确定档案的所属全宗。

(2) 立档单位的收文。可以从文件的抬头、结语和内容判断出立档单位信息，进而得知档案所属全宗。经过收文登记的还可以从登记标志判断出立档单位信息，进而得知档案所属全宗。

(3) 立档单位的内部文件。判定方法和发文一样，只要看文件的作者便能知道档案所属全宗。另外，还可以从文件的纸张、书写格式、墨水、各种标记、符号、印章、日期，以及文件的内容和内容涉及的人物、时间和地点等来进行判定。对于考证不出来的可以暂存，留待今后再考证，也可以作为档案汇编进行处理。

（五）人物全宗

人物全宗是指社会活动家、科学家、文学家、艺术家、教育家及其他著名人物在其一生活动中所形成的档案整体。某些著名的家族和家庭也可以构成一个人物全宗。其内容包括个人的著作、手稿、日记、信件、照片、录音、录像、遗嘱，以及记录个人、家庭和家族社会活动的全部资料等。

整理人物全宗时应注意以下几点：

(1) 人物全宗中不得收入全宗构成者在公务活动中处理的官方文件的原件（复制的除外）。

(2) 个人、家庭和家族的文件材料，无论形成于何时何地，以及立档单位的政治思想和社会地位有何变化，都只能构成一个全宗。

(3) 人物全宗是国家档案的组成部分，其中往往包含相当珍贵的材料，对于经济、政治、历史、艺术、科学、军事等方面的研究具有重要价值。

三、全宗内档案分类

档案分类是指全宗内归档文件的实体分类，即将归档文件根据来源、时间、内容和形式等方面的异同，分成若干层次和类别，构成有机体系的过程。档案分类是档案系统化的关键环节，对档案整理工作具有重要意义。全宗内档案分类工作包括选择分类方法、编制分类方案等具体内容。

（一）选择分类方法

不同性质的文件资料分类方法参照的标准不一，《归档文件整理规则》(DA/T 22—2015)这个标准适用于各级机关、团体、企业事业单位和其他社会组织对应作为文书档案保存的归档文件的整理。其他门类档案可以参照执行，如果有其他特殊规定的，从其规定，如科学研究项目档案就参照《科学技术研究项目档案管理规范》(DA/T 2—2023)。常用的归档文件分类方法有以下几种：

1. 按年度分类

按年度分类，即将文件按形成年度分类。一般是将文件按形成年度分开，同一年度的文件排列在一起。优点：分类标志客观、明确，操作简单易行；符合立档单位按年度归档的制度，文件归类时界限明确；可以较好地体现立档单位工作活动的历史发展进程。

运用年度分类法，关键是准确地判定文件所属年度，尤其是当文件涉及两个或两个以上年度时。判定文件所属年度主要有以下依据：

① 跨年度文件一般应以文件签发日期为准。对于计划、总结、预算、统计报表、表彰先进以及法规性文件等内容涉及不同年度的文件，统一按文件签发日期判定所属年度。跨年度形成的会议文件归入闭幕年；跨年度办理的文件归入办结年；当形成年度无法考证时，年度为其归档年度，并在附注项加以说明。

② 按专业年度形成的文件归类。某些专业是采用与自然年度不同的年度进行工作，如学校的教学材料涉及的教学年度是学年，是从每年的9月1日至次年的8月31日作为一个学年分类文件。

2. 按机构（问题）分类

按机构（问题）分类，即将文件按其形成或承办机构（问题）分类，如人事处（人事类）、财务处（财务类）等。机构分类法与问题分类法因实际文件资料重叠，在实际运用中应选择其一使用，不能同时采用。

采用机构分类法，即按单位内部设置的组织机构来划分档案的类目。采用该分类方法时，应根据文件形成或承办的机构对归档文件进行分类，涉及多个部门形成的归档文件，应归入文件主办部门。机构分类法主要有以下优点，即能较好地保持档案在来源上的联系，完整地反映各个内部组织机构活动的情况；以内部机构为分类标志，概念明确、客观，有助于文件的准确归类；有共同内容的文件相对集中，便于查找。机构分类法适用于立档单位内部机构比较稳定的情况，内部机构之间的档案界限清楚，便于识别和区分。

采用问题分类法，即按照文件内容所反映的问题对归档文件进行分类。例如，企业的技术研发问题、职工的保险问题等。问题分类法的优点是能够集中立档单位具有共同内容的档案，较好地保持了文件之间的联系，便于反映立档单位各项工作的情况。缺点是问题分类法在类别设置上需要档案工作者根据档案的具体设计情况归纳、拟订，操作上比年度分类法、机构分类法有更大的困难。同时要注意问题与问题之间不能交叉或重叠。

3. 按保管期限分类

按保管期限分类，即将文件按划定的保管期限分类。目前保管期限一般为定期（10年和30年）和永久。操作简单易行。

4. 按型号分类

按型号分类，即按产品或设备的种类与型号来划分单位的产品档案或设备档案的类目。企业档案多采用此法，尤其是产品或设备档案较多的企业，如按照产品的不同型号与种类划分。

5. 按课题分类

按课题分类，即以各个独立的研究课题为分类单元，划分档案的类目，适用于科研或科技档案的分类。

6. 按项目分类

按项目分类，即按独立的基建工程来划分基建档案的类目。相对独立的工程项目是指一个项目、一种产品、一台设备仪器、一个科研课题等。项目较多时还要按项目性质加以归类。

7. 按专业性质分类

专业性质分类法又叫专业特征分类法，即按档案内容所涉及和反映的专业性质来划分档案的类目，主要适用于科研档案的分类。

(二) 编制分类方案

分类方案，又称分类标准、分类原则，是指档案分类的表现形式，具体是指以文字或图表形式表示一个全宗内档案分类体系的一种文件。编制分类方案，需注意标准要具有统一性，类目要具有互斥性，不能你中有我，我中有你，同时类目要有伸缩性，能随客观变化而增加或减少。

根据《企业档案工作规范》(DA/T 42—2009)附录 A 可知，企业文件归档一般分类设置十个一级类目，即经营管理类、生产管理类、行政管理类、党群管理类、产品生产类、科研开发类、项目建设类、设备仪器类、会计业务类、职工管理类。在实际工作中，可以根据单位性质、规模等具体情况而予以灵活调整。非生产型企业可设七个大类，即经营管理类、生产管理类、行政管理类、党群管理类、科研开发类、会计业务类、职工管理类。

合理选择分类方案在很大程度上决定了良好的分类质量。《归档文件整理规则》(DA/T 22—2015)中规定基本的、通用的分类方法是年度、机构(问题)和保管期限这三种。立档单位应对归档文件进行科学分类，同一全宗应保持分类方案的一致性和稳定性。归档文件一般采用年度—机构(问题)—保管期限、年度—保管期限—机构(问题)等方案进行三级组合分类。规模较小或公文办理程序不适于按机构(问题)分类的立档单位，可以采取年度—保管期限等进行两级分类。

下面就两种常用的三级组合分类方案作简要介绍：

(1) 年度—机构(问题)—保管期限分类法。

年度—机构(问题)—保管期限分类法，即先将归档文件按年度分类，每个年度下按机构分类，再在机构下按保管期限分类。这种分类方法适用于内部机构设置比较稳定的立档单位，《归档文件整理规则》(DA/T 22—2015)将其列入条文中推荐采用。例如，××建筑公司档案按该分类法进行分类(如图 3.1 所示)。

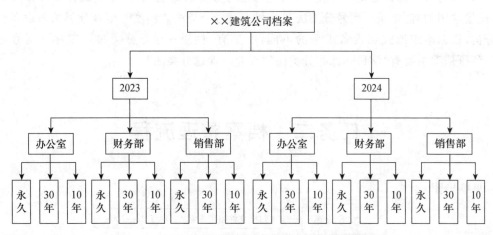

图 3.1　年度—机构(问题)—保管期限分类法结构示例

(2) 年度—保管期限—机构(问题)分类法。

年度—保管期限—机构(问题)分类法，即把一个单位的档案先按年度分开，每个年度内分为永久、30 年、10 年三种保管期限，然后再按组织机构(问题)分开。这种方式的优点是简便易行，与文书处理制度相吻合，标准客观，便于归类，多数单位采用此法。其缺点是一个组织机构的档案被年度隔成许多部分，较分散，不便于查阅。例如，××建筑公司档案按该分类法进行分类(如图 3.2 所示)。

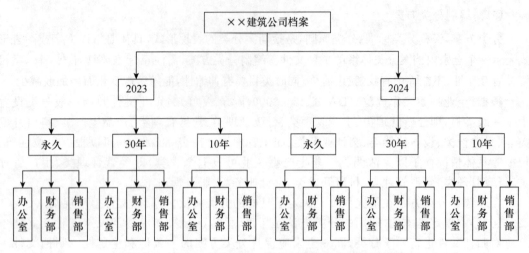

图 3.2　年度—保管期限—机构（问题）分类法结构示例

不同单位在分类时应针对本单位档案的具体情况，灵活地编制适合本单位的分类方案。分类方案是进行分类工作的依据，无论采用哪种分类方案，一个单位的档案分类方案应该一致，而且应保持相对稳定，使分类体系具有延续性，便于查找利用。

值得注意的是，由于不同档案的特点不同，在实际应用时，可根据具体情况，结合其中几种分类方案灵活运用。例如，一般基本建设档案的分类，具体到不同单位和不同基建项目，档案主要有"性质—工程项目分类法""流域—工程项目分类法"；产品档案的分类，由于产品种类繁多，各种产品代号也不尽相同，因此在型号分类法的基础上，派生出许多具体分类方案，比较常用的有"性质—型号分类法""系列—型号分类法""年度—型号分类法"；设备档案的分类，根据组织形式和设备类型的不同，主要有"性质—型号分类法""工序—型号分类法"；科研档案主要有"学科—课题分类法""专业—课题分类法"。

任务二　档案整理流程

思维导图

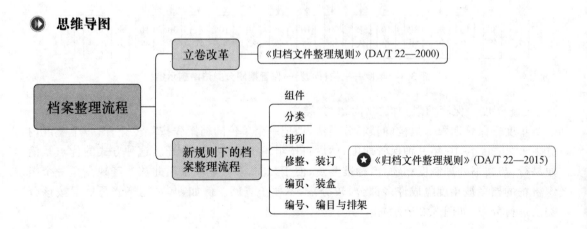

知识目标

- 掌握档案整理与立卷工作的流程及要求。

能力目标

- 能够按照档案整理与立卷方法将待整理的档案整理装盒,并填写案盒及相关内容。

素养目标

- 养成严谨务实的工作作风。
- 树立懂法守规的意识。

文件的组件与排列操作演示

案例导入

规范流程　全程督控

××集团是一家下属企业数量众多的控股公司,××集团对档案工作采取了"统一领导、分级管理"的原则,制订了统一的分类方案,设置文书档案、科技档案、会计档案等几大类,在各类下设多个小类,如文书档案下设党群类、行政类等小类。同时,集团有以下规定:

(1) 坚持"谁经手谁立卷",凡红头文件及集团本部产生的重要资料,由收发人员和具体经办人员做好文件(资料)的整理、立卷、编目,填写好移交清单,于次年第一季度前移交档案室归档。

(2) 集团每年年初与下属各企业经营者签订年度目标管理责任书,将文书资料的档案整理标准、归档范围、归属流向及奖惩考核事项列入责任书条款中;集团档案室年终对下属各企业的档案工作业绩进行考核。

(3) 对于生产型企业的各参股公司所产生的文书资料,如营销客户资料、产品研发鉴定、设备技术资料及资质认证、签订的商务合同与协议等由各参股公司指定部门的相关人员担任兼职档案员,负责收集整理立卷,然后移交本企业档案室,集团档案室不直接参与日常管理,而是对相关企业进行业务指导和监督。

档案整理与立卷工作是使档案有序化的过程,关系到档案的系统性和完整性,××集团根据自己的实际情况预先制订一套档案整理与立卷方案,确定了档案的分类标准,做到了各司其职,全程管控。

理论支撑

分类方案确定后,档案工作者就可以在分类的范围内将零散的文件集合成案卷,分类与立卷是全宗内文件系统化过程的两个重要环节,这两个环节既有区别又有联系。分类是把全宗内文件按照一定的特点分成若干部分。立卷是把局部的、零散的文件,按照一定的特点组成多个保管单位。全宗内文件的整理,一般是先分类再立卷,分类是立卷的前提和先期环节。分类是否正确,对立卷工作有着直接的影响,不是一类的文件不能组成一个案卷。

整理归档文件情景剧

一、立卷改革

2000年,国家档案局发布了《归档文件整理规则》(DA/T 22—2000),并于2001年开始实施,取消案卷,推行文件级(按件)整理,大幅度简化档案文件整理中的手工操作,以促进档案的科学管理。这是我国机关档案工作的一次重大改革,它改革了我国运用了五十余年之久的传统立卷方法。

立卷改革,即指文件归档时,在运用计算机对文件实行全文信息管理的前提条件下,取消立卷,以单份文件为保管单位并按自然联系进行整理的过程。

文件级管理模式与传统立卷模式相比,主要有以下四个方面的变化:

(1) 取消案卷,实行文件级管理。

(2) 分类方法固定为年度、机构(问题)、保管期限三种,允许进行不同组合。

(3) 装订以"件"为单位。

(4) 简化档案盒信息填写。

最根本的改变就是管理单位的不同,传统档案以"卷"为单位,改革后档案以"件"为单位。但是在实际工作中很多单位整理档案时会采用"件"与"卷"相结合的方式。

为了适应纸质文件与电子文件并存的现状,满足信息化条件下归档文件整理的需要,新发布的《归档文件整理规则》(DA/T 22—2015)在整理原则、整理流程等方面进行了较大幅度的改动。本任务将重点介绍新规则下的以"件"为单位档案整理的基本原则与操作流程。

二、新规则下的档案整理流程

目前各单位的归档文件整理主要按照新规则执行,参考规范主要有《归档文件整理规则》(DA/T 22—2015)以及《纸质归档文件装订规范》(DA/T 69—2018),新规则在整理原则、整理流程以及装订等方面进行了较大幅度的修改。修改后归档文件是以"件"为单位,通过计算机辅助进行整理,主要流程有组件、分类、排列、修整、装订、编页、装盒、编号、编目、排架等过程。

归档文件整理操作演示

(一) 组件

组件即件的组织,一般以每份文件为一件。件的构成和原来传统立卷中"件"的理解相似,比如正文、附件为一件;文件正本与定稿(包括法律法规等重要文件的历次修改稿)为一件;转发文与被转发文为一件;原件与复制件为一件;正本与翻译本为一件;中文本与外文本为一件;报表、名册、图册等一册(本)为一件(作为文件附件时除外);简报、周报等材料一期为一件;会议纪要、会议记录一般一次会议为一件,会议记录一年一本的,一本为一件;来文与复文(请示与批复、报告与批示、函与复函等)一般独立成件,也可为一件;有文件处理单或发文稿纸的,文件处理单或发文稿纸与相关文件为一件。

(二) 分类

与传统立卷相比,新规则简化了分类标准,突出"年度"分类法,明确规定归档文件一般采用"年度—机构(问题)—保管期限""年度—保管期限—机构(问题)"等方案进行三级分类。规模较小或公文办理程序不适于按机构(问题)分类的立档单位,可以采取"年度—保管期限"进行两级分类。其他门类档案或企业单位有其他特殊规定的,根据具体情况采用相应分类方法。

(三) 排列

归档文件应在分类方案的最低一级类目内,按时间结合事由排列;同一事由中的文件,按文件形成先后顺序排列;会议文件、统计报表等成套性文件可集中排列。排序时,不同文件稿本按照传统方法排列顺序(如表 3.1 所示),应注意不同文字的文本无特殊规定的,汉文文本在前,少数民族文字文本在后;中文本在前,外文本在后。

表 3.1　文件稿本与排列顺序对照表

整理时要求	装订时排列要求
文件正文与附件为一件	正文在前,附件在后
正本与定稿为一件	正本在前,定稿在后
转发文与被转发文为一件	转发文在前,被转发文在后
原件与复制件为一件	原件在前,复制件在后
来文与复文为一件	复文在前,来文在后

(四) 修整、装订

归档文件装订前,应对不符合要求的文件材料进行修整。归档文件已破损的,应按照《档案修裱技术规范》(DA/T 25—2000)予以修复;字迹模糊或易褪变的,应予复制。对于幅面过大的文件,应在不影响其日后使用效果的前提下进行折叠。

大图图纸折叠方法操作演示

装订应尽量减少对归档文件本身的影响,原装订方式符合要求的,应维持不变。此外,还应根据归档文件保管期限确定装订方式,装订使用的材料与保管期限要求应相匹配;为便于管理,相同期限的归档文件装订方式应尽量保持一致。归档文件的装订方式多种多样,主要有线装法、不锈钢订书机装订、糨糊装订等,各种装订方式适用于不同保管期限的文件,如表 3.2 所示。

表 3.2　归档文件保管期限与装订方式对照表

保管期限	装订方式				
	线装法(三孔一线、直角、缝纫机轧边)	不锈钢订书机装订	糨糊装订	不锈钢夹装订	封套装订
永久保存	√	√	√	×	×
定期保存需移交档案馆	√	√	√	×	×
定期保存不需移交档案馆	√	√	√	√	√

传统装订方式为"三孔一线"法,使用的是棉线,长为 160 mm 左右,结头打在背部,装订示意如图 3.3 所示。

"三孔一线"
装订法操作
演示

① 棉线中间折叠,双线正面从中间孔穿过至案卷背部,形成活口。

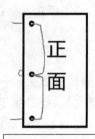

② 其他两端线头,正面从上、下两孔穿过,至案卷背部。

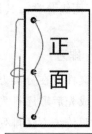

③ 背部两端线头,各自从中间活口穿过后,拉紧打结即可。

图 3.3 "三孔一线"装订法示意

从不同角度对各种装订方式的比较如表 3.3 所示。

表 3.3 各种装订方式比较

评价角度	装订方式				
	线装法(三孔一线、直角、缝纫机轧边)	不锈钢订书机装订	糨糊装订	不锈钢夹装订	封套装订
利于保存	最优	最差	较优	差	一般
牢固度	最优	较优	差	较差	一般
占用空间	较优	优	最优	差	一般
管理成本	最低	低	较低	高	较高
操作难易	最难	最简单	较难	简单	较简
综合评价	最优	一般	较优	最差	较差

一般来讲,需要长期或永久保存的档案要重点考虑"利于保存""牢固度""占用空间"这几个关键因素。综合来看,在这些因素中明显占优势的有线装法、不锈钢订书机装订、糨糊装订,这三种比较适合于档案馆(室)保管期限较长的归档文件。不过三者在管理成本、操作难易上存在一定的局限性;此外,糨糊装订的可逆性差,后期复印及扫描案卷时不能拆除。对于保管期限较短的档案,一般多采用操作简单的装订方式。线装法中"三孔一线"装订法与传统立卷的装订法相同,可用电动三孔打孔机辅助打孔。"直角"装订法可手工操作,也可使用装订机辅助,方法和效果参考《归档文件整理规则》(DA/T 22—2015)中的附录C:直角装订。而"缝纫机轧边"装订法一般在文件的左上角和左边轧边。

(五) 编页、装盒

纸质归档文件一般应以件为单位编制页码。编页方法和传统立卷方法基本相似。页码逐页编制,分别标注在文件正面右上角或背面左上角空白位置。

将归档文件按顺序装入档案盒后,要填写档案盒全宗名称(封面和盒脊/底边)、备考表等项目。不同年度、机构(问题)、保管期限的归档文件不能装入同一个档案盒。档案盒封面填写项目相较于以前更简化,不需要拟写案卷题名,只需标明全宗名称。档案盒的外形尺寸为 310 mm×220 mm(长×宽),盒脊厚度可以根据需要设置为 20 mm、30 mm、40 mm、50 mm 等,档案盒封面式样及规格如图 3.4 所示。

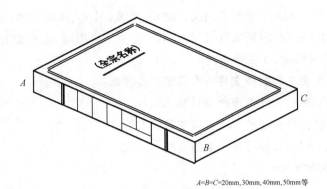

$A=B=C=20mm, 30mm, 40mm, 50mm$ 等

图 3.4　档案盒封面式样及规格

档案盒应根据摆放方式的不同,在盒脊或底边设置全宗号、年度、保管期限、起止件号、盒号等必备项,并可设置机构(问题)等选择项,其中"盒号"项是移交档案室后再统一排号填写。一般竖放填写盒脊,档案盒盒脊式样如图 3.5 所示;档案盒平放填写底边,具体项目与盒脊项目相同。

单位：mm

注：标有"＊"号的为选择项,下同。

图 3.5　档案盒盒脊式样

备考表置于盒内文件之后,项目与传统立卷的备考表基本相似,包括盒内文件情况说明、整理人、整理日期、检查人、检查日期等,主要用来记录盒内文件整理以及后续缺损、修改、补充、移出、销毁等情况。

(1) 盒内文件情况说明：填写盒内文件缺损、修改、补充、移出、销毁等情况。如某份文件需说明的内容比较复杂，归档文件目录"备注"项中无法填写，也可以在目录相关条目的"备注"项中加"＊"号标示，并在备考表中予以详细说明。

(2) 整理人：负责整理归档文件的人员签名或签章。

(3) 整理日期：归档文件整理完成日期。

(4) 检查人：负责检查归档文件整理质量的人员签名或签章。

(5) 检查日期：归档文件检查完毕的日期。

备考表式样参见图 3.6。

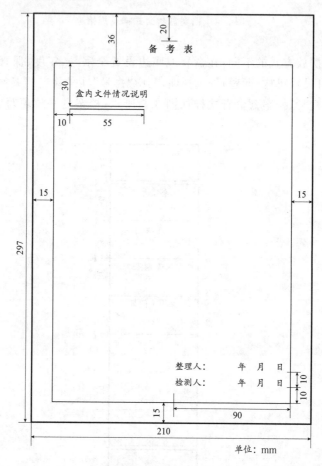

图 3.6 备考表式样

（六）编号、编目与排架

1. 编号

归档文件应依分类方案和排列顺序编写档号，再依据档号顺序编制归档文件目录，以便于检索。归档文件应在每件文件首页上端的空白位置加盖归档章并填写相关内容。电子文件可以由系统生成归档章样式或以条形码等其他形式在归档文件上进行标识。归档章式样参考图 3.7，其中全宗号、年度、件号、保管期限以及页数为必备项，机构（问题）可以作为选择项，二选一,保管期限分为永久、定期30年、定期10年,可以分别使用代码"Y""D30""D10"标识,页数用阿拉伯数字标识,机构(问题)可以用3位汉语拼音字母或阿拉伯数字标识,如"办公室"代码"BGS"等。归档章填写示例如图3.8所示。

Z120	2024	1
BG5	D30	15

图3.8　归档章填写示例

图3.7　归档章式样

　　档号是以字符形式赋予档案的一组唯一代码,用于反映、固定和识别档案排列顺序。根据《档号编制规则》(DA/T 13—2022),档号构成的元素包括:全宗号、类别号、案卷号/组号/册号、件号/页号四个部分,各项之间使用连接号"-"(短横线)连接。

　　全宗号:档案所属全宗的代码。一般采用4位代码标识全宗号。其中第1位用大写汉语拼音字母标识全宗属性,后3位用阿拉伯数字标识顺序号。

　　类别号:按照分类方案赋予全宗内各层级档案类别的代码。

　　案卷号:案卷排列的顺序代码,按组或册整理的档案可用组号或册号。采用阿拉伯数字标识案卷号/组号/册号,档案馆(室)应按照实际数量确定案卷号/组号/册号的位数。

　　件号:归档的文件排列的顺序代码。采用阿拉伯数字标识件号,档案馆(室)应按照实际数量确定件号的位数。

　　页号:案卷内文件每页排列的顺序代码。采用阿拉伯数字标识页号,档案馆(室)应按照实际数量确定页号的位数。

　　其中,类别号的构成元素及编制方法如下:

　　一级类别号(档案门类代码):采用2位大写汉语拼音字母标识档案门类代码。如机关档案门类代码标识为:文书"WS"、科技"KJ"、人事"RS"、会计"KU"、专业"ZY"、照片"ZP"、录音"LY"、录像"LX"、业务数据"SJ"、公务电子邮件"YJ"、网页信息"WY"、社交媒体"MT"、实物档案"SW"。

　　二级及三级类别号:设置应科学、简洁。根据实际情况,可扩展至四级。如行政许可档案中登记注册档案中的注册类档案,标识为"XK·ZC·01"。

　　项目号:采用项目、课题、设备仪器等的代号或型号标识项目号。

　　年度:采用4位阿拉伯数字标识文件(档案)的形成年度。

　　保管期限代码:采用大写汉语拼音字母或大写汉语拼音字母与阿拉伯数字的组合标识保管期限。以代码"Y"标识永久;以代码"D+年限"标识定期,比如定期30年的标识为"D30",定期10年表示为"D10"。

　　机构(问题)代码:编制方法采用大写汉语拼音字母、阿拉伯数字或汉字标识机构(问题)。如办公室可以采用汉字"办公室"标识,也可以采用字母"BGS"标识,或采用代码2～3位阿拉伯数字标识。

类别号的各元素均属类别号,属同级代码,同级代码之间用间隔号"·"相隔。

《档号编制规则》(DA/T 13—2022)从档案的整理方式出发,分别提出了按卷整理档案、按件整理档案的两种档号结构,为目前仍旧以卷为整理单位的档案提供了档号编制依据,如照片档案、录音录像档案、科技档案,以及城建、婚姻、审计、水利水电等专业档案。两种不同整理方式的档号结构,满足了不同载体、不同类别、不同管理特点档案的档号编制需求。

(1) 按卷整理档案的档号结构。按卷整理档案的档号结构应为:全宗号-类别号-案卷号/组号/册号-件号/页号。按卷整理档案的档号结构如图 3.9 所示。其中,"×××"不代表各代码所占的位数。左边为上位代码,右边为下位代码,连写时上、下位代码之间用连接号"-"(短横线)相隔。

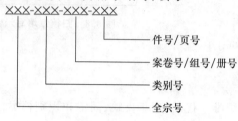

图 3.9 按卷整理档案的档号结构

按卷整理档案的档号结构中,类别号的构成元素包括一级类别号(档案门类代码)、二级及三级类别号、目录号、项目号、年度、保管期限代码。不同性质单位具体操作时其结构按相关规定或根据实际需要确定。

按卷整理档案的档号结构中,类别号结构示例如图 3.10 所示,实际操作非完全一致,可根据实际需要选择使用。

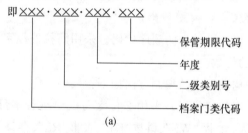

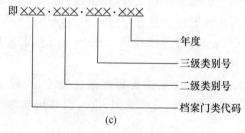

图 3.10 类别号结构示例(按卷整理)

例如：档号 X032-KJ·KY·2024·D30-001-002,其中 X032 为全宗号,KJ 为档案门类代码(科技档案),KY 为二级类别号(科研档案),2024 为年度,D30 为保管期限,001 为案卷号,002 为件号。

(2)按件整理档案的档号结构。按件整理档案的档号结构为:全宗号-类别号-件号,与按卷整理相比,去掉了"案卷号/组号/册号",适应于当下档案数字化管理环境。按件整理档案的档号结构如图 3.11 所示。其中,"×××"不代表各代码所占的位数。左边为上位代码,右边为下位代码,连写时上、下位代码之间用连接号"-"(短横线)相隔。

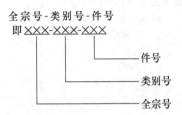

图 3.11　按件整理档案的档号样式

按件整理档案的档号结构中,类别号的构成元素包括一级类别号(档案门类代码)、二级及三级类别号、年度、保管期限代码、机构(问题)代码。可根据实际需要进行取舍确定。类别号结构如图 3.12 所示。

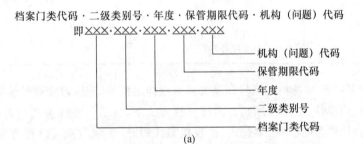

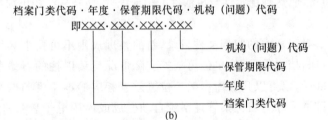

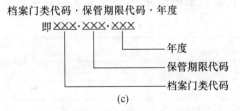

图 3.12　类别号结构示例(按件整理)

例如,档号 Z109-WS·2024·Y·办公室-0001。Z109 为全宗号,WS 为档案门类代码(文书档案),2024 为年度,Y 为保管期限代码,办公室为机构代码,0001 为件号。

按卷整理档案和按件整理档案的档号编制如表 3.4 所示。

表 3.4 两种整理方式的档号编制

项目	按卷整理档案的档号	按件整理档案的档号
档号结构	全宗号-类别号-案卷号/组号/册号-件号/页号	全宗号-类别号-件号
类别号构成元素	一级类别号(档案门类代码) 二级及三级类别号 目录号 项目号 年度 保管期限代码	一级类别号(档案门类代码) 二级及三级类别号 年度 保管期限代码 机构(问题)代码
档号必选元素	全宗号 一级类别号(档案门类代码) 案卷号/组号/册号	全宗号 一级类别号(档案门类代码) 年度 保管期限代码 件号
档号可选元素	二级及三级类别号 目录号 项目号 年度 保管期限代码 件号/页号	二级及三级类别号 机构(问题)代码

总之,无论是按卷整理档案档号还是按件整理档案档号,均应遵守档号的唯一性、一致性、稳定性、扩充性、简单性、适用性原则。两种整理方式下,各单位在编制档号时,一级类别号都应采用档案门类代码,如文书档案代码、科技档案代码等,其余类别号结构可根据自身实际需要采用或者放弃可选项,达到稳定性与灵活性的辩证统一,使档号结构更加灵活和适用。

2. 编目

归档文件目录编制操作演示

对于盒内的归档文件目录,新的整理规则不再要求必须在每个档案盒中放置归档文件目录,单位可根据实际情况延续以往的习惯在盒内放置归档文件目录,也可以只在库房架柜位置放置相应的本年度归档文件目录。归档文件目录最好是由档案管理系统自动生成或使用电子表格进行统一编制,采用 A4 幅面,页面宜横向设置,具体格式和项目可参考表 3.5。

表 3.5 归档文件目录

序号	档号	文号	责任者	题名	日期	密级	页数	备注

序号：填写归档文件顺序号。

档号：是归档移交后由档案室编制，档号不能重复。按照前文介绍的“编号”方式编制。

文号：文件的发文字号，又称公文编号，是发文机关同一年度公文排列的顺序号，由发文机关代字、发文年份和文件顺序号组成。如湖政发〔2024〕18 号，其中“湖政发”是发文机关代字，“2024”是发文年份，“18 号”为文件顺序号，表明这份文件是湖州市政府在 2024 年度制发的第 18 号文件。没有文号的，不用标识。

责任者：制发文件的组织或个人，即文件的发文机关或署名者。多个责任者联合发文时，应选填两个以内的重要责任者。

题名：文件标题。原文件没有标题或标题不规范的，或者标题不能反映文件主要内容、不方便检索的，应全部或部分自拟标题，自拟内容外加方括号“[ ]”。

日期：文件的形成时间，以国际标准日期表示法标注年月日，即以 8 位阿拉伯数字标注年月日，如 20240801。

密级：文件密级按文件实际标注情况填写。没有密级的，不用标识。

页数：每一件归档文件的页面总数，文件中有图文的页面为一页。

备注：注释文件需说明的情况。如：缺损、密级等。

归档文件目录除保存电子版本外，还应打印后装订成册。归档文件目录可以按年度装订成册，也可每年再按照不同保管期限装订成册。一般每年归档档案数量较多的单位多采用按照保管期限分开编目。装订成册的归档文件目录应编制封面。封面设置有：全宗号、全宗名称、年度、保管期限、机构(问题)等项目，具体封面式样如图 3.13 所示。

归档文件目录

全 宗 号 ________

全宗名称 ________

年　　度 ________

保管期限 ________

*机构（问题）________

图 3.13　归档文件目录封面式样

填写归档文件目录封面信息时，全宗号填写档案所属全宗的代码；全宗名称即立档单位名称，填写时应使用全称或规范化简称；年度、保管期限、机构(问题)等指标和归档章的填写方法相同，保管期限可填永久(Y)、30 年(D30)、10 年(D10)；机构与问题还是二选一，可用类的代号或汉字简称或汉语拼音简称。

归档文件应逐件编目，编目完毕装盒，并检查消毒后，即可按一定顺序上架排列进柜，排架时应避免频繁倒架。

3. 排架

排架应排列有序、统一编号,充分利用库房的地面空间。档案排架受分类方案的约束,采用何种分类方案,就决定了采用何种排架方法。各单位档案室应根据自身实际情况,结合本单位归档文件分类方案,选用适合自身的分类排架方法。

(1) 排架方法。一般采用以下三种排架方法:

① 按年度—机构(问题)—保管期限分类上架。单位多采用这种方法上架归档文件,因为可以将每年形成的档案按机构(问题)序列依次上架,符合按年度归档的习惯,便于案卷实体的管理。第二级按机构(问题)分类,同一机构(问题)的档案集中在一起,符合"遵循文件的形成规律,保持文件之间的有机联系"的整理原则,也便于利用查找。

② 按年度—保管期限—机构(问题)分类上架。库房排架时,每年形成的档案按保管期限依次上架,便于档案移交进馆。但是每年归档的案卷在按保管期限分类整理排架时,会把同一事由的文件分散在不同的保管期限中,会割裂文件之间的有机联系。

③ 按保管期限—年度—机构(问题)分类上架。这种排架方法特别适合档案数量较少的单位,仅需要预留数量较少的空架即可满足管理需求。采用此种分类方法,在库房排架时,需要对不同保管期限的档案分别排架,同一保管期限的档案再按照年度并结合机构(问题)依次上架。在库房管理中,不同保管期限的档案分别排架,便于在后续保管中区分重点。但每个保管期限应根据本单位档案形成数量估算预留空架,以备以后各年度档案的陆续上架,否则可能因为预留空架不足而需倒架。

(2) 排架原则。

① 按布局方位先后原则:按从里面到外面、从左到右、从上到下的顺序排架。即在具体排架时,先从里面的柜架开始,每一架再从左边向右排列,排满后再按照从上到下的顺序继续排架。

② 按档案内容先后原则:根据档案分类,先文书后业务,先综合后专项。

③ 按照时间长短或先后原则:按保管期限从长到短,即永久、30 年、10 年;按年份先后排架,即最早的年份先排。

④ 按档案形成部门先后原则:先综合办公室再到各科室。

在实际操作中,上述 4 个原则需结合实际情况综合考虑。此外,档案盒的摆放方式有竖放、平放和卷放三种,具体可根据档案盒的大小来选择摆放方式。

档案的整理工作是将档案形成部门的归档文件系统化的过程,是后续档案的检索、编研以及提供利用的前提。整个操作过程中,档案形成部门负责组件、分类、排列、修整、装订、装盒和电子录入等工作,档案管理部门负责整理前的标准制定、整理中的指导和检查,以及档案移交后的编号、编目和排架,各部门共同合作完成单位档案的整理归档工作。随着电子档案管理系统的普遍应用,档案形成部门在档案整理立卷后移交前要将归档文件以件为单位录入单位电子档案管理系统中,纸质实体档案和电子档案同步归档。档案整理立卷流程如图 3.14 所示。

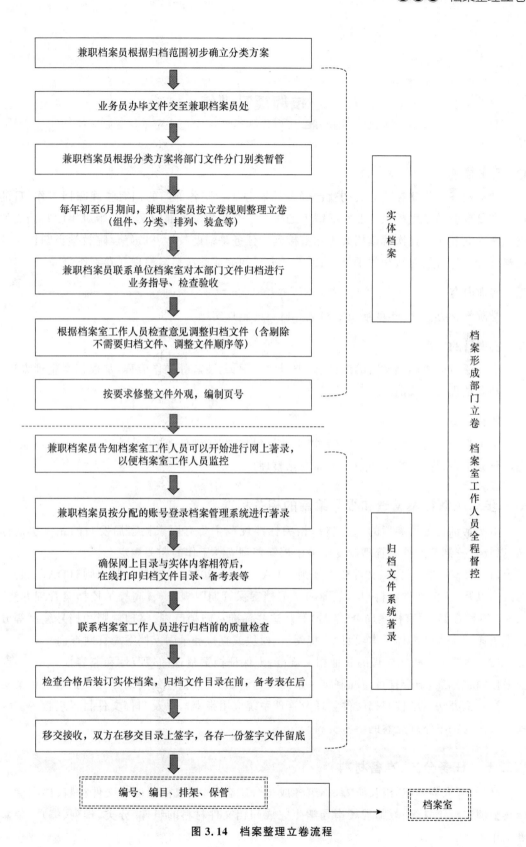

图 3.14 档案整理立卷流程

技能提升训练

> **任务描述**

博捷档案工作室在成立之初就已经开始服务于学院各部门的档案整理归档工作,目的是给文秘专业的学生提供专业实践锻炼的机会。今年学院各部门又要开始对年度归档文件进行整理立卷了。这次博捷档案工作室接到的任务是辅助教学办做好学院教学类归档文件的整理。学生分组对接相关子类,辅助教学办尽快完成此次档案整理立卷工作。

> **实训内容**

学院教学办2024年度纸质归档文件材料的整理实操。

> **实训目的**

学生通过完成归档材料的组件、分类、排列、编页、装盒等操作流程,掌握档案整理方法,提升档案整理工作技能。

> **任务实施**

学生为更好地完成"年度纸质归档文件材料整理"实训任务,提升档案整理工作技能,应先细化分工,有计划、有步骤地进行标准化整理。

第一步 了解档案整理和档号编制的相关标准

本次实训任务可参考的档案整理相关标准规范主要有国家档案局发布的相关法规标准,以及学校制定的档案管理制度中关于档案整理立卷工作的相关规定。

(1) 国家标准:《归档文件整理规则》(DA/T 22—2015)、《档号编制规则》(DA/T 13—2022),以及《机关文件材料归档范围和文书档案保管期限规定》、《高等学校档案管理办法》(2008年教育部、国家档案局令27号)等。这些标准从归档范围、整理规则和档号编制等方面作了详细要求。具体见本项目"法规阅读"模块或直接登录国家档案局官网查询。

(2) 学校关于档案整理的其他相关规范:为保证档案整理的规范性和兼容性,学校一般会根据国家标准,结合自身情况制定一系列规定。如《档案整理分类编号方案》《学校档案实体分类实施办法》《学校归档文件整理及管理系统应用指南》,以及归档文件目录模板等。这些均可作为档案整理立卷的参考资料。

第二步 任务分工,准备材料

以5~6人为一组,组长统筹,小组各成员分工合作,领取待归档的文件材料、档案盒及档案整理装订工具等;教师现场指导学生完成归档文件材料的组件、分类、排列、编页、装盒等工作。

第三步 熟知规范,整理实操

1. 熟知操作规范与要求

教师登录学校网站下载关于整理档案的操作规范和归档文件材料整理要求的通知文件,以及归档文件目录等模板和整理操作指南,各小组集体学习相关内容,明确学校档案室年度归档文件材料整理工作的要求。

2. 整理实操

基本流程:组件、分类、排列、编页、装盒等工作。

学校文件材料的一级类目有:党群类、行政类、教学类、科研类、基建类等。每一类下又细分诸多小类,具体参见学校相关文件,学生在组件时可以参考。此次需整理的是学院的教学类归档文件,档案整理分类编号方案简表(教学类部分)如表 3.6 所示。

表 3.6 档案整理分类编号方案简表(教学类部分)

序号	一级类目 名称及代码	二级类目 名称及代码	三级类目 名称及代码		归档部门	备注
8	教学 JX	全日制教育	JX12	综合	JX12.11	教务处、学生处、各学院教学办	
				教学评估、学科与实验室建设	JX12.12	教务处、各学院教学办	
				招生	JX12.13	教务处、招生办	
				成绩	JX12.14	各学院教学办	
				教学安排与考试	JX12.15	学校和各学院教学办、考试中心	
				教材	JX12.19	各学院教学办	
				学籍	JX12.20	教务处及各学院教学办、学生处	

归档文件排列、修整好后,使用电脑填写归档文件目录和备考表,打印后即可装订,归档文件目录在前,备考表在后,立卷人、审核人在备考表上签字,装订方式应标准规范;装订完成后档案即可装盒,各小组按照规范填写案盒封面信息,完成后教师检查把关,合格后即可暂时移交教学办。这样纸质档案的整理立卷就完成了。接下来的移交接收、编号、编目、排架等就是教学办和档案室工作人员的工作职责了。

第四步 课堂分享,完成任务工单

课堂上各组将整理好的案卷成果用 PPT 分享展示,教师点评,小组互评;实训任务完成后,每位同学根据自己的任务分工和实训过程,完成如表 3.7 所示的任务工单,并撰写实训总结。

表 3.7 任务工单

任务名称	纸质档案整理立卷						
任务目的	培养学生整理立卷的实操能力;学生练习档案组件、分类、排列、修整、装订、编页、装盒、电子录入等操作,掌握纸质档案整理方法,提升专业技能						
实训内容	年度纸质归档文件材料整理						
任务提示	从学院教学类材料着手(也可由教师提供实训材料)						
第( )组	姓名						
	学号						
任务	(1)纸质档案整理装订						
	组件、分类						
	排列、编页						
	(2)归档文件目录、备考表和装盒						
	编制归档文件目录						
	填写备考表						
	案盒填写及装盒						
实训心得							

思考与练习

1. ××单位实习秘书肖××整理公司文书档案准备归档,她不仅把文书按照不同文种加以分类,每类中再按时间排列,还把文件后的附件一一分离出来,单独装订。在每份文件上标上页号,文件左侧统一用订书机装订。最后把这些文件按照时间顺序依次装入档案盒中,填写好档案案卷封面,然后移交给档案室。档案室管理员陆××看了后直摇头。

根据上述案例,回答以下问题。

(1)请判断实习秘书肖××在文书档案归档整理过程中有哪些不妥之处。

(2)请列出档案整理立卷工作主要有几个方面,具体有哪些内容。

2. 文秘专业的小王大学毕业后,应聘到当地一家旅行社的业务部工作,辅助经理负责业务部市场开发及日常管理工作。由于人手紧张,游客接待量又逐年增加,旅行社业务档案长期处于无人管理状态,业务档案整理和归档不规范、不及时、不全面,有的没有将合同归入,合同使用也不规范(有的合同没有写日期、有的没盖公章等),市旅游管理部门对旅行社总经理进行约谈,责令其限期改正。于是,文秘出身的小王被指派负责此项工作。小王按照旅游管理部门的相关要求,同时又根据旅行社自身业务发展特点,制定了本公司档案整理规范,并依据旅游管理部门提供的样本,编制本公司的相关材料范本,包括国内旅游合同、旅游行程计划说明书、旅游者名单、授权委托书、旅行社团队确认单、组团行程计划单、服务质量反馈表、旅游安全相关材料(如保险单据)等,然后对公司档案进行了一次整理立卷,初步完善了公司的业务档案,改变了档案管理混乱、不规范的局面。

根据上述案例,结合档案管理工作内容及要求,简要评价一下小王在此次旅行社业务档案整理工作中的做法。

拓展阅读

机关档案"三合一"制度

机关档案"三合一"制度是指将机关档案分类方案、文件材料归档范围和档案保管期限表在一个规定中进行规范的制度。它是规范和指导档案形成与收集、整理与归档、鉴定与销毁等工作的一项基本档案制度。

为贯彻落实《"十四五"全国档案事业发展规划》中关于档案资源建设的相关要求,优化档案资源结构,加强档案资源质量管控,2022年5月,国家档案局发布了《关于全面推行机关档案分类方案、文件材料归档范围和档案保管期限表三合一制度的通知》(档函〔2022〕58号),明确指出:各地区各部门要结合实际,进一步规范机关档案门类划分、统一档案分类方法、理顺档案整理要求,组织做好相关编制和审查工作,不断提升机关档案资源管理的科学化、规范化、标准化水平,到"十四五"末期在机关全面实行"三合一"制度。

以往,机关在制定档案工作制度时,大多将分类方案、文件材料归档范围和档案保管期限表、档号编制规则等分别制定,易出现个别门类档案未明确归档范围、保管期限等问题。上述通知要求按照《归档文件整理规则》《机关档案管理规定》和各门类档案标准规范,以样例方式对不同门类档案的分类方法、编号要求、文件材料归档范围和档案保管期限表等作了原则性、示范性规定,引导各地区各部门尽量统一档案资源分类、整理、编号要求,以便于档案资源科学整理和统一管理,从根本上提升档案资源质量和管理水平。

落实机关档案"三合一"制度,各地区各单位档案部门主要应做好以下四个方面的工作:科学制订档案分类方案、确定文件材料归档范围、准确划分档案保管期限、编制机关文件材料归档范围和档案保管期限表,以便进一步明确机关档案门类划分标准、统一档案分类方法、理顺档号编制要求,不断提升机关档案资源管理的科学化、规范化、标准化水平。

法规阅读

(1)《纸质归档文件装订规范》(DA/T 69—2018)

(2)《归档文件整理规则》(DA/T 22—2015)

(3)《档号编制规则》(DA/T 13—2022)

项目四

档案价值鉴定

档案价值鉴定是甄别档案文件的现实价值和历史价值,并对档案文件进行存毁处置的一项档案业务工作。档案的价值必须按照一定的原则、标准和方法进行科学判定。本项目重点介绍档案价值鉴定方法,如何制定档案保管期限表,档案鉴定组织与档案销毁,内容适用于各类单位的档案价值鉴定工作。

本项目知识重点

【项目结构】

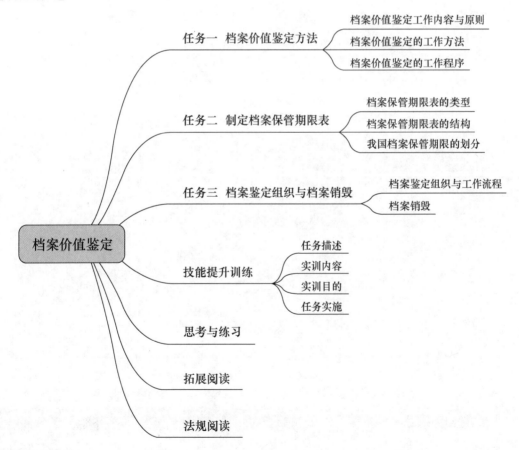

【项目目标】

(1)知识目标:通过本项目的学习,掌握档案价值鉴定工作的内容、原则和方法;学会正确地判断档案的保管期限;了解档案鉴定和档案销毁的流程。

（2）能力目标：通过本项目的学习与技能提升训练，能够按照档案鉴定的方法和程序，进行档案价值鉴定，并正确判定档案保管期限。

（3）素养目标：通过本项目的学习与技能提升训练，培养学生实事求是、严谨守规的工匠精神。

【职业箴言】

按标准综合评，划期限定存毁；瞻前顾后，弹性处理。

解读：前两句说的是档案鉴定工作内容，后两句说的是鉴定方法。档案鉴定是一项主观性较强的工作，为避免失误，鉴定小组一般按照鉴定标准与规则逐卷逐件综合分析鉴定；"瞻前顾后，弹性处理"是说在鉴定时要用历史与发展的观点去分析，对于保管期限有歧义的，可本着对历史负责的态度进行弹性处理。

任务一 档案价值鉴定方法

◉ **思维导图**

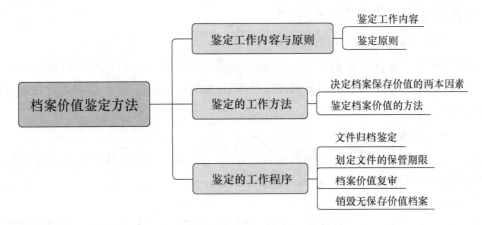

◉ **知识目标**
- 掌握档案价值鉴定的工作内容与原则。
- 掌握档案价值鉴定的工作方法、工作程序。

◉ **能力目标**
- 能够根据影响档案保存价值的两大因素以及档案价值鉴定的方法判定具体档案的价值。
- 能够明确档案价值鉴定的工作程序。

◉ **素养目标**
- 引导学生用历史与发展的眼光去分析案卷、准确鉴定。
- 培养学生严谨细致、一丝不苟的工作态度。

◉ **案例导入**

××建筑公司是一家刚成立不久的新公司,档案管理制度和规范不健全,单位档案价值的鉴定标准过宽,宁宽勿严,宁多勿少,导致文件转化为永久保存档案的比例过大,同时,期满档案鉴定不及时,档案销而不毁,造成档案有增无减,档案库房紧张。最让档案员小常为难的是每次进行档案价值鉴定时,鉴定小组人员对于一些档案的保存价值分歧很大。有的人认为:归档主要保留上级机关发给本单位的文件;本单位的文件不需要重点保存;下属单位的文件更没有保存的价值。为了加深鉴定小组人员的认识,档案员小常找来了《企业文件材料归档范围和档案保管期限规定》等文件资料供大家学习,并决定参考相关标准制定本公司的档案鉴定标准。

档案价值鉴定是一项受个人主观因素影响、以价值评价为核心的鉴别工作。在进行档案价值鉴定时,标准不可过于宽松或过于严格,要根据单位工作性质与重点,制定统一的标准。决定档案保存价值的有内外两大影响因素,应遵循一定的原则,按照一定的方法,规范地开展档案价值鉴定工作。

▶ 理论支撑

一、档案价值鉴定工作内容与原则

(一)档案价值鉴定工作内容

档案价值鉴定工作内容主要包括:制定鉴定的原则与标准(归档与不归档范围和档案保管期限表);对有保存价值的档案划分保管期限;对期满档案再鉴定,剔除无保存价值档案并进行销毁。

(二)档案价值鉴定原则

档案价值鉴定工作是一项主观性相对较强的工作,因此档案工作者在操作时要按照一定的原则、标准和方法才能做好档案价值鉴定工作。

1. 全面的原则

档案价值具有一定的相对性和多维性。同一份档案对于不同的利用者具有不同质或同质不同量的价值,同时,同一份档案在不同的时间、空间条件下具有不同的价值。我们在开展档案价值鉴定工作时,一定既要全面观察一个全宗和档案的整体情况,又要具体分析某份档案本身固有的价值;既要分析文件本身的各种因素,又要考虑社会利用的情况,只有把各种因素结合起来,才能全面地评价档案的价值。

2. 历史的原则

任何档案都是在特定历史条件下产生的,它是当时社会情况的记录和反映,是档案形成者思想、行动的直接体现。因此,判定档案的价值和作用,要有历史的观点,要将它放到其所形成的特定历史环境下去分析,分析它的内容、形式以及与相关文件的关系,不能仅用现在的眼光去观察、衡量一份档案是否有价值和判定价值的大小。

3. 发展的原则

社会是不断发展变化的,社会对档案的利用也是随着各种因素和情况的变化而不断发展变化的,档案的价值也是随之变化的。因此,判定档案的价值和作用要遵循发展的原则,既要看到档案在现实生活中的作用,又要看到它在未来工作中的作用,要把二者有机地联系起来。

上述三个原则是辩证统一的,不可偏于某一原则,应力求兼顾各个方面,这样才能准确而合理地判定档案的保存价值,为国家各项建设积累宝贵的资料。

二、档案价值鉴定的工作方法

(一)决定档案保存价值的两大因素

档案的保存价值是由档案自身特点和状况,以及档案对社会利用、长远历史的作用决定的。自身特点和状况是基础,利用和需求是关键。

1. 档案自身特点和状况是决定档案保存价值的基础

档案的自身特点包括档案的内容、形成时间、来源、名称、可靠程度、有效性、外形特点以及完整性等,这些都不同程度地影响着档案的保存价值。档案的保存价值是多方面的,具有多维性、潜在性、相对性,因此分析和判定档案的保存价值应以反映单位基本职能活动为出发点,以分析档案内容为中心,结合档案的形成时间、来源、形式等其他因素。

2. 社会利用和需求是决定档案保存价值的主要因素

社会对档案资料的利用和需求直接影响着档案的保存价值,如果一份档案对社会没有利用的价值,它就没有继续保存的必要。

以上两个因素是相互作用、辩证统一的,缺一不可。档案自身是档案社会价值的物质承载者,利用档案是档案价值实现的社会条件,这两个方面的因素都是客观存在的。

(二)鉴定档案价值的方法

档案价值是客观存在的,而鉴定工作是人们对档案价值的认识和评价,带有一定的主观性,为保证鉴定质量,必须有明确的档案价值鉴定方法。

1. 分析档案的内容

档案的内容是指档案所记录的信息和反映的情况。档案的内容是鉴定档案保存价值的基础,是分析判定档案保存价值的关键因素,内容重要的档案,保存价值就大,内容一般的档案,保存价值就小。分析档案的内容是鉴定档案保存价值的一个最重要的方法,因为档案的价值往往是通过档案内容体现出来的。对于内容的分析,通常围绕内容的重要性、独特性、时效性进行考虑。

(1)档案内容的重要性。例如,反映党和国家有关方针政策、反映本单位主要职能活动和业务工作、反映本单位重大事件和中心工作的档案,反映有针对性、依据性且需要贯彻执行的政策的档案,反映全局性的档案,反映典型性的档案等,由于内容重要,保存价值较大,保管期限应当从长;而反映日常事务性活动的档案,保存价值相对就较小,保管期限应当从短。

(2)档案内容的独特性。档案内容的独特性是指档案内容新颖、独特,能够与时俱进,与一般的档案内容不同,具有独特性的档案能让人耳目一新,并且能体现档案所针对时代的特殊性。因此,凡具有本单位、本系统、本地区特色的档案,以及一些特殊事件、特殊人物、特殊产品,具有时代意义的新人、新事、新方针政策等特色的档案,应尽可能地进行保存,并延长保管期限。

(3)档案内容的时效性。档案内容的时效性是指档案内容是否在有效期内,一般的档案文件都具有一定的时效性,尤其是规范性文件。时效的产生,除档案文件中明确规定的生效时间外,所有档案文件都以"成文日期"为生效时间。文件时效的丧失,一般有两种情况:一是明确宣布被某一新的文件代替,从新的文件产生之日起,原旧文件的时效即行停止;二是随着客观形势的变化,有些文件的时效自然地被终止。一般来说,还在有效期内的文件,价值大些,保管期限长些;已失效文件的价值会大大降低。

2. 分析档案的来源

来源不同的档案往往具有不同的保存价值,分析档案的来源就是从考察档案的形成者和责任者入手来分析档案的价值。一是看形成者的社会地位和作用,一般党政领导机关、上级主管机关、重要单位和著名人物形成的档案,保存价值相对大些;二是看档案的责任者,本单位档案保存价值大于外单位档案保存价值,以单位本身名义形成档案的保存价值大于单位内部组织机构形成档案的保存价值等。

3. 分析档案产生的时间

档案产生的时间不同,保存价值往往也会不同。一般来说,档案产生的时间越早,保存量越少,就越珍贵。尤其是一些历史档案,一般不得随意销毁。现在很多国家对历史档案的管理非常严格,甚至制定了禁销档案日期,在禁销档案日期以前的档案禁止随意销毁。我国规定中华人民共和国成立以前的档案若要进行销毁,地方档案馆无权决定,必须报国家档案局批准。一般情况下,档案形成的时间越早,保存下来的越少,它作为证据性材料,历史研究价值十分突出,也就越显得珍贵。早在20世纪初,德国档案学者迈斯奈尔就提出"高龄案卷应当受到尊重"的思想。对于这些产生时间早、数量少的档案应从长保存,不得随意销毁。如古代的甲骨、竹简等,本身内容较简单,但因时间长、数量少,价值就大,能反映一定的历史,应长期保存。

4. 分析档案的名称、稿本和外形特征

档案的名称在一定程度上反映了档案的保存价值。档案的名称表明了档案的作用不同,对应价值也就不同。例如,决定、命令、指示、条例、会议纪要、总结等,往往比通知、来往信函、简报等档案的保存价值大;成果报告、部件图、竣工图比阶段小结、零件图、施工图等的保存价值要大。

档案有草稿、定稿、正本、副本等不同稿本,其保存价值也有较大区别。一般来说,定稿、正本的保存价值大些,草稿、副本的保存价值小一些。

档案的外形特征也影响着档案的保存价值。例如,有些档案内容可能一般,但是其文字具有一定书法或文字学研究价值,或载体较古老而具有文物价值等,其保存价值也就随之提高。相反,有些档案原本具有一定的保存价值,但载体已被毁坏或不能利用且无法修复时,档案也就降低或失去了原有的保存价值。

5. 分析档案的完整性

完整性是指档案全宗的完整程度。通常情况下,全宗内档案比较完整,在分析时要从严,若档案较零散,在分析时要从宽。档案材料往往因不完整而保存价值大大降低。例如,机关的年度报表,一般作为永久保存档案以便查考,而季度报表和月度报表一般保存时间相对较短,但在年度报表缺失的情况下,季度报表和月度报表就会弥补年度报表缺失的不足而显出重要性,保存时间也就相对增长。

6. 分析档案的时效性

档案的时效性是指在一定时间内,档案在现实工作、生产活动中具有的法律和行政效力,表现为档案在不同时期内具有的现实使用价值能满足社会的需要。例如,合同、协议条约、法律、指示、规章制度等一般在特定时间和条件下具有效力,一旦超越了特定时间和条件,其有效性就会消失,档案的价值自然会相应降低,甚至失去保存价值。

以上几个方面是相互联系,有机统一的。在鉴定档案价值时,档案工作者要兼顾各个方面,综合考虑,不能偏于某个方面。鉴定时要有一定的弹性,对于去留有疑问的,不要匆忙下结论;"保存从宽,销毁从严;孤本从宽,复本从严;本机关从宽,外机关从严";当鉴定的档案保管期限处于两可之间时,就高不就低,即介于永久、30年、10年之间两可的档案,可取高的保管期限。

在剔除保管期满的档案时,一般以卷为单位,以短从长,尽量不拆卷。如果一卷中只有一两份档案要继续保存的,可以将其挑选出来。

三、档案价值鉴定的工作程序

档案价值鉴定的工作程序通常分为四个阶段,即文件归档鉴定、划定文件的保管期限、档案价值复审和销毁无保存价值档案。档案价值鉴定的工作程序如图4.1所示。

图4.1 档案价值鉴定工作程序

（一）文件归档鉴定

文件归档鉴定是指各单位对处理完毕的文件所进行的划定归档范围的工作,依据的是国家档案局制定的《机关文件材料归档范围和文书档案保管期限规定》。通常由单位的文书人员或秘书人员承担,主要是确定机关文件归档的范围,同时剔除部分没有保存价值的文件。

（二）划定文件的保管期限

通常由单位的文书人员或秘书人员承担,主要是依据单位的档案保管期限表,具体划定归档文件的保管期限,档案工作者复查后移入档案馆(室)保管。

（三）档案价值复审

除永久保存的档案外,其他定期保存的文件在保管期满后,需要档案工作者对其价值进行复审,以确定是继续保存还是予以销毁。将期满后仍有保存价值的档案重新划定保管期限,以及将期满后但没有保存价值的档案剔除出来,单独造册登记,一般保管1～2年后销毁。

档案价值复审主要采用以下两种形式:

(1)到期复审。针对非永久保管的档案,可以逐年进行,也可以每若干年进行一次。档案价值到期复审工作由档案馆(室)承担。

(2)移交复审。档案室向档案馆移交档案时,档案室移交人员和档案馆接收人员共同对所移交档案的保管期限进行复审。

（四）销毁无保存价值档案

对于经归档鉴定和价值复审确认属于没有保存价值的档案,应按照规定手续和方法予以销毁,由档案馆(室)负责。

档案的价值取决于档案主体,因为档案主体丰富多样,档案的价值必然会在现实实践中表现出丰富多样的形式,因此在鉴定工作程序的各个环节都要慎重执行,不可轻视。

任务二　制定档案保管期限表

思维导图

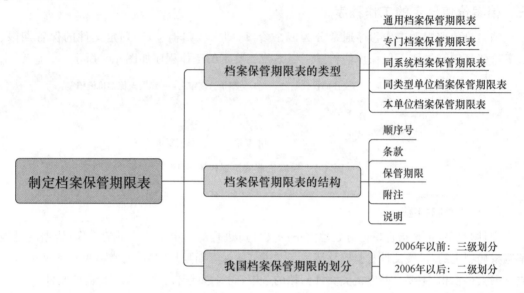

知识目标

- 掌握档案保管期限表的类型和结构。
- 掌握档案保管期限的划分技巧。

能力目标

- 能够按照国家标准设计某单位的档案保管期限表。
- 能够按照设计出的某单位档案保管期限表,将单位需归档的具体档案初步划分保管期限。

素养目标

- 引导学生实事求是地结合单位实际情况规范地编写可行的档案保管期限表。
- 培养学生严谨、一丝不苟的工作态度。

案例导入

几年之前,学习文秘专业的小陆毕业后到浙江一家成立不久的机械设备公司担任档案管理员。在初步熟悉单位的档案工作后,他发现由于公司资金不足及重视不够,档案管理比较混乱,没有一套规范的档案管理规章制度,各部门自行管理本部门产生的档案,且档案保管期限判定比较主观随意,与国家标准不符,长期保存的档案中有些价值并不高,只是一般性管理文件,而有些保存价值较高的档案,却因各部门重视不够而被随意放置或随意销毁。现在,随着公司的发展,公司领导决定规范档案资料管理,于是就叫小陆于近期制定一个适合本公司的档案保管期限表。小陆迅速召开由各部门档案资料负责人参加的会议,商讨确定了本公司的文件资料主要归档类型及归档范围,并参照《机关文件材料归档范围和文书档案保管期限规定》及其附件《文书档案保管期限表》,结合本公司实际情况,最终制定了本公司的档案保管期限表,解决了公司档案管理混乱的问题。

小陆制定公司档案保管期限表的做法是值得肯定的。档案价值鉴定是一项较为主观的工作,如果没有统一的档案保管期限标准,档案价值的判定就很难把握。虽然我国有国家档案保管期限表的标准,但是比较宽泛,各单位要结合自身实际情况划定本单位的归档范围及相应文件资料的保管期限。

理论支撑

一、档案保管期限表的类型

档案保管期限表是指以表册形式列举档案的来源、内容和形式,并指明档案保管期限的指导性文件。它是鉴定档案保存价值和确定档案保管期限的依据。《档案法》第二十一条规定:"鉴定档案保存价值的原则、保管期限的标准以及销毁档案的程序和办法,由国家档案主管部门制定。禁止篡改、损毁、伪造档案。禁止擅自销毁档案。"《机关档案管理规定》第二十八条规定:"机关应当编制本单位文件材料归档范围和档案保管期限表,经同级档案行政管理部门审查同意后施行。机关内部机构或工作职能发生变化时应当及时修订,经重新审查同意后施行。文件材料归档范围和档案保管期限表应当全面、系统反映机关主要职能活动和基本历史面貌。人事、会计文件材料的归档范围和档案保管期限从其专门规定。机关所属机构文件材料归档范围和档案保管期限表报机关审查同意后施行。"

档案保管期限表大致可以分为以下几种类型:

1. 通用档案保管期限表

通用档案保管期限表是指由国家档案主管部门制定的,供全国各机关、团体、企业事业单位鉴定档案价值时使用,也可以作为全国各单位确定一般性档案保管期限的标准和制定其他各种类型档案保管期限表的指南。例如,1987年颁发了《国家档案局关于机关档案保管期限的规定》和《机关文件材料归档和不归档的范围》两个规范性文件,2006年颁布了《机关文件材料归档范围和文书档案保管期限规定》,文件后附有《文书档案保管期限表》,供机关单位正确界定文件材料归档范围,准确划分档案保管期限。此外,鉴于机关单位文件与企业文件的不同,为便于企业正确界定文件材料归档范围,准确划分档案保管期限,2012年12月国家档案局出台了《企业文件材料归档范围和档案保管期限规定》,对企业文件材料的分类和保管期限做出了详细规定,供企业参考。

2. 专门档案保管期限表

专门档案保管期限表是指由国家档案主管部门会同其他有关主管部门编制的,各机关、团体、企业事业单位鉴定专门档案的依据和标准。专门档案是针对具体工作部门和业务范围,根据特殊需要专门产生的,具有特殊性,其保管期限与通用档案保管期限有差别,因此须单独列出。例如,2015年12月,财政部、国家档案局修订的《会计档案管理办法》,对各类单位的会计档案保管期限进行了专门的规定。《证券业务档案管理规范》(DA/79—2019)附录给出了证券业务文件材料的归档范围和证券业务档案的保管期限,供各证券机构工作参考。

3. 同系统档案保管期限表

同系统档案保管期限表是指由主管领导或业务机关编制的,供同一系统内各机关、单位鉴定档案价值时使用的依据和标准。这种档案保管期限表须经过本部门领导人批准后执行,并要报送国家档案局,抄送各省档案局。例如,金融、司法系统都有本系统的档案保管期限表,如2023年7月出台的《商业银行业务档案管理规范》(DA/T 98—2023)附录《商业银行业务文件材料归档范围和档案保管期限》等,属于此类。

4. 同类型单位档案保管期限表

同类型单位档案保管期限表是指由各级档案事业管理机关或主管领导机关编制的,同一类型(如学校、医院等)单位鉴定档案时通用的依据和标准,如××市学校档案保管期限表。

5. 本单位档案保管期限表

本单位档案保管期限表是指各单位依据通用的或者本系统的档案保管期限表,结合本单位的工作实际编制的,供本单位划分档案保管期限的标准性文件。这类档案保管期限表应经本单位领导批准后执行,并报上级主管单位或同级档案主管部门备案。本单位相关规定的编制既不能太粗,也不能太细,可以只把大的类别和要求提出来。编制本单位档案保管期限表的要求,概括起来就是符合实际、便于操作及遵守审批程序。

以上五种类型档案保管期限表之间有一定的关系：通用档案保管期限表对其他几种档案保管期限表具有指导意义;本单位档案保管期限表必须以通用档案保管期限表和上级机关颁发的各种档案保管期限表所规定的保管期限为依据,不能随意改变通用档案保管期限表和上级机关颁发的各种档案保管期限表所规定的保管期限。

二、档案保管期限表的结构

档案保管期限表一般由顺序号、条款、保管期限、附注以及说明等部分构成,其中条款和保管期限是最基本的项目。

1. 顺序号

顺序号是指档案保管期限表的各条款经系统排列后,在各条款前统一编排的号码。

2. 条款

条款用以列举档案的来源、内容和形式,它是一组类型相同的文件的名称或标题。例如,"本单位召开会议的文件材料"。值得注意的是,所拟定的条款要能反映出同一组文件的来源、内容和形式。保管期限表的条款排列可以分类排列,也可不分类排列,但一般条款较多的保管期限表,会把条款再加以分类。

3. 保管期限

保管期限是指根据各类文件的保存价值所确定的保管年限。一般对应列于每一条款之后,说明此类文件的保管时间。

4. 附注

附注是指在条款之后对条款及其保管期限所进行的必要的注解或说明。例如,对条款中"重要的"和"一般的"可以进行注释。

5. 说明

说明包括档案保管期限表的适用范围、制定档案保管期限表的依据、档案保管期限表的结构、档案保管期限的计算方法以及其他应该说明的事项。

档案保管期限表格式有表单式和表格式两种：表单式是指文字书写格式（即文字打印格式）的档案保管期限表，表格式是指以表格的形式逐条标注的档案保管期限表。两种格式的基本内容有类目（顺序号）、归档范围（即条款名称）、保管期限，每个单位会根据本单位的档案分类多少选择适合本单位实际情况的档案保管期限表格式。表单式档案保管期限表范例（局部）如表4.1所示，表格式档案保管期限表范例（局部）如表4.2所示。

表4.1 表单式档案保管期限表范例（局部）

3 上级机关召开的重要会议文件材料
 3.1 主要文件材料　　　　　　　　　　　　　　　　　　　　　　　　　　　永久
 3.2 其他文件材料　　　　　　　　　　　　　　　　　　　　　　　　　　　10年
4 上级机关颁发的文件材料
 4.1 直属上级机关颁发的、属本机关主管业务的，和非直属上级机关颁发的针对本机关主管业务并要执行的重要文件材料　　　　　　　　　　　　　　　　　　　　　永久
 4.2 直属上级机关颁发的属本机关主管业务并要执行的一般文件材料　　　　30年
 4.3 其他需要执行的文件材料　　　　　　　　　　　　　　　　　　　　　10年

表4.2 表格式档案保管期限表范例（局部）

××学院档案保管期限表			
序号	归档内容		保管期限
1	上级机关有关教学改革、发展规划、学制及教学管理等方面的指示、规定、重要通知	（1）针对本院的、重要的	永久
		（2）需要长期参照执行、查考的	30年
		（3）需要短期参照执行、查考的	10年
2	本院教学工作的请示及上级批复		30年
3	本院教学改革、培养目标、培养规划、学制等方面指示、规定和办法		永久
4	本院召开的教学工作会议记录、纪要、决议		永久
……	……		……

三、我国档案保管期限的划分

档案保管期限表中，条款较多的，还须把条款加以分类。条款用以列举档案的来源、内容和形式，保管期限则用以标明不同条款的保管时间。

我国2006年以前实行的档案保管期限主要有三级：永久、长期和短期。对于文件材料保管期限的计算，文书文件材料应从案卷所属年度计算，科技文件材料应从归档以后（若一个项目分批归档，则从最后一批归档）的下一年1月1日算起。

（1）永久。永久就是将档案尽可能长久地保存下来，主要包括两个部分：本单位工作中形成的重要文件，如指示、命令、决定、各种会议纪要等；直属上级主管单位颁发的属于单位主管业务并需要贯彻执行的重要文件等，非直属上级主管单位颁发的针对本单位主管业务的并要贯彻执行的重要文件。

（2）长期。年限为16～50年。凡是反映本单位一般工作活动，不具有广泛社会意义和科学历史意义，但本单位在相当长时间内需要查考利用的文件材料。

(3) 短期。年限为 15 年(含 15 年)以下。凡是在较短时间内需要查考利用的各种文件材料。

2006 年国家档案局颁布的《机关文件材料归档范围和文书档案保管期限规定》,改革了文书档案保管期限划分方法:将原有的划分永久、长期、短期三级改变为永久、定期两级,定期中再实行标时制,一般分为 30 年和 10 年,改变了过去短期为 1～15 年、长期为 16～50 年的时段式划分方法,更便于档案管理部门对到期的定期档案及时地进行鉴定处理,减少保管压力,节省保管空间和人力、物力。划分保管期限尤其要把握文件材料的"一般性",要看文件材料所涉及问题是否是常规性、技术性等方面的问题。

任务三　档案鉴定组织与档案销毁

▶ **思维导图**

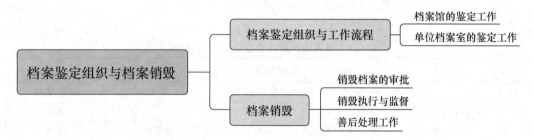

▶ **知识目标**

- 掌握档案鉴定组织与销毁流程。
- 明确档案销毁审批流程,掌握如何编制档案销毁清册。

▶ **能力目标**

- 能够鉴定具体档案是否销毁。
- 能够编制档案销毁清册。

▶ **素养目标**

- 引导学生规范地评估与分析案卷。
- 培养学生养成规则意识,规范地做好档案鉴定与销毁工作。

▶ **案例导入**

擅自销毁档案　直接负责人担责

2002 年,××区档案馆在接收辖区内××乡移交的档案时,发现该乡档案有严重缺损现象。经检查核实,该乡机关部分存放档案的库房由于年久失修,漏雨严重,加之无人管理,造成档案严重破损霉变,使档案丧失使用价值,乡机关领导便口头同意销毁这些档案。于是,该乡机关销毁了 1960—1980 年的会计档案和 1971—1983 年的婚姻登记档案。

××区档案馆遂着手调查取证,确定案情后根据相关程序依照《档案法》,对该乡机关直接责任人发出了给予行政处分的建议函,并对损毁和销毁档案造成的损失进行价值鉴定后,责令该乡机关赔偿损失。

　　档案销毁必须严格执行审批制度,履行审批手续,任何机构和个人不得随意销毁档案。档案销毁要按照一定的程序去操作,由于各种难以完全避免的原因,类似案例中的事件时有发生,而档案的唯一性又决定了一旦误销档案,将会造成无可挽回的损失。案例中的该乡机关领导擅自同意并销毁档案,严重违背了我国档案销毁制度,给国家带来了损失,应当进行处罚。

理论支撑

一、档案鉴定组织与工作流程

(一)档案馆的鉴定工作

档案馆的鉴定工作主要包括对保管期限已满档案的销毁鉴定,对满30年应向社会开放档案的鉴定,以及对未满30年可公开的政策、法规性文件,经济、文化、教育等方面档案的及时鉴定等。

1. 档案馆的鉴定工作组织

(1)成立鉴定委员会。档案局(馆)长兼任主任,分管副局(馆)长任专职副主任,委员6~8人。负责档案鉴定工作计划的审定、留存销毁档案的审查及意见签署等。

(2)成立鉴定小组。由档案业务人员参加,分管领导任小组组长、档案业务主管处(室)领导任小组副组长,成员4~6人。职责是指导、监督档案价值的鉴定工作;讨论、审核档案销毁清册和待销毁档案内容的分析报告;对档案的存毁作出决定,并报请有关领导批准;鉴定结束后,提交鉴定工作报告。

2. 档案馆的鉴定工作流程

(1)确定依据和标准。鉴定工作的基本原则是:销毁档案从严、留存档案从宽。销毁档案鉴定的依据是《档案法》《机关文件材料归档范围和文书档案保管期限规定》,同时,馆藏专业档案的销毁鉴定,必须有专业档案的主管部门有关专业人员参加,确定有关到期档案的存毁依据。

(2)确定范围,制订计划。组织专业的鉴定人员对馆藏已满保管期限的档案进行调查摸底,将已满保管期限的档案纳入当年鉴定工作计划中,报请局(馆)领导批准,方可开始档案鉴定工作。鉴定前要制订可行的鉴定方案,方案包括鉴定依据和标准、鉴定方法、鉴定范围、所属时间、数量、销毁工作流程等。

(3)档案鉴定。档案鉴定采用直接鉴定法,逐卷、逐件地审阅案卷内容,可从档案内容、档案来源、档案形式等方面来判定档案的保存价值,采取个人鉴定与集体审查相结合的方法全面地分析鉴别,以确定档案存毁。集体审查是指在个人鉴定的基础上,鉴定小组集体讨论后,鉴定小组负责人将意见填入鉴定卡上的形式。档案鉴定一般分为基础鉴定、初审、复审、审批四个步骤:

① 基础鉴定。由鉴定小组成员承担,对档案逐卷、逐件地审阅,提出档案存毁的意见。

② 初审。由鉴定小组副组长负责,对初审销毁档案意见进行核实,编制档案销毁清册,草拟销毁档案鉴定报告和销毁档案目录。

③ 复审。由鉴定小组组长负责,对销毁档案进行审核,并在销毁档案鉴定报告和送审的销毁档案目录上签署审核意见。

④ 审批。由鉴定委员会对鉴定小组形成的销毁档案鉴定报告及销毁档案目录进行集体讨论审查,形成审查意见,报请上级机关审批。

经过鉴定,保管期限已超过但仍有保存价值的档案,应重新编目继续保存;其余无须继续保存的档案,应编制档案销毁清册,征求档案形成单位的意见,报上级和同级档案行政管理部门批准后方可销毁。档案销毁应由两名以上专人监销,档案销毁完毕后,经办人签名盖章,拟写鉴定工作报告,报上级和同级档案行政管理部门备案。档案销毁清册和销毁档案鉴定报告应及时归档,永久保存。

(二) 单位档案室的鉴定工作

单位档案室的档案鉴定已经成为各单位档案室的一项工作制度,具体操作如下:

1. 成立鉴定小组

由单位档案室和文书部门相关人员组成,一般是由单位领导或单位办公室主任担任档案鉴定小组组长,档案室主要负责人担任副组长,文书部门、业务部门人员和档案室工作人员担任鉴定小组成员。例如,××广告公司档案鉴定工作是由主管办公室工作的副经理直接领导,在鉴定小组中,办公室主任担任组长,档案室主任担任副组长,公司主要业务部门相关人员组成小组成员。

通常来说,单位的鉴定小组确定下来就基本固定了,主要负责本单位档案的鉴定工作,尤其是期满档案的鉴定工作。单位也可选择和配备合适的人员,组成临时性的鉴定委员会或鉴定小组,专门从事鉴定工作。

2. 单位档案室的鉴定工作流程

为保证档案鉴定工作的质量,必须有计划、有步骤地做好档案鉴定工作。通常单位档案的鉴定需按照以下程序,有领导、有组织地进行:

(1) 制定档案鉴定的标准。参照《机关文件材料归档范围和文书档案保管期限规定》《企业文件材料归档范围与档案保管期限表》,本单位档案室会同文书部门和业务部门制定本单位归档范围与档案保管期限表。本单位归档范围与档案保管期限表作为本单位档案鉴定实施的标准,应对本单位文书部门、业务部门档案归档与不归档文书材料的范围与种类、保管期限做出明确规定。

(2) 制订一个周密可行的鉴定工作方案。内容包括鉴定目的与内容、鉴定范围与对象、库藏档案状况与分析、鉴定方法与步骤、具体时间安排与人员分工等。

(3) 对应移交和到期需复审的案卷逐一鉴定,确定保管期限。文书部门、业务部门根据保管期限表,对归档和期满的案卷确定保管期限。可从档案内容、档案来源、档案形式等方面来考虑档案的保存价值,采取个人阅卷与集体审查相结合的办法,定性与定量相结合地进行价值判定。

(4) 针对应剔除的档案材料进行销毁处理,并针对档案的变化情况调整档案管理体系,总结鉴定工作,做好善后处理工作。剔除部分没有保存价值的文件,一般可由单位文书部门或业务部门保管1~2年后销毁。

二、档案销毁

(一) 销毁档案的审批

鉴定工作结束后,档案鉴定工作小组应提交销毁档案鉴定报告,对需要销毁的档案登记造册,编制档案销毁清册,经机关领导人和主管单位批准后才能销毁。中华人民共和国成立前的档案必须上报国家档案局批准,未经批准的档案不得销毁。

(1) 编制档案销毁清册。档案销毁清册是登记被销毁档案题名、数量等内容,并由责任人签署的文件。档案销毁清册封面式样如图4.2所示,档案销毁清册内页格式可参考表4.3。

全宗号：　　　　　　　　　　　　　　全宗名称：

×××单位
档案销毁清册

鉴定时间：　　　　　　　　　　　　　执行销毁时间：
经办人：　　　　　　　　　　　　　　监毁人：
负责人：　　　　　　　　　　　　　　销毁人：
审核人：

图4.2　档案销毁清册封面式样

表4.3　档案销毁清册内页格式

序号	年度	档号	案卷或文件题名	文件数量(页/件)	原保管期限	销毁原因	鉴定时间	备注

(2) 上报审批。档案销毁清册必须依据各个全宗分别编制,每份档案销毁清册一式两份,一份留档案馆(室),一份送机关领导人审批。如果上报上级机关审批,还需再多编写一份。为了方便上级机关审批,上报时须附带一份立档单位与全宗的简要说明,内容包括立档单位成立的时间、工作职能、内部机构的名称,全宗档案所属年代、保管期限、保管档案的情况和完整程度、现在档案的主要成分和类型,以及准备销毁的档案数量、内容、鉴定工作的概况和销毁的理由,目的是让审批的领导人或机关了解基本的情况。

(二) 销毁执行与监督

档案销毁是指经过鉴定对失去价值的档案作毁灭性处置的过程,主要有以下几个程序:

(1) 销毁执行。待销毁的档案应单独保管,未批准的档案要及时拣出另行保管,并在档案销毁清册上作必要说明。为保守机密,经批准可以销毁的档案严禁出卖或移作他用,可根据档案密级和数量选择适宜的销毁形式,在监销人(2~3人)的监督下,一般送造纸厂或保密局指定的销毁点销毁。

(2) 监督销毁。档案销毁,应按《档案法》和有关规定进行,并严格遵守档案销毁制度,对正式批准销毁的档案,要统一组织,指派监销人负责销毁工作。销毁后须在销毁档案鉴定报告和档案销毁清册上注明"已销毁"字样和销毁日期,并由监销人在档案销毁清册上签名盖章,以示负责。销毁档案鉴定报告、销毁档案目录及档案销毁审批件一同归档,以备查考。

(三) 善后处理工作

档案销毁的善后处理工作主要包括以下几个方面：

(1) 注销。将销毁的档案从登记簿上勾掉,并在有关检索工具中注明或撤销。

(2) 变更。对调整过的管理工具做相应的变更。

(3) 调整案卷和排架。案卷内凡是有部分销毁的,应当对库房里案卷或排架进行调整或重新组合。

(4) 整理鉴定工作文件。将鉴定工作文件按其编号排列,装订成册,与鉴定工作中形成的其他文件,包括鉴定工作报告、档案销毁清册、保管期限表等,一起组成鉴定工作案卷且妥善保存。

技能提升训练

▶ 任务描述

A大学为尽快完成档案管理目标,促进档案工作制度化、标准化、规范化,近期开展了对保管期满(含超期)档案的鉴定工作,同时对档案划定保管期限,剔除无保存价值的档案,并进行销毁,以腾出空间保证新归档档案的顺利入库。

▶ 实训内容

对学校档案室保管期满档案和无保存价值档案的鉴定销毁实训。

▶ 实训目的

学生通过实训,掌握保管期满档案的价值鉴定流程及无保存价值档案的销毁要求,进一步提升档案价值鉴定工作技能,培养遵守法律法规的意识。

▶ 任务实施

为更好地完成此次保管期满档案的再鉴定工作实训任务,提升档案价值鉴定工作技能,学生需先细化分工,有计划、有步骤地按标准开展档案价值鉴定工作。

第一步 了解档案价值鉴定和档案销毁等相关标准

本次实训可参考的标准规范,除了国家档案局发布的标准与规范外,还有学校制定的"文件材料归档范围和档案保管期限表"。"文件材料归档范围和档案保管期限表"是学校参照国家标准,并结合学校实际制定的,供实际档案鉴定工作时执行参考。"文件材料归档范围和档案保管期限表"由教师提供。

第二步 任务分工

以 5~6 人为一组,组长统筹,小组各成员分工合作,领取待鉴定的仿真档案材料等,并了解档案鉴定操作规范;教师现场指导学生完成档案价值鉴定、划定保管期限,剔除无保存价值的档案、审批销毁无价值档案等工作。

实训场地:档案工作室。

第三步 参考规范,分类逐卷鉴定

学生需结合学校的具体情况,对照学校"文件材料归档范围和档案保管期限表"中的文件类型及相应的保管期限来审核判定是否留存。

(1)有保存价值档案:各小组认真鉴定已满保管期限档案,对仍需继续保存的档案重新划定保管期限。

(2)无保存价值档案:对于经鉴定确认已失去保存价值的档案,小组需将这些档案编制销毁档案鉴定报告和档案销毁清册,备案并报请审批后进行销毁。

第四步 课堂分享,完成任务工单

各小组在课堂上分享鉴定工作过程,展示编写的销毁档案鉴定报告,教师点评,小组互评;实训任务完成后,每位同学根据自己的任务分工和实训过程,完成如表 4.4 所示的任务工单,撰写实训总结。

表 4.4 任务工单

任务名称	档案价值鉴定与销毁						
任务目的	培养学生的档案价值鉴定工作技能,让学生学会划定保管期限、销毁无价值档案等,同时掌握档案价值判定方法,提升专业技能						
任务内容	(1)期满档案保管期限划定; (2)无保存价值档案销毁						
任务提示	从学校或学院的档案着手						
第( )组	姓名						
	学号						
任务	(1)期满档案保管期限划定						
	期满档案价值判定						
	档案保管期限划定						
	(2)无保存价值档案销毁						
	编制销毁档案鉴定报告和档案销毁清册						
	无保存价值档案销毁						
实训心得							

思考与练习

一、案例分析

小刘是××贸易有限公司的档案管理员。在一次档案鉴定中,她发现了几份关于该公司已撤销的一个内部机构的管理性文件,她当时认为那个机构已经撤销了,这几份文件自然就没用了。于是,小刘把那几份文件用碎纸机销毁了。过了一段时间,公司领导想找出这几份文件作为参考,但小刘再也无法找回来了。

根据上面情况分析:小刘这样做对吗?请你谈谈在档案鉴定工作中,应从哪些方面分析档案的保存价值。

二、技能题

1. ××服装公司在进行文件归档鉴定时发现,统计类文件中,年度综合统计报表、季度报表、月度报表都齐全,而在总结类文件中缺少年度总结,只有季度总结和一些单项工作总结,有一份本单位职工代表大会的工作报告定稿遗失,现存的只有草稿。

根据上述情况,请思考下列问题:

(1) 该单位统计类文件的价值如何判定?为什么?

(2) 该单位总结类文件的价值如何判定?为什么?

(3) 该单位职工代表大会工作报告的草稿需要留存吗?为什么?

2. ××职业技术学院档案室需要对一批保管期限已满的档案进行价值复审,通过复审将剔除无保存价值的档案,并予以销毁。

根据上述情况,请思考下列问题:

(1) 档案复审工作如何组织?

(2) 对于经过复审剔除的需要销毁的档案应经过哪些程序才能执行销毁程序?

(3) 销毁档案时可以采取的方式及应执行的制度是什么?

拓展阅读

国外的主要鉴定理论标准

1. 年龄鉴定论

1901年德国档案学家迈斯奈尔首次提出年龄鉴定论,即高龄案卷应当受到尊重。该理论体系由六条一般原则和七条具体标准组成,其鉴定标准可概括为档案内容和档案来源两方面。

2. 职能鉴定论

20世纪二三十年代波兰档案学家卡林斯基提出职能鉴定论。这是在研究继承迈斯奈尔鉴定理论的基础上提出的,该理论认为应按照文件形成机关在政府机构体系中地位和职能的重要性来确定档案文件的价值及保管期限。卡林斯基把档案分为两类:一类是最高行政机关的文件,一般应永久保存;一类是低级机关的文件,只需保存一定时间后就可以销毁。

3. 文件双重价值论

美国档案学家谢伦伯格在1956年出版的代表作《现代档案：原则与技术》一书中，系统地阐述了文件双重价值论这一鉴定理论，指出文件价值中存在着第一价值和第二价值的区别，这是参照文件的主体进行划分的。他指出，公共文件的价值首先体现为对原形成机关的原始价值，即第一价值，具体体现为行政价值、财务价值、法律价值和科研价值；而后再体现为对其他机关及非政府方面利用者的从属价值，即第二价值，分为证据价值和情报价值两种形式。对这两种不同价值，在鉴定时应予以充分考虑。谢伦伯格被誉为"美国档案鉴定理论之父"。

4. 利用决定论

利用决定论的代表人物主要有美国的菲斯本、布里奇弗德和芬奇，其核心观点是将学者特别是历史学家的实际利用和预期利用视为档案鉴定的最重要标准，认为第二价值决定了档案的根本性质。该理论的局限性不容否认，即档案鉴定过程带有很大的随意性，实际上破坏了文件在其形成者业务活动中形成的有机联系。

资料来源：黄霄羽.外国档案鉴定理论的历史发展及其规律[J].中国档案,2003(9)：28-30,35.

法规阅读

(1)《机关文件材料归档范围和文书档案保管期限规定》

(2)《企业文件材料归档范围和档案保管期限规定》

项目五 档案保管工作

档案保管是档案管理工作的基础,主要是借助一定的物质条件(库房、保管设备、装具等)来保管档案,确保档案实体的完整和信息的安全,延长档案的寿命。本项目重点介绍档案保管的物质条件、库内档案保管环境与秩序管理、特殊载体档案的保管,具体内容适用于各类单位档案室及档案馆的保管工作。

本项目知识重点

【项目结构】

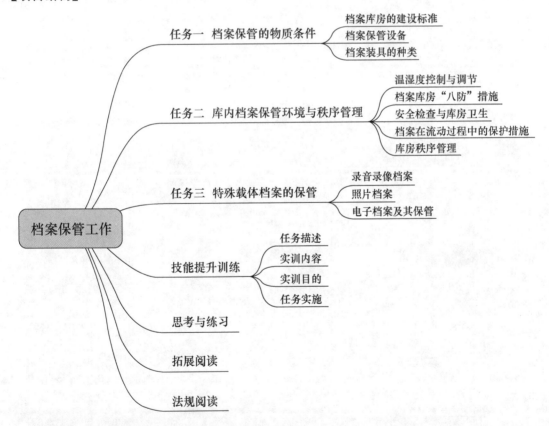

【项目目标】

(1) 知识目标:通过本项目的学习,掌握档案保管的物质条件、库房档案日常管理方法,明确档案保管工作的基本技能,学会温度与湿度的控制与调节,掌握防光、防尘、防微生物等技能,以适应将来的档案保管工作。

(2) 能力目标：通过本项目的学习与技能提升训练，能够按照档案保管方法和技巧，进行档案日常保管工作。

(3) 素养要求：通过本项目的学习与技能提升训练，培养学生爱岗敬业的职业素养、严谨守规的工匠精神，以及防患于未然的安全意识与风险意识。

【职业箴言】

管好档案，功在当代，利及千秋；为国家管档，为民族守史。

解读：这句话精确地指出了档案保管工作的重要意义，作为档案工作者，日常工作就是维护档案的安全与完整，消除有损档案寿命的不利因素，延长档案寿命，为国家保存历史，服务于人民。

任务一 档案保管的物质条件

思维导图

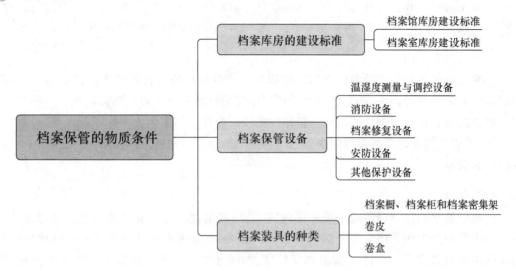

知识目标

- 掌握档案库房、档案保管设备及档案装具的基本情况。
- 明确档案库房建设标准、档案保管设备及档案装具的种类。

能力目标

- 能够了解档案保管工作在档案整体工作中的地位。
- 能够根据档案保管的物质条件判断库房是否规范,主要从库房建设标准、保管设备情况和档案装具情况三个方面判断。

素养目标

- 培养学生爱岗敬业的职业素养。
- 培养学生的民族自豪感。
- 培养学生树立绿色理念,践行环保标准。

案例导入

A省提出档案室安全保管"二十防"要求

为加强对档案室安全保管保护工作的督导,A省档案局印发了《档案室安全保管保护条件建设指引》,对档案室的安全体系建设工作提出了"二十防"要求。A省档案局梳理了有关法律法规、文件和标准的相关内容,参照档案馆设计、建设的有关标准,结合当地的气

> 候特点,从八个方面对档案室安全保管保护建设工作提出了要求,包括:档案工作用房整体规划要求;档案保管、责任追究、应急预案等制度建设要求;档案用房功能要求;档案用房布局要求;档案库房建设要求;档案安全防护要求;档案装具及设备要求;档案信息化建设要求。A 省档案局针对当地气候特征与地理特点,把档案室的安全保管保护要求提高到"二十防",要求各单位建立健全人防、物防、技防"三位一体"的档案安全体系,切实采取防盗、防火、防雷、防震、防水、防潮、防高温、防霉、防虫、防鼠、防光、防尘、防磁、防污染、防腐蚀、防辐射、防汛、防台风、防失泄密、防电子病毒等措施,确保档案绝对安全。

档案库房建设及保管设备的选用非常重要。文件归档进入档案管理部门以后,一方面因利用的需要经常被调出借阅,另一方面档案库房的环境对档案安全也会产生一定的影响。这就要求档案管理部门保证档案保管工作的安全和有序。档案保管工作不仅需要一定的物质条件,更需要建立健全的管理制度,只有完善手续,加强日常管理和监测,才能营造一个良好的档案保管环境。

◎ 理论支撑

档案保管是档案管理中的一项重要内容,是档案馆(室)对档案实体与信息进行系统存放和安全保护的工作。档案安全是档案工作的底线,直接关系到档案工作的可持续发展和档案作用的有效发挥。2016 年国家档案局印发《关于进一步加强档案安全工作的意见》的通知,要求各级档案部门要充分"坚持创新、协调、绿色、开放、共享发展理念",坚持"安全第一、预防为主"的档案安全工作方针,明确档案安全责任,开展档案安全风险防控和治理,不断完善档案安全保障,建立健全人防、物防、技防"三位一体"的档案安全工作新格局。要严格按照《档案馆建设标准》(建标 103—2008)、《档案馆建筑设计规范》(JGJ 25—2010),加快改造或新建、扩建档案库房,进一步提高档案库房的安全防灾标准,采用先进的安全技术、设备和材料,改善档案保管条件,确保档案安全。

一、档案库房的建设标准

档案库房是指档案馆(室)为存储和保护档案而设计建造的建筑物。库房地址的选择在防光、防尘(含空气污染)、防霉(微生物)、防火、防盗、防水(潮)、防虫、防磁/静电(简称"八防")等八个方面均有一定的要求,不少国家制定了专门的设计规范。档案库房是保存档案的重要基地,是档案保管工作的主要活动区域。库房管理是档案保管工作的主要内容,只有做好库房管理工作,符合"八防"要求,才能切实保证档案的安全,为整个档案工作的开展创造必要的条件。

1. 档案馆库房建设标准

档案馆是保管党和国家重要档案的基地,是进行爱国主义教育的基地,是依法为公众提供档案信息服务的中心,同时又是公众了解政府信息、利用已公开现行文件的法定场所。各级档案馆应重视库房建设,以保障档案的安全与完整。

为贯彻执行国家节约资源和保护环境的基本国策,推进行业的可持续发展,国家档案局、住房和城乡建设部制定了相关标准,如《档案馆建筑设计规范》(JGJ 25—2010)、《绿色档案馆建筑评价标准》(DA/T 76—2019)等,对档案馆的选址、建筑设计、档案防护、防火设计、建筑设备、建筑环境等提出了更高的要求,规范了全国绿色档案馆建筑的评价标准,最大限度地节约资源(节能、节地、节水、节材)、保护环境和减少污染,为档案资料提供适宜、安全和便捷的存储空间,同时为档案馆建筑使用者提供健康、适用和高效的使用空间,并与自然和谐共生。

档案馆库房是永久保管档案的基地,档案库房的建设按照住房和城乡建设部、国家档案局发布的相关标准执行。《档案馆建设标准》(建标 103—2008)明确指出,各级档案部门要合理确定建设规模和水平,做到功能齐全、设施完善、经济实用,满足档案收集、整理、保管、利用等工作的需要。

(1) 档案馆的选址与规划布局要求如下:

① 应选择工程地质条件和水文地质条件较好的地区,并宜远离洪水、山体滑坡等自然灾害易发生的地段。

② 远离存放易燃、易爆物的场所和污染源,不应设在有污染腐蚀性气体源的下风向,并避免架空高压输电线穿过。

③ 档案馆建筑所在地要交通便利,并且城市公用设施比较完备,便于为档案利用者服务。

④ 应选择地势较高、场地干燥、排水通畅、空气流通、环境安静的地段。楼层安排方面,应尽量避免"顶天立地",即尽量不用最底层和最高层。最高层受阳光辐射的影响比较大,而且存在屋顶漏雨的可能。最底层安全问题难以得到保证,且相对湿度大,不利于档案的保管。

⑤ 档案馆建筑按照其功能可分为库房区、对外服务区、业务技术区、办公区和附属用房区。库房区应相对独立,电源要能单独控制,尽量达到"八防"的要求。

(2) 档案馆建筑设计上的要求如下:

① 档案馆库房与其他各类用房之间应有分隔,各部门间的档案传送线路应安全顺畅,内外联系应避免交叉。

② 四层及四层以上的对外服务用房、档案业务和技术用房应设电梯,二层及二层以上的档案库房应单独设置垂直运输设备。

③ 档案馆围护结构应满足保温、隔热、温湿度控制、防潮、防水、防日光、防紫外线照射、防尘、防污染、防有害生物和防盗等防护要求。

(3) 档案库房设计要求如下:

① 库区应根据档案类别、保管要求和经济性,设置不同类型的库房和确定柱网、层高与载荷,珍贵档案存储应设珍藏库。

② 档案库房层高应满足排架高度、管道安装维修的要求。

③ 库区内应设工作人员更衣室,其余附属用房不应设在库区内。

④ 库区或库房入口处应设过渡间;档案库房设于地下时,必须采取防潮、防水措施。

⑤ 档案馆重要电子档案的保管和利用场所应满足安全屏蔽要求。

2. 档案室库房建设标准

各单位档案室设置与建设标准一般可参照档案馆建设标准。单位档案室库房作为各单位档案安全保管的重要场所,单位领导必须高度重视,加强对档案室库房标准化、规范化建设的管理与投入,确保档案实体的完整与安全。

单位档案室库房独立建筑的具体建筑技术参数可参照国家档案馆建筑标准执行,如果设在单位办公楼内,应与其他办公室区别。档案室库房内取暖管线不得有接头,不得有水龙头和洗手盆等设施。设在顶层的库房要达到防水要求,设在底层或地下室的库房要达到防潮要求,要配备加湿器、去湿机、防潮剂等设备或药剂以达到防护效果,确保纸质档案库房的温度控制在14~24℃,相对湿度控制在45%~60%。对于新建的办公用房,档案室应进行必要的挑选,需要加强防潮、防盗、防火、防光、防尘等。

二、档案保管设备

1. 温湿度测量与调控设备

测量与控制调节温度、湿度的设备包括各类温湿度测量仪器,以及空调、加湿器、去湿机、冷暖气设施等温湿度调控设备。

2. 消防设备

消防设备包括各类灭火器、灭火栓、火灾报警器或自动防火报警系统等,在选择时不可选用化学泡沫灭火器和清水灭火器。根据国家档案局2018年10月发布的《机关档案管理规定》:"档案库房应当配备消防系统。根据档案重要程度和载体类型的不同,可以选择采用洁净气体、惰性气体或高压细水雾灭火设备。档案库房应当安装甲级防火门,配备火灾自动报警设备。"

3. 档案修复设备

档案修复设备包括排笔、棕刷、油纸、压力机、裁纸刀、装订机、装订线、光盘复制机、复印机、托纸等。

4. 安防设备

档案库房应当安装全封闭防盗门窗、遮光阻燃窗帘、防护栏等防护设施,可以选择设置智能门禁识别、红外报警、视频监控、出入口控制、电子巡查等安全防范系统。

5. 其他保护设备

其他保护设备包括消毒箱或消毒室、空气过滤器、吸尘器等。

随着科学技术的发展与运用,档案库房管理也越来越科技化、智能化,很多先进的管理技术被应用到档案库房管理工作中。例如,现在很多档案库房使用"档案库房安全保护智能化管理系统",可以实现档案库房的"八防"工作集中统一智能化控制,弥补了诸多人工管理上的不足,如灯光照明、温湿度、空气粉尘含量、SO_2(二氧化硫)含量的自动监测和调控,自动通风机、自动门禁控制等。

三、档案装具的种类

1. 档案橱、档案柜和档案密集架

常用的档案装具包括档案橱、档案柜、档案密集架等。另外,还有专门保存特殊载体档案的装具,如防磁橱、底图柜和照片档案橱等。具体使用何种装具可根据实际情况而定。

活动式密集架是指在复柱式双面固定架的底座上安装轴轮,能沿地面铺设的小导轨直线移动的架子。活动式密集架的架子可结合工作需要被靠拢或分开,分为手动和电动两种,手动又分为手摇式和手推式,手推式又分为轨道型和悬梁型。活动式密集架的走动方向有横向和纵向之分。

目前,密集架逐渐向智能型发展,图 5.1 所示为智能型档案密集架。密集架智能管理系统是以各路传感器所采集的数据为基础,实现密集架的操控、安全保护、信息交换、档案存取、档案环境监控等功能于一体的综合控制系统,通常安装于密集架的工控机中。档案密集架智能管理系统的功能要求具体可参考《档案密集架智能管理系统技术要求》(DA/T 65—2017)。

图 5.1　智能型档案密集架

活动式密集架将固定通道变为机动通道,使库房单位面积上的档案存储量增大,但对库房地面的承载力要求也高。按我国《档案馆建筑设计规范》(JGJ 25—2010)的规定,采用密集架时档案库房楼面均布活荷载标准值不应小于 12 kN/m^2,同时,也要考虑整个建筑物的坚固程度及其使用年限长短等相关因素。

2. 卷皮

卷皮是包装档案的基本材料。其作用是保护档案文件,减少机械磨损。

根据国家档案局《文书档案案卷格式》(GB/T 9705—2008)的规定,卷皮分为以下两种:

(1) 硬卷皮。推荐采用 250 克无酸牛皮纸制作。封面、封底的尺寸采用 310 mm×220 mm,封底三边(上、下、翻口处)要另有 70 mm 宽的折叠纸舌,卷脊可以根据需要分设 10 mm、15 mm、20 mm 三种厚度。

(2) 软卷皮。封皮、封底的尺寸采用 297 mm×210 mm。

3. 卷盒

采用卷盒保管档案是一种比较理想的方法,能够防光、防尘,减少磨损,便于利用,而且整齐美观。缺点是占用空间多,而且制作费用较高。

卷盒外形尺寸采用 310 mm×220 mm,高度可根据需要设置为 30 mm、40 mm 或 50 mm 等。在盒盖翻口处中部要设置绳带,使盒盖能紧扣住卷盒。

另外,对于一些不经常使用或不适宜装订又不便于盒装的实物档案、材料等,可以用较为结实的纸张包装起来,待条件成熟后再采取措施保存起来。这是保存特殊载体档案的应急措施。

任务二　库内档案保管环境与秩序管理

▶ **思维导图**

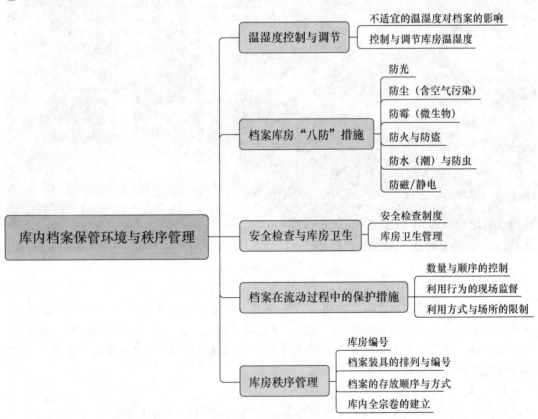

▶ **知识目标**

- 掌握库内档案日常保管工作的内容。
- 明确库内档案保管环境中温度、湿度的要求,掌握档案库房防光、防尘等方法。
- 明确档案库房安全检查和库房卫生要求。
- 了解库内档案在流动过程中的保护措施。
- 了解档案库房的秩序管理。

能力目标

- 能够分析档案日常保管工作在档案整体工作中的地位。
- 能够根据库内档案保管环境要求判断档案库房环境是否符合要求。

素养目标

- 培养学生的历史责任感。
- 培养学生问题导向的思维方式、防患于未然的安全意识与风险意识。

案例导入

> ××公司把档案库房设置在办公楼最顶层靠里面的一个房间,这个房间虽然偏僻,但光线很好,一天内有 5 个小时可以接触到阳光,由于档案库房外阳光太充足,而库房内又没有空调等调控温湿度的设施设备,所藏纸质档案开始变脆,严重影响了档案保管。

案例中把阳光充足的房间作为档案库房的做法是不科学的。因为防光是档案库房的要求之一,光线中的紫外线对档案实体有一定损伤。

理论支撑

一、温湿度控制与调节

温湿度对档案的保管影响较大,温度过高易使纸质变干燥;温度过低易使纸质变脆;相对湿度过高易使纸质变软、字迹变模糊、易发霉,这些都不利于纸张的保存。档案库房应维持温度和湿度的相对稳定,一般纸质档案适宜的保管温度为 14~24℃(±2℃),相对湿度为 45%~60%(±5%),即每昼夜温度波动幅度不得大于±2℃,相对湿度波动幅度不得大于±5%。不同载体的档案库房温湿度要求可参考表 5.1。档案工作者应每天定时做好温湿度测量记录,注意温湿度的调节和资料的积累,以便分析保管环境温湿度的特点和规律,制订科学的管理计划。

表 5.1 不同载体的档案库房温湿度要求

库房类型		温度/℃	湿度/%
纸质档案库		14~24	45~60
音像档案库		14~24	40~60
光盘库		15~20	25~45
胶片库	拷贝片库	14~24	40~60
	母片库	13~15	35~45
特藏库		14~20	45~55
实物档案库		参考《博物馆建筑设计规范》(JGJ 66—2015)的要求	

(一)不适宜的温湿度对档案的影响

纸质档案、照片、胶片等类型的档案,在平时保管中,高温、潮湿、低温和干燥对其破坏作用是逐渐积累的,会使它们逐渐老化,因此我们平时在保管档案时,就要控制与调节库房温湿度,防止档案遭到损害。不适宜的温湿度对档案的影响主要分以下几种情况:

(1)库房高温高湿的影响。库房高温高湿环境会导致一些纸质档案材料中耐热性较差的字迹产生油渗、扩散、褪变等现象,从而使字迹模糊不清。库房高温高湿环境会加速纸张档案材料中残留的有害化学物质对纤维素的破坏,使纤维素水解,纸张强度下降,耐久性遭到破坏。纸质档案长时间处于潮湿环境中,很容易黏结在一起,形成"档案砖"。

库房高温高湿环境有利于档案材料中有害生物的生长繁殖。这些有害生物以纸张、糨糊、胶等为食,蛀蚀档案造成孔洞,严重啃噬过的档案文件无法抢救。

库房高温高湿环境还会加速空气中的有害气体、粉尘等对档案材料的破坏。

(2)库房高温低湿的影响。库房高温低湿环境会使档案材料水分减少,脱水干裂。如纸张水分减少,会导致纸张脱水、强度下降,进而出现纸面翘曲干裂等情况。

(3)库房低温低湿的影响。库房低温低湿环境会使档案纸张水分过度蒸发,导致纸张纤维内部的结构被破坏,使纸张变硬变脆,机械强度下降。

(4)库房温湿度忽高忽低的影响。温湿度波动幅度过大或波动速度过快会使档案材料因胀缩不均而产生内应力,易降低档案材料强度,使档案材料产生变形,并且可能破坏某些字迹与纸张的结合,破坏胶片乳剂与片基的结合。如果相对湿度经常变化,会引起纸张的反复膨胀和收缩,使纸张纤维受到损伤。

总之,档案库房高温高湿、高温低湿、低温低湿和温湿度忽高忽低对档案材料的保存都是不利的,必须加强档案库房温湿度的控制与调节,使之处于适宜状态,这样才有利于档案的长期保管。

(二)控制与调节库房温湿度

一般档案库房温度是14~24℃,昼夜允许波动±2℃;相对湿度是45%~60%,昼夜允许波动±5%。控制与调节库房温湿度,目的主要是随时掌握库房温湿度的变化规律,有计划地调控,分析产生不适宜温湿度的原因,有针对性地采取调控措施,掌握通风调控时机,保障调控效果,改进库房保管工作。

一般要配备温湿度监测和调节设备,如温湿度测量仪、去湿机、空调等设备,随时监测库房内温湿度的变化,并注意维持。

1. 测量温湿度的仪表

测量温度的仪表有液体温度计、双金属自记温度计、电阻式温度表等。

测量相对湿度的仪表有普通干湿球湿度计、通风干湿球湿度计,现在多采用数字式智慧型温湿度仪。

档案库房温湿度记录如表5.2所示。

表 5.2 档案库房温湿度记录

年　　月

日期	温度/℃	相对湿度/%	采取措施	日期	温度/℃	相对湿度/%	采取措施
1				17			
2				18			
3				19			
4				20			
5				21			
6				22			
7				23			
8				24			
9				25			
10				26			
11				27			
12				28			
13				29			
14				30			
15				31			
16							

2. 档案库房温湿度调控方法

(1) 密闭：密闭可防止或减弱库外不适宜温湿度对库内的影响，用以保持库内温湿度稳定。例如，南方梅雨季节，6月上旬到7月上旬，此时温度高、湿度大，库房需要密闭，一般分为永久性密闭和暂时性密闭。暂时性密闭主要有库房密闭、箱柜密闭、塑料袋密封等。

(2) 通风：通风是指根据空气流动的规律，有计划地使库内外空气进行交换，调节库内不适宜温湿度的方法。通风有自然通风和机械通风两种：自然通风是借助风压和库内外温差所发生的重力作用使库内外空气进行交换，以达到改变库内温湿度的目的；机械通风主要是借助排气扇、鼓风机等机械设备，以改变库内温湿度。此外，库房柜具的摆放间隔要注意是否有利于通风。

(3) 其他方法主要有降湿法，包括吸湿剂去湿法和去湿机去湿法两种方式。吸湿剂去湿法中的吸湿剂是一种能够吸附或吸收空气中水分的物质，用以降低库房湿度。常用吸湿剂有 CaO(生石灰)、$CaCl_2$(氯化钙)、C(活性炭)、SiO_2(二氧化硅)等。氯化钙是一种无机盐，按形态可分为固体和液体两种。固体氯化钙是一种白色结晶体，由于固体氯化钙所含结晶水的不同，通常情况下将固体氯化钙分为二水氯化钙和无水氯化钙。液体氯化钙是一种无色透明的水溶液。氯化钙吸湿原理如下所示：

$$CaCl_2 + 2H_2O = CaCl_2 \cdot 2H_2O$$
$$CaCl_2 \cdot 2H_2O + 4H_2O = CaCl_2 \cdot 6H_2O$$

二氧化硅为无色半透明的颗粒，无臭无腐蚀性，不溶于水，可利用大量微孔的强烈毛细作用，使水蒸气进入微孔而凝聚在内。吸湿率可达70%，吸水后不溶解，不污染物品。

去湿机是在密闭库房里，通过制冷剂氟利昂将空气温度降到露点温度以下，一部分水蒸气凝结成水而达到去湿目的。

二、档案库房"八防"措施

档案管理库房的"八防"包括防光、防尘(含空气污染)、防霉(微生物)、防火、防盗、防水(潮)、防虫、防磁/静电等措施,旨在确保档案的安全、完整和可用。通过合理配置设备、规范操作方法和加强维护管理,可以有效防止各种灾害和意外对档案的损害,确保档案的长期保存和利用。

(一) 防光

光是档案利用与保存过程中客观存在的环境因素,开展档案工作离不开光线的照明。光具有一定能量,能与物质材料发生能量传递,引起物质结构与性能的变化。光对各种类型档案的影响如下。

1. 光对纸质档案的影响

光照不仅会改变纸张的色泽,同时也会降低纸张的强度,影响档案的耐久性,紫外线的影响尤其大。一定波长的光具有破坏纸张中纤维素的能量,波长越短,能量越大,破坏能力越强。同时光还能加速纤维素的氧化,使纸张褪色、变色。由此可见,光对纸质档案的破坏极大。

2. 光对照片档案的影响

紫外线的照射可以使照片档案材料的性能发生变化,白度值变小,材料的色泽加深,返黄值成单向增大,照片变黄,耐久性降低。照片在紫外线照射下的性能变化情况如表5.3所示。

表 5.3　照片在紫外线照射下的性能变化情况

光照时间/h	0	24	48	96	120	168
白度/%	33.2	33.0	32.6	32.0	31.8	31.3
返黄值(PC)/%	0	1.0	3.1	6.2	7.3	10.1

资料来源:郭莉珠.档案保护技术学教程[M].北京:中国人民大学出版社,2000.

3. 紫外线对磁质记录档案的影响

紫外线的照射会加剧材料磁性分子的热运动,破坏磁质记录档案信息的磁轨迹,改变磁化状态。此外,紫外线也会使光盘的外保护层软化,降低光盘材料的耐磨力,加快光盘的老化速度,降低其表面平直度,使其发生形变、塌边、翘曲等,从而使光盘的光轴偏离,检读光盘时误码率和错码率升高,导致难以正确读取光盘中的信息。

因此,档案库房照明有一定的管理要求:避免自然光源,采用人工光源,选用白炽灯,其光照度不超过100 lx(单位面积上接受的光通量称为光照度,单位为勒克斯,单位符号为lx)。自然光、人工光都对档案有破坏,尤其是紫外线,不宜采用含有紫外线的灯光,否则应设置防紫外线的灯罩。

具体做法为:尽量减少光照时间,避免阳光对档案的直接照射。例如,窗户要开小点,要选用毛玻璃或花玻璃,也可以装窗帘。同时室内应对灯光加以限制,无人时应及时关灯。

除减少光照时间外,应当发挥档案装具的防光作用,减少档案露光的机会和时间。档案在整理利用和转移过程中也要注意防光问题。要尽可能减少使用原件复制,复制文件时要注意防止强光对文件的危害。

（二）防尘（含空气污染）

有些尘埃和空气污染是危害档案的。危害档案的污染物有：酸性有害气体、氧化性有害气体和固体杂质。酸性有害气体，如 SO_2（二氧化硫）、NO_2（二氧化氮）、H_2S（硫化氢）、Cl_2（氯气）等，与库房空气中的水蒸气和档案中的水分结合产生酸，使纸张中的酸度逐渐增加，催化纸张纤维素水解，从而使纸张老化变质，强度降低，耐酸性差的字迹则会变色和褪色。

防尘（含空气污染）是保护档案完整和可读性的重要措施。防尘（含空气污染）的具体要求是：档案库房选址应尽量避免工业区或人口密集的地区；提高库房的密闭度；库房应定期清洁和维护，为进出口设置防尘门和尘埃过滤器，并合理摆放档案盒以减少尘埃积聚；采用空气净化装置；要配备吸尘器，加密封门或过渡门，防止灰尘和有害气体进库；档案入库前要进行除尘处理；在接触档案时，工作人员应穿工作服、戴手套，以防汗水污损档案；在进出库房时，工作人员要穿鞋套或换库房专用鞋，避免尘土的带入。

（三）防霉（微生物）

危害档案的微生物主要是以档案制成材料为营养的细菌、放线菌和霉菌，其中危害最大、最普遍的是霉菌。微生物在库房中生长繁殖主要依赖于库房空气中的高湿度、档案中过高的水分及档案本身的植物纤维、淀粉、胶黏剂等各种有机物。防霉主要是预防或抑制以霉菌为主的微生物在档案内的生长、繁殖。

档案库房防霉（微生物）的具体要求：档案库房应设置消毒设备，新档案入库前要消毒和除尘；档案库房要定期检查并及时处理虫、霉、尘等有害物。另外，还应加强库房周边的绿化、及时排除污染源等。

（四）防火与防盗

档案库房防火与防盗的具体要求是：建立、健全安全制度并坚持贯彻落实；配备消防设施和防盗装置，经常检查并及时排除各种隐患和险情；加强档案工作者的安全教育，增强其安全意识，培训消防技能，建立消防组织，制定应急方案。一旦发生灾害，应积极有效地抢救档案、消除灾害。

（五）防水（潮）与防虫

档案受潮或水浸后会直接影响寿命。如纸质档案受潮后会字迹模糊不清；照片和底片受潮或浸水，会出现片基翘曲、图片破裂或变形的情况；库房湿度过大有利于害虫和微生物的生长与繁殖，加重了对档案的损害。

档案库房有水或者潮湿的原因主要有：水位高的地下水通过地面向库内蒸发；雨水通过屋顶、外墙、门窗渗入库内；库外潮湿空气通过门窗的缝隙侵入库内，使库内湿度升高。为了防止意外的水灾或自然灾害对档案的损坏，档案库房应建在地势较高、远离水源、场地干燥、排水通畅地段；库房装修时应对地基和墙面等采取防水措施；此外定期检查库房的排水系统，确保畅通；可以配置恒湿设备，有效控制库房湿度。

常见的档案害虫有烟草甲、书虱、毛衣鱼等。此类害虫大都喜阴喜湿，通过钻蛀、侵蚀和污损等危害档案实体。为了防止害虫侵蚀档案材料，库房应进行虫害防治，如定期清理和消毒库房、保持档案库房的空气干燥；定期进行虫害检查，一旦发现档案有虫害，可以采用低温冷冻杀虫、真空充氮杀虫和高阻隔氧封存包杀虫等方法除去虫害。

(六) 防磁/静电

对于电子档案或电子存储介质,库房需要防止磁场干扰。可以设置磁屏蔽设备或将磁敏感材料远离磁场产生源。库房中的静电可能对档案材料造成损害,需要采取防静电措施,可以使用防静电地板、防静电工作服、静电消除器等设备,降低静电的积聚和释放。

三、安全检查与库房卫生

为维护档案的安全,应建立档案库房管理规章制度,主要包括安全保卫制度、安全保护制度(防火、防潮、防鼠咬、防虫蛀、防霉蚀等)、安全保密制度以及岗位责任制等,以制定规范化的库房管理措施。这里主要讲安全检查制度和库房卫生管理。

1. 安全检查制度

定期和不定期地对档案库房进行安全检查,是库房管理工作的一项重要内容。档案工作者应对档案保管情况进行定期安全检查,一般以半年为宜,最长不超过一年,应勤查勤看,以便及时发现问题和妥善解决问题。定期安全检查的内容主要有:检查档案有无被盗、泄密和受损等情况,及时发现不安全因素,以便及时防治;检查档案有无发黄变脆、字迹褪色、潮湿发霉及鼠害虫害等损毁现象,以便及时防治。

此外,还要不定期(以三个月为宜)抽查档案并做好抽查记录,以便积累资料制定科学的档案管理措施。不定期检查通常是在发生灾害或事故(水灾、火灾、地震、盗窃等)时,及时检查档案受灾、受损害情况,并做好检查记录。在检查中发现的问题,如自己不能解决的,要及时报告上级主管部门或有关领导,请求予以解决。

2. 库房卫生管理

保持库房卫生是库房管理中的日常要求,是档案保护技术诸多内容中的一个重要项目,它与档案生虫、长霉、污染、磨损等有直接关系,必须予以足够的重视。

四、档案在流动过程中的保护措施

档案在流动过程中的保护即指档案在提供利用等流动状态中的安全防护。为了延长档案的寿命,必须注意档案在包装、存放、运输过程中的保护。由于各种原因,档案在搬运过程中会出现不同程度的机械磨损或污染、摩擦、揉折、撕裂,甚至发生丢失情况。档案在利用和流动过程中的保护措施主要有以下几个方面:

1. 数量与顺序的控制

无论是内部利用还是外部利用,当利用的档案数量较大时应根据管理制度分批定量提供,同时利用者在利用过程中和交还档案时,应保持档案实体的排列顺序正确,以免发生年代错乱。

2. 利用行为的现场监督

档案管理部门应在利用现场配备工作人员实行监督,并随时检查利用者的档案利用行为,发现问题及时指出并予以纠正,档案馆(室)应配备监控系统。

3. 利用方式与场所的限制

在利用档案时,一般采用现场阅览的方式,经允许拍照或复制的档案原则上应由档案工作人员承担拍照或复制工作,采用集中式的大阅览室,一般不为利用者安排单独阅览的房间,以免发生意外。

另外,对重要及珍贵的档案应采取重点保护措施,严格限制利用。即便提供利用,一般也不提供原件,而只提供缩微品或复印件,使用中要格外加强监护,必要时可责成专人具体负责。对重要档案的复制也应比一般档案有更严格的限制和保护性措施。

五、库房秩序管理

1. 库房编号

为了方便管理,应将库房统一编号。编号有两种方式,一是把所有的库房统一编顺序号;二是根据库房方位和特征进行编号。另外,同一库房内的每个房间也要编号。楼房应自下而上编号,每层应从入口开始,从左到右编房间号。

2. 档案装具的排列与编号

档案装具的排列应做到以下几点:

(1) 在同一库房内装具应整齐划一。

(2) 有窗的库房装具应与窗户垂直排放,以免阳光直射,且便于通风。

(3) 档案装具一般不能紧靠库房墙壁排列,排列距离要适宜,便于档案的搬运和存取。

(4) 档案装具一般以库房为单位采用阿拉伯数字编顺序号,自门口起从左到右、自上而下,依次编档案装具的排号、柜架号、格层号(箱号)等。

3. 档案的存放顺序与方式

档案是以全宗为单位进行排列的,但并不是说在任何情况下各种不同类型的档案都必须存放在一起。一些特殊的档案,如照片、胶片、录音录像档案、会计档案以及科技档案等,应分别保管。

为了保持文件之间的历史联系,应该在案卷目录、全宗指南等检索工作中说明文件位置,并在全宗末尾放置全宗保管位置参见卡。全宗保管位置参见卡如表5.4所示。

表5.4 全宗保管位置参见卡

全宗号	载体形态	存址	备注
1号全宗	纸质档案	1号库房	1950—1966年
	纸质档案	2号库房	1966—1980年
	录音录像档案	5号库房	
	科技档案	6号库房	
	会计档案	9号库房	

纸质档案在装具中的存放方式有竖放和平放两种。竖放时案卷的盒脊朝外,可以直接看到案卷脊背的档号,调卷方便,一般多采用此方式。平放比竖放更有利于保护档案,空间利用率也较大,但缺点是不便于查看案卷盒脊上的信息,存取也不太方便,多用于保管珍贵档案。

档案存放秩序主要是通过档案存放位置索引、装具所存档案标识牌、档案代卷卡等工具的使用来保持。

(1) 档案存放位置索引是指以表册或卡片的形式,记录档案在库房和装具中存放位置的一种引导性管理工具。目的是指引档案工作者准确无误地调取、归还档案等。档案存放位置索引有两种体例:一种是指明档案存放位置的索引,如表5.5所示。

表 5.5　档案存放位置的索引

全宗名称：							
全宗号：							
案卷目录号	案卷目录名称	目录中案卷起止号	存放位置				
			楼	层	房间	柜架（列）	层（格、箱）

另一种是指明各档案库房不同位置保管档案情况的索引，如表 5.6 所示。

表 5.6　档案库房不同位置保管档案情况的索引

楼：					
层：					
房间：					
柜架（列）	层（格、箱）	存放档案			
		全宗号	全宗名称	案卷目录号	案卷目录名称	起止卷号

档案库房不同位置保管档案情况的索引还可以制作成大型图表，张贴于办公室或库房入口的醒目之处，以方便档案工作者使用。

(2) 装具所存档案标识牌，即在每一列、每一件、每一层（格、箱）装具表面处设置的标牌，以表明每一个档案架、柜、箱中存放档案的起止档号，以便检查和调还档案。

(3) 档案代卷卡是档案馆（室）在档案暂时移出库房外时，在档案原存放位置放置的一种替代卡，随着库房管理的智能化运用，代卷卡逐渐被淘汰。档案代卷卡的内容包括案卷名称、档号、去向、移出时间等，以便于检查、清点库房案卷和及时催还案卷。

使用方法：事先准备好印有固定栏目的卡片备用，每当从库房中调出一个或一组连续案卷时，就填写一张代卷卡，放在被调出案卷的位置上，归还时再取下，档案代卷卡如表 5.7 所示。

表 5.7　档案代卷卡

全宗号	目录号	卷号	调出时间	调出原因	调卷人	归还时间	还卷人

4. 库内全宗卷的建立

全宗卷是档案馆（室）在管理某一个全宗的过程中，记录和说明该全宗历史情况的专门案卷，它是一个全宗的档案在形成和管理活动中形成的"档案"。在库房档案的管理中，档案工作者应为每一个全宗建立全宗卷。

全宗卷的形成过程和成分有以下几种：

(1) 在档案收集工作中形成的文件材料，如档案移交目录、移交书等。

(2) 在档案整理工作中形成的文件材料，如档案整理工作方案、分类方案、立档单位和全宗历史考证等。

(3) 在档案鉴定工作中形成的文件材料，如档案鉴定材料分析报告、档案销毁清册等。

(4) 在档案保管、统计工作中形成的文件材料，如档案受损与修复记录、档案安全检查记录、档案数量与状况统计等。

（5）在档案使用工作中形成的文件材料，如全宗指南、机关工作大事记、机关组织沿革等。

全宗卷的建立是一个由少到多、不断积累的过程。全宗卷在管理上不宜装订，而适宜使用活页夹或档案袋（盒）进行保存，若数量多则可以分为若干卷。

任务三　特殊载体档案的保管

◆ **思维导图**

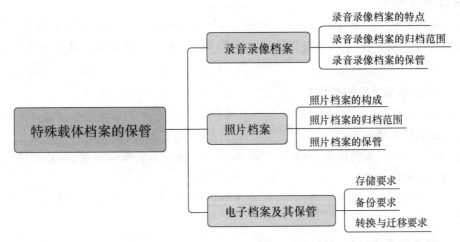

◆ **知识目标**
- 掌握录音录像档案、照片档案等特殊载体档案的归档范围。
- 掌握录音录像档案、照片档案等特殊载体档案的装具保管要求。
- 掌握电子档案分类及日常保管措施。

◆ **能力目标**
- 能够熟练掌握各类特殊载体档案的保管技能。

◆ **素养目标**
- 引导学生养成踏实认真、规范做事的职业素养。
- 培养学生劳动光荣的思想意识和历史责任感。

◆ **案例导入**

　　××食品公司将要举办25周年庆祝活动，公司发展史展览是其中一项重要内容。为此，庆祝活动筹备组到公司的档案室查找公司自成立以来有关重要活动的录音录像档案，却遇到了麻烦。首先，档案室材料不全。其次，许多录音录像档案在形成之后没有编写相应的文字说明，导致一些材料因所记载活动的确切日期、参加者、地点、内容等信息无法辨别而不能被采用。最后，一些录音录像档案在形成后未经整理和专门保管，造成无法复制和使用的情况。

这个案例说明,该公司应加强档案室录音录像档案的管理规范,统一公司录音录像档案的管理。大多数单位在工作活动中都会形成录音录像、照片等档案,这些特殊载体的档案的保管要求与普通纸质档案不同,都有自己特殊的保管要求,若不规范管理,将会给公司带来严重后果。

▶ **理论支撑**

特殊载体档案是相对于传统的纸质档案而言的,包括录音录像档案、照片档案以及由计算机生成的电子档案等。现在,很多国家机关、企业事业单位在工作活动中都会形成录音录像档案、照片档案和电子档案,本任务所讲的特殊载体档案保管内容适合于各类单位。

一、录音录像档案

录音录像档案是指国家机构、社会组织或个人在履行法定职责过程中采用不同记录载体形成的以声音或影像为主要呈现方式的具有凭证、查考和保存价值并归档保存的历史记录。

(一)录音录像档案的特点

(1)直观性强。这是录音录像档案最主要的特点。录音录像档案主要以影像、声音的形式记录人们从事的各种社会活动,可以使利用者有"身临其境"的感觉。

(2)形意结合。形指形象,意指文字的表意。声像记录和文字说明,互相印证,比一般的文字档案更形象逼真。

(3)易复制性。和纸张相比,在现代技术条件下,磁带、光盘等记录的信息比较容易复制,而且与原件难以区分。

(二)录音录像档案的归档范围

凡是记录和反映本单位职能活动和基本历史面貌的录音录像档案均应向本单位档案室移交,主要包括以下几个方面:

(1)记录本单位主要职能和基本历史面貌的,具有保存价值的录音录像文件:① 工作活动、重要会议、外事活动、重点工程、重要人物等。② 主办或承办的本地区政治、经济、文化、体育与社会事业等重大活动。③ 上级领导和著名人物来本单位进行检查、视察、调研等工作或参加与本单位、本地区有关的重大活动。④ 组织或参与处置的重大事件,包括重大自然灾害、重大事故、突发事件等。

(2)记录本地区地理概貌、城乡建设、名胜古迹、自然风光、民风民俗和人物宣传的录音录像文件。

(3)执法部门或司法部门职能活动形成的录音录像文件。

(4)其他具有保存价值的录音录像文件。

(三)录音录像档案的保管

(1)载体存放:应在档案库房配备档案柜等装具,对录音录像档案原始载体、离线备份载体进行集中保管。除参照纸质档案保管要求外,录音录像档案原始载体、离线备份载体的保管还应符合下列要求:① 应作防写处理,避免擦、划、触摸记录涂层。② 应装盒,竖立存放,避免挤压。③ 应远离强磁场、强热源,并与有害气体隔离。④ 保管环境温度选定范围:光盘 17~20℃,磁性载体 15~27℃,24 小时内温度变化分别不得超过±2℃、±3℃。⑤ 相对湿度选定范围：光盘20%~50%，磁性载体40%~60%，24小时内相对湿度变化不得超过±5%。

（2）原始载体和离线备份载体检测：应对录音录像档案原始载体、离线备份载体做定期检测，当光盘参数超过三级预警线、硬磁盘出现异常情况时，应立即实施原始载体和离线备份载体转换或更新，建立管理台账并归档保存。具体要求按照《电子文件归档与电子档案管理规范》（GB/T 18894—2016）的有关规定执行。

二、照片档案

照片档案是指国家机构、社会组织或个人在社会活动中直接形成的以静止摄影影像为主要反映方式的有保存价值的历史记录。照片档案有银盐感光材料和数码照片两种。

（一）照片档案的构成

1. 银盐感光材料照片档案

银盐感光材料照片是指利用卤化银对光线的敏感性将图像在材料上感光成像拍摄而成的照片。该类照片档案具体归档和管理规范可参照《照片档案管理规范》（GB/T 11821—2002）。

银盐感光材料照片档案主要由底片、照片和说明三部分构成。

（1）底片分为原底片与翻版底片。原底片是照片的最原始的材料，也是照片档案中的重要部分。翻版的底片又称复制底片。复制底片的目的是保护原底片，同时补充缺损的底片，作为照片档案保存。

（2）照片是通过底片冲印而成的。

（3）说明主要是指照片题名和概括反映照片背景的文字材料。

2. 数码照片档案

数码照片是用数字成像设备拍摄获得的，以数字形式存储于磁带、磁盘、光盘等载体，依赖计算机等数字设备阅读、处理，并可在通信网络上传送的静态图像文件。数码照片档案是指机关、团体、企业事业单位和其他组织在处理公务过程中形成的对国家和社会具有保存价值并归档保存的数码照片。当前的照片档案主要以数码照片档案为主，其归档与管理规范参照《数码照片归档和管理规范》（DA/T 50—2014）。

数码照片档案构成主要包括原始图像文件、EXIF信息和文字说明三个部分。

（1）原始图像文件是指数字成像设备直接拍摄形成的文件。归档的数码照片应为JPEG、TIFF或RAW格式，推荐采用JPEG格式。

（2）EXIF信息是指数字成像设备在拍摄过程中采集并保存在数码照片内的一组参数，主要包括数字成像设备的制造厂商、型号、拍摄日期和时间、分辨率、光圈、快门、感光度等原始信息。在归档时，档案工作者不可对EXIF信息进行修改和处理。

（3）文字说明是指归档时对数码照片附加的说明性内容，用以概括揭示该张数码照片所反映的主要内容，包括相关的事由、时间、地点、人物、背景、摄影者等要素。

（二）照片档案的归档范围

照片档案的归档范围有以下几个方面：

（1）凡是记录和反映本单位主要职能活动和重要工作成果的照片均应列入单位照片档

案的归档范围,主要包括以下几个方面的照片:① 本单位组织或参加的重要外事活动的照片,本单位主办或承办的重点工作、重大活动、重要会议的照片;② 本单位重点建设项目、重点科研项目的照片;③ 领导人、著名人物和国际友人参加与本单位、本地区有关的重大公务活动的照片;④ 本单位劳动模范、先进人物及其典型活动的照片;⑤ 本单位历届领导班子成员的证件照片。

(2) 记录本单位、本地区重大事件、重大事故、重大自然灾害及其他异常情况和现象的照片。

(3) 记录本地区地理概貌、城乡建设、重点工程、名胜古迹、自然风光以及民间风俗和著名人物的照片。

(4) 其他具有保存价值的照片。

(三) 照片档案的保管

1. 银盐感光材料照片档案的保管要求

(1) 温湿度要求:底片、照片应恒温、恒湿保存。长期储存环境,24 小时内温度的周期变化不应大于±2℃,相对湿度变化不应大于±5%。中期储存环境,24 小时内温度的周期变化不应大于±5℃,相对湿度变化不应大于±10%。

不同材质的底片、不同保管期限的照片档案保管的温湿度要求略有不同,具体参数参考表 5.8。

表 5.8 推荐的存储最高温度和相对湿度表

类型	中期储存		长期储存	
	最高温度/℃	相对湿度/%	最高温度/℃	相对湿度/%
黑白底片	25	20~50	21 15 10	20~30 20~40 20~50
彩色底片	25	20~50	2 −3 −10	20~30 20~40 20~50
黑白照片	25	20~50	18	30~50
彩色照片	25	20~50	2	30~40

注①:中期储存是指胶片、照片在表中规定的温湿度条件下至少能保存 10 年。长期储存是指胶片、照片在表中规定的温湿度条件下至少能保存 100 年。
注②:推荐值内较低的温湿度环境,更能延长胶片、照片的寿命。

所推荐的温湿度条件,应在各单独的储存器具内或整个储存室内加以保证。底片、照片储存的温湿度与提供利用房间的温湿度若存在较大差别,应设缓冲间,在其提供利用前应在缓冲间过渡几小时。

(2) 包装物与装具的要求:底片和照片分别使用的包装物有底片袋、底片册和照片册。底片袋、底片册、照片册要求采用中性偏碱性纸质材料制作,其 pH 值应在 7.2~9.5。底片、照片应在能关闭的装具中保存,如存储柜、抽屉、有门的书架或文件架等。储存的柜架应采用不可燃、耐腐蚀的材料,避免使用木制及类似材料。储存库房应保持整齐、清洁,应有严格的使用和存放规则。

(3)底片册、照片册应立放,不应堆积平放,以免堆在下面的底片、照片受压后造成粘连。珍贵的、重要的、使用频率高的底片应进行复制,异地保存。复制片提供利用,以便更好地保存母片。接触底片的人员应戴洁净的棉质薄手套,轻拿底片的边缘。

(4)照片档案入库前应进行检查。对受污染的照片、底片应进行必要的技术处理,防止受污染的照片、底片入库。每隔两年应对底片、照片进行一次抽样检查,不超过五年进行一次全面检查。

2. 数码照片档案的保管要求

(1)存储要求:数码照片档案存储有在线和离线两种存储方式,在线存储的数码照片档案的保管条件应符合《计算机场地通用规范》(GB/T 2887—2011)的要求。

离线存储应存储在耐久性好的载体上,推荐采用硬磁盘、磁带和一次写光盘作为数码照片档案长期保存的存储载体,其载体材质要求和保管环境要求都要符合国家规范的要求。

数码照片档案应存储为一式三套,一套封存保管,一套供查阅利用,一套异地保存。

(2)存储数码照片档案的载体应有专门的装具,且应在载体装具上粘贴标签,标签上注明载体套别(封存保管、查阅利用、异地保存)、载体序号、保管期限、起始年度、终止年度和存入日期等。

(3)对存储数码照片档案的磁性载体每满两年、光盘每满四年进行一次抽样机读检验,抽样率不低于10%,如发现问题应及时采取恢复措施。对存储在磁性载体上的数码照片档案,应每四年转存一次。原载体同时保留时间不少于四年。

三、电子档案及其保管

电子档案是指国家机构、社会组织或个人在履行其法定职责或处理事务过程中,通过计算机等电子设备形成、办理、传输和存储的数字格式的具有凭证、查考和保存价值并归档保存的各种信息记录。

随着电子计算机及网络信息技术的迅速发展和广泛应用,机关、团体、企业事业单位在社会活动中形成的电子文件日益增多,电子文件的处理和电子档案的管理已经成为档案工作者的一项新任务。电子档案与传统的纸质档案不同,电子档案的保管方法和要求也有所不同。

根据《电子文件归档与电子档案管理规范》(GB/T 18894—2016),各门类电子档案、各门类传统载体档案数字副本、元数据库、目录数据库、各类数字资料、数字档案室应用系统配置文件与日志文件等电子档案在保管时应注意三个方面要求。

(一)存储要求

为保证电子档案及其元数据的安全存储,各单位需要配置与电子档案管理系统相适应的在线存储设备。电子档案管理系统应依据档号等标识符构成要素在计算机存储器中逐级建立文件夹,分门别类、集中有序地存储电子档案及其组件,并在元数据中自动记录电子档案在线存储路径。在线存储系统应实施容错技术方案,定期扫描、诊断硬磁盘,发现问题应及时处置。

(二)备份要求

档案管理单位应结合单位电子档案管理和信息化建设实际,在确保电子档案的真实、完整、可用和安全基础上,统筹制定电子档案备份方案和策略,实施电子档案及其元数据、电档案管理系统及其配置数据、日志数据等备份。

《机关档案管理规定》第六十五条规定:"机关应当制定电子档案备份方案和策略,采用磁带、一次性刻录光盘、硬磁盘等离线存储介质对电子档案实行离线备份。具备条件的,应当对电子档案进行近线备份和容灾备份。"电子档案在硬磁盘中存储时的要求参照《档案数据硬磁盘离线存储管理规范》(DA/T 75—2019)执行。电子档案备份可采取在线备份、近线备份和离线备份三种方式。

1. 在线备份

在线备份是指存储设备与计算机系统物理连接,操作系统、文件系统或应用系统可随时读取、管理存储于其中的电子档案和数据的备份方式。在线备份设备有:存储区域网络、服务器及备份介质。存储区域网络有FC SAN(Fiber Channel Storage Area Network,光纤通道存储区域网)、IP SAN(Internet Protocol Storage Area Network,因特网协议存储区域网)两种,FC SAN与IP SAN都是基于存储区域网络的架构,只是它们采用的协议不同,FC SAN采用FC协议,IP SAN采用ISCSI协议。备份介质包括各类优质、高速、大容量硬盘。

2. 近线备份

近线备份是指存储设备与计算机系统物理连接,操作系统或应用系统不可随时读取和修改备份于其中的电子档案和数据,备份策略、恢复方式等是通过独立于操作系统、应用系统的存储管理系统实施的备份方式。近线备份通过带库实现,带库可更换磁带,其存储量是无限制的,备份介质有LTO(Linear Tape-Open,线性磁带开放)磁带等。

3. 离线备份

离线备份是指将电子档案和数据存储于可脱离计算机、存储系统保存的存储介质上,如光盘、磁带、硬磁盘等。离线存储的数据不常被调用,一般也远离系统应用,相对安全。

(1) 应采用符合国家标准的一次写光盘、磁带、硬磁盘等离线存储介质,应作防写处理。

(2) 电子档案离线存储介质至少应制作一套。可根据异地备份、电子档案珍贵程度和日常应用需要等实际情况,制作第二套、第三套离线存储介质,在装具上标识套别。

(3) 离线存储介质在保管时应避免擦、划、触摸记录涂层;应装盒,竖立存放或平放,避免挤压;应远离强磁场、强热源,并与有害气体隔离。

(4) 应定期对备份磁性载体进行抽样检测,如有异常应对磁性存储介质进行复制或更新,确认离线存储介质的复制、更新和转换等管理活动成功时,再按照相关规定对原离线存储介质实施破坏性销毁。

除上述备份要求外,为保证系统和数据对灾难性事件的抵御能力,有条件的机构可建立容灾备份系统,即在相隔较远的异地,建立两套或多套功能相同的IT系统,互相之间可以进行健康状态监视和功能切换,当一处系统因意外(如火灾、地震等)停止工作时,整个应用系统可以切换到另一处,使得该系统功能可以继续正常工作。此外,特别重要的档案还可通过纸质或缩微胶片等方式进行异质备份。

(三) 转换与迁移要求

因离线存储介质技术的更新,介质检测不合格或主要系统硬件及基础软件(如数据库管理系统、台式计算机、服务器、磁盘阵列等)升级更新时,应立即将其中存储的电子档案及其元数据等转移到新型且性能可靠的离线存储介质之中。

转换与迁移时应注意确保电子档案的真实、可靠、完整和可用性,具体可参照《信息和文献:数字记录转换和迁移过程》(ISO 13008—2022)等标准实施。

(1) 应先确认转换或迁移需求、评估转换或迁移风险、制订转换或迁移方案,审批及测试通过后再实施转换或迁移。

(2) 应在确信转换或迁移成功实施后,根据本单位实际情况对原电子档案及其元数据进行销毁或继续留存的处置。

(3) 做好工作记录。电子档案及其元数据的转换、迁移活动应记录于电子档案管理过程元数据中,并填写电子转换与迁移登记表。

《"十四五"全国档案事业发展规划》中"三、主要任务"的第 15 条指出:"扎实做好档案数字资源备份工作,完善备份机制,实现馆(室)藏全部档案数字资源完整备份,重要电子档案异地异质备份,积极探索备份新途径,加强备份工作全过程安全监控,切实保障档案数字资源安全。"目前电子档案保管已纳入单位信息化建设规划之中,本着便于利用和安全可靠的原则,档案管理单位应对电子文件、电子档案实施全程、集中管理,确保电子档案的真实性、可靠性、完整性与可用性。

技能提升训练

▶ 任务描述

天宇集团是 A 市的一家有十多年历史的私营企业,现有员工 500 余人,企业年产值 8000 万元。创立初期由于资金紧张,公司的工作重点放在生产经营上,领导的档案意识不强,所以迟迟没有规范的档案室和档案库房,档案管理十分松散。当前,为了提升档案管理水平,公司决定设立档案室,将新建的办公大楼三层北面的一间 400 平方米的房间作为常规的综合档案库房,文员小李担任档案库房建设负责人,公司要求小李尽快制订档案库房的建设方案。

▶ 实训内容

帮助小李制订一份公司档案库房建设方案,库房建设方案主要包括:建设背景与目标、库房建设概述(空间规划与布局、档案库房设备选用、安全防护措施设计等)、经费预算及注意事项等。

▶ 实训目的

通过制订档案库房建设方案,学生掌握档案库房布局、档案库房保管工作所需的设备和档案库房的功能要求,提升专业技能。

▶ 任务实施

为更好地完成制订档案库房建设方案、合理规划档案库房空间、选用库房设备这一实践任务,提升自身和档案保管工作技能,学生需先细化分工。

第一步　了解档案保管和档案库房设计等相关标准

本次实训可参考的标准规范主要有国家档案局发布的关于机关和企业档案保管、库房建设等的规定，以及本单位制定的档案保管工作制度等相关规定。

1. 国家标准

2023年8月国家档案局公布、2023年10月1日起正式施行的《企业档案管理规定》对企业档案工作提出了更加明确、具体的要求，特别是第三章"设施设备"部分，对档案用房的设置、建筑设计要求，档案库房的面积，档案装具、档案设施设备的配备等提出了详细的要求。

我国还有关于智能密集架管理系统、库房空调通风系统、照明系统及绿色智能档案馆等专项建设规范等，如《档案密集架智能管理系统技术要求》（DA/T 65—2017）。

2. 本单位档案管理制度及库房建设实际

为保证档案保管工作的规范性，各单位一般会依据国家标准结合自身实际情况制订一些档案保管制度，确定和选择合适的档案存放空间和设备，做好档案"八防"工作，定期检查档案库房情况，保证库房温度和湿度符合国家要求，一般应符合《档案馆建筑设计规范》（JGJ 25—2010）的要求。

第二步　任务分工

以5~6人为一组，组长统筹，小组各成员分工合作，通过实地调研和查阅资料，进行档案库房空间规划和设备选定等。

以小组为单位实地走访学校档案室，了解其档案库房布局和配备的设备，上网查找档案库房保管设备类型、功能及价格等情况，完成档案库房布局和设备选用等工作。

第三步　设计方案

档案库房建设包括库房空间规划与布局、设备的选用、安全防护措施设计等各个环节，本实训重点是档案库房的基本布局设计和设备的选用。库房建设一般遵循科技引领、功能导向、节能环保的原则，该公司档案管理和借阅利用虽还处于手工时代，但公司建设档案库房时要为后续的智能化管理考虑。

1. 布局设计

档案库房应集中布置，并自成一区。公司建设的是综合档案库房，根据《企业档案管理规定》第十六条规定："新建档案库房面积应当满足未来至少10年档案存放需要。"库房使用面积可按"（档案存量＋年增长量×存放年限）×60 m^2/万卷（或10万件）"测算，也可按照每万卷档案需配备150~200平方米的标准进行大概估算。一般档案数量少于2500卷（或25000件）的，档案库房面积按15平方米测算。

该公司留用的库房面积400平方米符合要求，布局采用柜架垂直于窗户横向排列，库房内按照档案载体和重要性可分区，尤其是特殊载体区和特藏区。

2. 设备选用

档案库房选址在新建的办公大楼三层北面，根据该公司实际情况，初步确定建设一个常规的综合档案库房。档案库房应具备必要的档案装具、防光照明设备、环境监测及通风设备、消防和安防监控设备等。

① 档案装具：使用手动或电动密集架。可以在网上查找品牌或厂家，咨询确定档案密集架的价格、尺寸和列组数。注意安装质量应符合国家标准。

此外，应购置几个防磁柜，用于特殊载体档案的保管。

② 防光照明设备：档案库房应具备必要的照明、防光设备，公司的档案库房位置在办公大楼内，窗户要注意密封与防光处理，可使用不透明的毛玻璃，加装窗帘等。库房内照明系统应分区，采取有定时、感应等功能的节能设备。照明设备选用档案专用灯管。

③ 环境监测及通风设备：配备空调、除湿机及温湿度仪等设备，以对库房温湿度等进行监测和调控。

④ 消防和安防监控设备：防火设备可以采用干粉灭火器，同时，档案库房应当安装甲级防火门，配备火灾自动报警设备。还应安装视频监控系统，以对整个档案室进行安全监控。

各小组根据实际调研情况，对照相关标准设计完成一份可行的档案库房建设方案。

第四步　课堂分享，完成任务工单

各小组在课堂上分享展示设计好的档案库房建设方案，教师点评，小组互评。实训任务完成后，每位同学根据自己的任务分工和实训过程，完成如表5.9的任务工单，撰写实训总结。

表5.9　任务工单

任务名称	档案库房建设方案设计					
任务目的	通过练习设计档案库房建设方案，学生掌握档案库房的布局要求和设备的功能选用要求等，更好地掌握档案保管的环境要求，提升专业能力					
任务内容	(1) 档案库房空间的合理规划与布局； (2) 档案库房各类常用设备的选用					
任务提示	从学校等身边各类档案室着手					
第(　)组	姓名					
	学号					
任务	(1) 档案库房空间规划与布局					
	档案库房空间布局					
	架柜排列					
	(2) 各类常用设备的选用					
	档案装具类					
	防光照明类					
	环境监测与通风类					
	消防、安防类					
实训心得						

思考与练习

一、案例分析

××县××机关新办公楼正式落成。自20××年3月开始,该机关人员陆续从原办公楼搬迁到新办公楼,而档案却在老办公楼内没有搬运。随后原档案员沈××调离原工作岗位,办公室负责人及新档案员叶××也刚到位。9月,办公室一行人及原档案员沈××到老办公楼搬运档案时,由于档案及相关装具数量过多,机关的一辆小型工具车装运不下,故雇了几辆人力三轮车帮助装运,但未派工作人员押车。档案运到新办公楼后,原档案员沈××也未对档案及时进行清点。10月,新档案员叶××拿到档案室钥匙后,未与沈××办理档案移交手续,也未对库存档案进行清点及清理。直到第2年5月档案员叶××在查阅利用档案时,才发现有三个年度的档案遗失,此时档案保管才引起高度重视。

结合档案保管及流动过程中的保护知识,分析此案例中的档案工作者在档案保管上的失误。

二、技能题

1. ××科技创业公司新建了一幢办公大楼,其中拟安排建立一个档案库房,作为档案工作者的你,该如何协助领导选好档案库房的位置及合理布局呢?

2. ××公司利用办公用房作为档案库房,库房内没有配备通风及调节库房温湿度的必要设备。档案工作人员在档案保管中,满足于做好档案的移进和移出工作,认为只要把档案存放好就可以了,没有对保存的档案及其保管环境进行检查,没有采取应有的保护措施。由于库房潮湿,保存的档案出现受潮、发霉甚至被虫蛀的情况。

结合案例分析以下问题:
(1) 什么是档案保管工作?工作内容有哪些?
(2) 结合案例分析档案保管环境有哪些要求。

拓展阅读

石室金匮与皇史宬

石室金匮,又叫金匮石室、石室金锁,是我国古代秘藏重要文书的地方。我国早在秦汉时期,就有"金匮石室"的制度。《汉书·高帝纪下》记载:"与功臣剖符作誓,丹书铁契,金匮石室,藏之宗庙。""石室"即用石头砌筑的房子;"金匮"即铜制的柜子。"石室""金匮"均可以防火,其保存的珍贵档案,能永久地保存下去。之后历代档案库,均因袭秦、汉旧制,同时又各有发展,供保存各朝皇帝的实录、圣训、玉牒之类的皇家档案。

皇史宬是我国明、清时期的皇家档案馆。明嘉靖十三年(1534),明世宗为保存皇家御用的档案,下令仿照古代"石室金匮",修建皇史宬,位于紫禁城东侧,是一座庑殿顶的宫殿式建筑,总面积8460平方米。皇史宬初建时称"神御阁",嘉靖十五年(1536)竣工后,敕赐名"皇史宬"。皇史宬是中国现存最完整的皇家档案库。

皇史宬的整座建筑群由皇史宬门、皇史宬主殿和东西配殿组成,四周围以红色高墙。皇史宬主殿坐北朝南,殿前正上方高悬"皇史宬"匾额(现为乾隆手书),整座建筑由砖石构成,无一根木料。墙身砌以灰色磨砖,墙厚达 6 米。殿内 1.42 米高的石台上排列着专门为存储实录、圣训而特制的"金匮"。所谓金匮,外为铜皮包裹,内为樟木柜匣,上、下两层,用隔板夹挡。柜高 1.30 米,长 1.35 米,宽 0.72 米,上部 0.1 米处开盖用锁。柜外东西各安铁环一个,用以搬抬。

明清两代几百年,对殿内石台做过很大改变,现在的这种布局是清末时的状况。史载,殿中的石台明朝时有 20 个。随着时代的发展,实录和圣训的增加,"金匮"逐渐增多。清朝至雍正只有 31 柜;到同治时,已增加至 141 柜;至清末时,已达 152 柜,现在基本完好无损地存放在皇史宬主殿中。各柜铸有形状各异的云龙花纹。皇家的实录、圣训等就收藏于柜中,以取我国古代"石室金匮"的古训。

皇史宬和内部设施,与防火、防潮、防盗和避免虫咬鼠伤等功能要求达到了完美的统一。皇史宬是我国古代历史上档案库房的典范,是融艺术性、科学性和实用性于一体的和谐壮观的建筑。

后湖黄册库

后湖黄册库是明代中央档案库,初由户部侍郎代管,明都北迁后,由南京户科给事中一员和户部广西清吏司主事一员专管,专门收储全国赋役档案。建于明初,位于南京后湖(今玄武湖)中的群岛上。洪武十四年(1381)明朝推行黄册制度,下诏各府(州)、县编造赋役黄册,10 年一次,每次 4 套。每届年终送后湖东西二库庋藏。上交中央户部一套,黄色封面,谓之黄册。

黄册,其长、宽各为一尺二寸,用厚实的棉纸制作,装订一律用粗棉白线,粘贴时必须用加有矾末或椒末的防蛀糨糊。最初,岛上只建有库房 9 间,置册架 35 座。随着黄册每 10 年一造,每次汇送户部约 6 万余册,新旧并存,册库也每 10 年增建约 30 间,逐渐扩及旧洲、中洲、新洲各岛。万历三十年(1602),册库约达 667 间,册架 2660 余座,收贮黄册 153 万余册。至明末收贮黄册多达 179 万余册,为中国古代规模最大的档案库。

后湖黄册库对于黄册的收集、整理、保管、利用等都有严格的规章制度。库内外有三层防卫系统,戒备森严。由于防火等措施得当,后湖黄册库没有发生过一起火灾;由于戒备森严,在后湖黄册库存在的 264 年中很少发生盗窃、篡改之类的事情。库房均东西向,前后有窗,以便通风日晒,册架一律木制,不准用竹,以防虫蛀。每年 4—10 月晒册,其他月份不准晒晾。库内禁绝灯火,湖内外防卫森严,每旬一、六日开船过湖,平时与外界完全隔绝。对吏民查阅黄册限制尤为严格,明令敢有私受财物、偷抄洗改后湖黄册者,不分首从皆斩。明中叶以后,后湖黄册库每况愈下,匠役工作怠惰,库房不能及时修葺,黄册不能按时晒晾,虫蛀鼠咬,册籍霉烂,损失严重。1644 年明朝灭亡,后湖黄册库随之消失,库存黄册也损毁殆尽。

法规阅读

(1)《档案虫霉防治一般规则》(DA/T 35—2017)

(2)《档案密集架智能管理系统技术要求》(DA/T 65—2017)

(3)《档案馆建筑设计规范》(JGJ 25—2010)

(4)《电子档案单套管理一般要求》(DA/T 92—2022)

(5)《政务服务电子文件归档和电子档案管理办法》

项目六

档案检索与编研

档案检索与编研是各级各类档案馆(室)重要的两项任务,都是从方便利用者的角度对档案信息进行不同层次的加工。前者是按照一定的主题和特征对案卷信息内容进行存储,编成不同的检索工具,便于查阅;后者是对档案内容进行二次深加工,编纂出不同的编研成果,供利用者参考。档案检索与编研均需要遵循一定的方法和原则,本项目详细介绍档案检索工具与著录、电子档案检索、档案编研及流程、常见编研产品编写等内容,相关内容适用于各级各类档案馆(室)。

本项目知识重点

【项目结构】

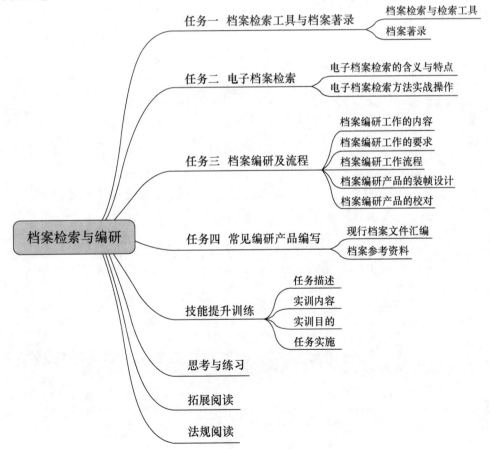

【项目目标】

（1）知识目标：通过本项目的学习，掌握档案检索、编研的基本含义和要求，档案著录的规范和方法、检索技术和方法，档案编研的规范和方法、常用的几种编研产品等，以适应将来的档案工作。

（2）能力目标：通过本项目的学习与技能提升训练，能够按照档案检索的技术和方法，尤其是电子档案的著录与检索方法，开展档案信息的著录与检索工作；能够按照档案编研的方法和技巧，开展档案编研工作，尤其是大事记、组织沿革等的编研。

（3）素养目标：通过本项目的学习与技能提升训练，规范学生的著录和编研行为，培养学生灵活创新的职业素养、严谨主动的工匠精神。

【职业箴言】

深挖馆藏勤耕耘，开拓创新写担当。

解读：档案编研是在研究馆藏档案内容的基础上，整合档案资源，编写参考资料、汇编档案文件、参与编史修志等。这句话提出了当下社会对档案工作者的编研要求——既要潜心研究馆藏，静心编研，又要更新档案编研观念，将档案中的历史价值及文化价值挖掘出来，推出更多优秀档案编研成果，更好地服务于党和国家、服务于人民群众。让历史说话，用史实发言，是档案人的责任，更是使命。

任务一　档案检索工具与档案著录

思维导图

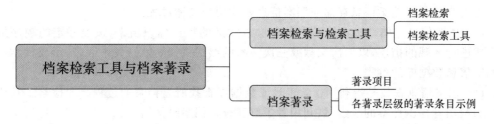

知识目标

- 明确传统档案检索工具的类别与含义。
- 掌握档案著录的含义与内容。
- 掌握档案著录的基本格式。

能力目标

- 能够按照标准格式进行档案著录。
- 能够掌握档案著录的规范操作流程。

素养目标

- 培养学生的历史责任感与敬业精神。
- 培养学生尊重事实、科学严谨的做事态度。

案例导入

××公司成立之初,公司秘书将归档的案卷分类放入档案柜,每次查阅档案,都是直接到档案柜中翻找。随着时间的推移和公司的发展壮大,档案数量也越来越多,公司秘书查找档案时经常出现找寻速度慢甚至找不到所需档案的情况。于是公司聘用专人编制检索工具解决了查找档案难的问题。同时培训公司秘书学习检索工具的使用方法,这大大提高了查找档案的效率。

为提高档案查找利用效率,各单位档案管理部门一般会将档案的内容、形式、数量、存放位置等信息进行分析,并记录在册或录入计算机形成电子检索工具,以便利用者快速地从大量档案案卷中找到所需要的资料。案例中该公司根据本公司的实际情况编制各种检索工具,以便于查找档案。

理论支撑

一、档案检索与检索工具

(一)档案检索

档案检索是指档案馆(室)将所藏档案材料信息进行系统存储,编制各种检索工具,建立档案检索系统,并通过它查找所需档案以提供利用的一项工作。

档案检索包括档案信息存储和档案信息查找两个具体过程:

(1)档案信息存储是指将档案中具有检索意义的特征标识出来,按照一定的顺序加以排列或进行客观的描述,以二次文献或三次文献的形式将档案信息集中起来,形成检索工具和档案信息数据库的过程。

(2)档案信息查找是指利用检索工具或数据库查找所需档案的过程。即检索工具或数据库为利用者提供档案的线索,供利用者了解和查询档案时使用。

档案信息存储与档案信息查找两者是密切联系不可分割的,存储是查找的前提,查找是存储的目的。

(二)档案检索工具

档案检索工具记录了档案的主要内容和形式特征,集中、浓缩地揭示了馆(室)藏情况,档案工作者可以通过检索工具概要地了解馆(室)藏档案的内容、形式、数量等情况,为进行档案管理业务提供一定的依据。编制档案检索工具是档案馆(室)的一项重要业务建设,它是一项长期的繁重的工作,关键是要确保质量。理想的档案检索工具应该具有丰富的信息存储量、检索迅速准确、方便实用。随着科技的发展,档案检索工作逐渐从手工检索方式转向电子档案检索方式,如今计算机检索已逐步得到推广。常用的档案检索工具有以下十种:

1. 案卷目录

案卷目录具有以下几个功能:

(1)固定档案整理顺序;

(2)保管和统计档案的重要依据;

(3)检索档案的工具。

2. 卷内文件目录汇编

卷内文件目录汇编是指将一个全宗内的案卷目录和卷内文件目录汇编成册。

3. 分类目录

分类目录是指根据体系分类法的原理,以分类号为排检项,依据档案分类表的体系组织起来的一种检索工具。分类目录的主要特点是系统地揭示档案的主题内容,具有较强的簇性检索功能。

4. 主题目录

主题目录是指根据主题法的原理,将档案的主题按字顺排列的一种目录。主题目录的主要特点是能够集中地揭示有关同一事物的档案内容,具有较好的特性检索功能。

主题目录大多采用卡片形式,一般以一份文件为单位将标题式标识串作为排检项,按标识串首字的字顺加以排列。

5. 专题目录

专题目录是指以条目陈列式将馆(室)藏某一类档案集中,经过著录和分类编排而形成的目录。它是集中、系统地揭示档案馆(室)内有关某一专门事物、某一专门内容档案的检索工具。专题目录与分类目录在功能上有相近之处,分类目录中的每一个类目也可以看作是反映了不同专题的档案内容。

6. 文号索引

文号索引是指揭示档案的文号和档号之间对应关系的一种检索工具,它提供了一条按文号检索档案的途径。文号索引一般采用表格形式,所以通常称为文号、档案对照表。也有的档案室以文号为检索项设置较为全面的项目,形成文号目录。

7. 人名索引

人名索引是指揭示档案中所涉及的人物并指明出处的一种检索工具。人名索引包括人名和档号两部分,即把人名引向所在档案的档号,利用者通过索引的指引,可以查到记载某一人物的档案材料。

人名索引一般采用卡片形式,人名卡片一般按姓氏笔画、四角号码、汉语拼音字母顺序等方法排列,并在人名卡片的不同笔画或不同音之间设置导卡。

8. 全宗指南

全宗指南是指以文章叙述的形式介绍某一个全宗档案内容、成分及其意义的一种工具书,又称全宗介绍。全宗指南的内容主要包括三个部分,即立档单位和全宗的历史概况、全宗内档案概况、档案的内容与成分,主要介绍立档单位的单位名称、隶属关系、性质、任务、内部组织机构、主要领导人等方面的情况和沿革,以及全宗内档案的情况。

9. 专题指南

专题指南是指介绍报道档案馆(室)中反映某一特定题目档案的工具,又称专题介绍。专题指南的基本结构由序言、档案内容介绍、附录组成。

10. 计算机检索

档案的计算机检索即电子档案检索,是指用户在计算机或计算机检索网络的终端机上,使用特定的档案检索指令、检索词和检索策略,从电子档案数据库中检索出所需要的信息,继而用终端设备显示或打印的过程。档案的计算机检索一般采用软件管理,可对馆(室)藏档案进行案卷级、文件级条目检索和全文查阅。

衡量档案检索工具好与不好,主要看其检索效率。档案检索效率通常采用检全率(查全率)和检准率(查准率)两个指标来衡量和表示。

检全率是指满足利用者要求的全面程度,即检出的有关档案与全部有关档案的百分比。与之相对应的是漏检率,即未检出的有关档案与全部有关档案的百分比。

其公式为:

$$检全率 = \frac{检出的有关档案}{全部有关档案} \times 100\%$$

$$漏检率 = \frac{未检出的有关档案}{全部有关档案} \times 100\%$$

或

$$漏检率 = (1 - 检全率) \times 100\%$$

例如,某一利用者要求查找有关党纪党风方面的档案,机关档案室保存的有关专题档案是 40 件,检索时检出其中 30 件,有 10 件漏检,则检全率为 $30/40 \times 100\% = 75\%$,漏检率为 $10/40 \times 100\% = 25\%$。

检准率是指满足利用者要求的准确程度,即检出的有关档案与检出的全部档案的百分比。与之相对应的是误检率,即检出的不相关档案与检出的全部档案的百分比。

其公式为：

$$检准率 = \frac{检出的有关档案}{检出的全部档案} \times 100\%$$

$$误检率 = \frac{检出的不相关档案}{检出的全部档案} \times 100\%$$

或

$$误检率 = (1 - 检准率) \times 100\%$$

例如，某一利用者要求查找有关离退休干部待遇方面的档案，机关档案室共检出 30 件，利用者查阅后认为，其中 20 件是相关的，而其他 10 件是不相关的，则这一检索过程的检准率是 20/30×100%≈67%，误检率是 10/30×100%≈33%。

检全率和检准率这两个指标之间存在着互逆关系，也就是说，如果放宽检索条件以追求较高的检全率时，检准率就会下降；若是限制检索范围以改善检准率时，检全率就会下降。因此，档案馆(室)在设计档案检索系统和实施每一次检索时，应该从利用者的不同需要出发，确定适当的检全率、检准率指标。

二、档案著录

档案著录是指为了便于检索和管理档案资源，对档案内容、结构、背景或管理活动进行分析、选择、组织和记录的过程。现行著录参考标准为《档案著录规则》(DA/T 18—2022)。与《档案著录规则》(DA/T 18—1999)相比，在结构调整、编辑性和技术性上变动很大，这体现了档案部门的顺应时代，与时俱进，以适应当下文件级电子化档案管理环境。

(一) 著录项目

《档案著录规则》(DA/T 18—2022)更改了原著录项目的大项及其构成，由原来的"题名与责任说明项、稿本与文种项、密级与保管期限项、时间项、载体形态项、附注与提要项、排检与编号项"七大项改为"标识、背景、内容与结构、查阅与利用控制、相关档案材料、附注、著录控制"。采用多级著录，从文件、案卷、类别到全宗分层级实施著录的方法。多级著录一般模型如图 6.1 所示。

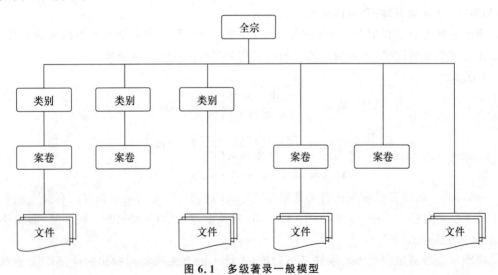

图 6.1　多级著录一般模型

1. 标识项著录

标识项著录包括:档案馆代码、著录层级、档号、题名、文件编号和日期六个小项。其中档案馆代码为可选著项,但全宗级著录中此项为必著项;著录层级、档号、题名、日期为必著项,文件编号是有则必著。具体著录清单可参照《档案著录规则》(DA/T 18—2022)中的《表1 著录项目清单》。

(1)档案馆代码。档案馆代码是国家档案主管部门为每个档案馆赋予的唯一代码。档案馆代码应照实著录。

(2)著录层级。著录层级是指著录单元在全宗内所处的层次位置。包括文件级、案卷级、类别级、全宗级等。

(3)档号。档号是以字符形式赋予档案的一组唯一代码,用于反映、固定和识别档案排列顺序。《档号编制规则》(DA/T 13—2022)规定了按卷整理的档号结构:全宗号-类别号-案卷号/组号/册号-件号/页号,以及按件整理的档号结构:全宗号-类别号-件号。应按照《档号编制规则》(DA/T 13—2022)的规则,对各著录层级赋予不同的档号。

(4)题名。题名又称标题、题目,是表达档案中心内容、形式特征的名称,可以是文件题名、案卷题名、类别题名、全宗题名。文件题名一般指正题名,也可能同时存在并列题名、副题名和说明题名文字。

正题名是档案的主要题名,应在相应的著录层级上,拟写或照原文记录著录单元的正题名。原题名过于冗长或不能揭示内容时,原题名照录,并根据文件内容另拟题名附后加"[ ]"。案卷题名一般宜照原案卷标题著录。案卷题名不能揭示内容或过于冗长时,应重新拟写,将原题名修改好后再著录。类别题名一般包括责任者、问题和材料形式,问题可反映职能、活动、主题、地点等。全宗题名即全宗名称,应照实著录。

并列题名是以第二种语言文字书写的与正题名对照并列的题名。必要时并列题名与正题名一并著录,并列题名前加"＝"。

副题名是解释或从属于正题名的另一题名。副题名一般宜照原文著录,正题名能够反映档案内容时,副题名不必著录。

(5)文件编号。文件编号是文件制发过程中由制发机关、团体或个人赋予文件的顺序号。文件编号包括发文字号、科研试验报告流水号、标准规范类文件的统编号、图号等。对于有多个文件编号的档案,应将所有文件编号逐一记录,之间用";"隔开。

(6)日期。日期为著录单元的形成日期或起止日期。文件级著录单元,应著录其形成日期;案卷级以上(含案卷级)著录单元,应著录其起止日期。日期表达方式:以公元纪年的日期应用阿拉伯数字表示;第1—4位数表示年,第5—6位数表示月,第7—8位数表示日。例如:20240824;历史档案中的朝代纪年、农历、地支代月、韵目代日,应照原文著录,同时将对应的公元纪年附后。例如:清乾隆十年九月二十六日(17451021)。

2. 背景项著录

(1)责任者。责任者是对档案内容进行创造或负有责任的组织机构或个人。当责任者只有一个时,照原文著录。文件级著录单元责任者有多个时,应逐一著录;当案卷级以上(含案卷级)著录单元责任者有多个时,著录主要责任者,立档单位本身是责任者的必著,其余视需要著录。被省略的责任者用"[等]"表示。当有多个责任者时,责任者之间以";"相隔。例如:科技部;国家档案局。个人责任者一般只著录姓名,必要时在姓名后著录单位、职务、职称或其他职责,并加"( )"。当文件所署个人责任者有多种职务时,只著录与形成文件相应的职务。例如:陈毅(外交部部长)。

(2) 组织机构沿革/人物生平。组织机构沿革/人物生平是简要记录全宗级著录单元责任者的历史沿革或生平传记。对于组织机构责任者,著录其名称、时间、主要职能、隶属关系、全宗构成者主要负责人名录、内部机构设置及其各历史阶段演变情况等。对于个人责任者,著录其姓名、别名、生卒年月日、籍贯、职务、职称、主要业绩、荣誉称号及简历等。

(3) 档案保管沿革。档案保管沿革根据实际情况记录以下内容:① 接收、接受捐献、购买、代存等收集档案的过程;② 历次保管权转移的情况及时间;③ 对于保管历史不清晰的著录单元,应据实记录。全宗级著录单元应详细著录档案保管史,其他著录层级的著录单元可根据实际情况选择著录。

3. 内容与结构项著录

(1) 范围和提要。在相应的著录层级上,简要概括并记录著录单元的范围和内容,如时间范围、地点范围、主要内容和重要数据(包括技术参数)等。

(2) 人名。记录著录单元中具有检索意义的人物姓名,必要时可同时著录人物的身份证号码、职务、出生地、工作简历等信息。涉及多个人物时,应逐一著录,并用";"隔开。

(3) 稿本。稿本是指档案文件的文稿、文本和版本,应依照实际情况著录。稿本包括草稿、定稿、手稿、草图、原图、底图、蓝图、正本、副本、原版、试行本、修订本、影印本等。

(4) 文种与附件。文种是指文件种类的名称,应依照实际情况著录。附件是指文件正文后的附加材料。当文件正文后有附件时,应著录附件题名;当文件正文后有多个附件时,应逐一著录各附件题名,中间以";"隔开;当附件具有独立检索意义时,应在附注项中著录附件的文号、责任者、日期等。

(5) 结构项。结构项包括载体形态、计算机文件大小、计算机文件格式、生成方式、整理情况、保管期限、销毁情况等,其中保管期限为必著项,载体形态和销毁情况是有则必录,其他可视情况选著。

4. 查阅与利用控制项著录

(1) 密级。密级是文件保密程度的等级。应著录文件形成时所确定的密级和保密期限,可同时著录保密期限届满年月。已升密、降密、解密的文件应著录变更情况,如新的密级、保密年限和解密日期等。例如:机密★10年,2024年届满。

(2) 公开属性。公开属性是指著录单元的公开审核意见。公开属性应照实著录。不予公开的著录单元,宜在附注中注明理由。公开属性包括主动公开、依申请公开或不予公开。

(3) 开放标识。开放标识是指著录单元的开放审核意见。开放标识应照实著录。受控的著录单元,宜在附注项中注明受控依据。开放标识包括开放、控制、延期开放和未审核等。

(4) 语言或文字。语言或文字是著录单元中使用的语种名称。应按照国家标准中关于语种的汉语名称著录。

(5) 主题词或关键词。主题词是在标引和检索中用以表达档案主题内容的规范化的词或词组;关键词是在标引和检索中取自题名或正文用以表达档案主题并具有检索意义的非规范化的词或词组。本著录项目可著录主题词,也可著录关键词。主题词宜按照《中国档案主题词表》及各行业相关规范化的词表进行标引。关键词可自由取词。多个主题词之间或多个关键词之间以";"相隔。

(6) 分类号、缩微号与存储位置。此三项为选著项,根据实际需要选著。

5. 相关档案材料、附注项与著录控制项

相关档案材料包括原件存放位置、复制件存放位置、相关著录单元三个小项。附注是其他著录项目中无法展现但需解释和补充的信息,各著录项目中需注明的信息应按照各著录项目的顺序著录,著录项目以外需解释和补充的信息列在其后,每一条附注都应分段著录。著录控制项包括著录者和著录日期。相关档案材料、附注项与著录控制项三项为选著项。

(二) 各著录层级的著录条目示例

著录层级是指著录单元在全宗内所处的层次位置。著录层级包括文件级、案卷级、类别级、全宗级等。著录条目是一个著录单元所有著录项目的组合。手工著录环境下,著录条目的形式为著录卡片;计算机环境下,著录条目的形式为一条数据记录。目前主要以后者为主。

1. 文件级著录项目与著录条目示例

文件级著录项目如表 6.1 所示。《档案著录规则》(DA/T 18—2022)中附录 E 中表 E.1 至表 E.20 给出了文件级的著录条目示例供参考。本书以表 6.2 为例展示文件级著录条目。

表 6.1 文件级著录项目

类型	必著项目	有则必著项目	选著项目
标识	著录层级 档号 题名 日期	文件编号	档案馆代码
背景	责任者	—	档案保管沿革
内容与结构	保管期限	载体形态 销毁情况	范围和提要 人名 稿本 文种 附件 计算机文件大小 计算机文件格式 生成方式
查阅与利用控制	开放标识	密级 公开属性	语言或文字 主题词或关键词 分类号 缩微号 存储位置
相关档案材料	—	—	原件存放位置 复制件存放位置
附注	—	—	附注
著录控制	—	—	著录者 著录日期

表 6.2　文件级著录条目示例

著录项目		著录内容
标识	著录层级	文件级
	档号	X163-WS·2024·015·D30-0003
	题名	转发关于涉企违规收费专项整治行动的通知
	文件编号	某工商公字〔2024〕7号
	日期	20240920
背景	责任者	某某省工商行政管理局;某某省公安厅;某某税务局
内容与结构	载体形态	5页
	保管期限	永久
查阅与利用控制	公开属性	不予公开
	开放标识	控制
	存储位置	××省档案馆××库房

2. 案卷级著录项目与著录条目示例

案卷级著录项目如表 6.3 所示。《档案著录规则》(DA/T 18—2022)中附录 E 中表 E.21 至表 E.25 给出了案卷级的著录条目示例供参考。本书以表 6.4 为例展示案卷级著录条目。

表 6.3　案卷级著录项目

类型	必著项目	有则必著项目	选著项目
标识	著录层级 档号 题名 日期	文件编号	档案馆代码
背景	责任者	—	档案保管沿革
内容与结构	保管期限	销毁情况	范围和提要 人名 载体形态 计算机文件大小 计算机文件格式 生成方式
查阅与利用控制	开放标识	—	分类号 缩微号 存储位置
相关档案材料	—	—	原件存放位置 复制件存放位置
附注	—	—	附注
著录控制	—	—	著录者 著录日期

表6.4 案卷级著录条目示例

著录项目		著录内容
标识	著录层级	案卷级
	档号	A032-WS·1982·C-0058
	题名	某某省档案局、党史办等关于档案学会成立、党史资料征集有关文件及召开档案工作会议通知
	起始日期	1982
	终止日期	1982
背景	责任者	某某市档案馆
	档案保管沿革	1998年4月,进馆
内容与结构	范围和提要	某某省档案局、党史办等关于档案学会成立、党史资料征集有关文件及召开档案工作会议通知
	载体形态	76页
	保管期限	长期
查阅与利用控制	开放标识	控制
	存储位置	××市档案馆一号库房

3. 类别级、全宗级著录项目

这两个层级的著录项目相对比较简单,著录项目主要包括标识和背景两项,内容与结构、查阅与利用控制、相关档案材料、附注、著录控制等几大项都为选著项。类别级著录项目的标识项包括:著录层级、档号、题名和日期四个小项目;背景项必著的是责任者。全宗级著录项目的标识项比类别级多了一个档案馆代码必著项,背景项必著的除责任者项外,还有档案保管沿革项;其他项为选著项,实际操作时根据需要而定。具体著录项目和条目示例见《档案著录规则》(DA/T 18—2022)。

任务二 电子档案检索

思维导图

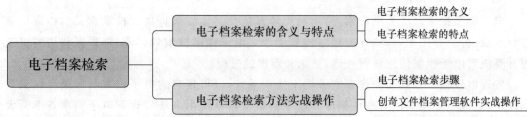

知识目标

- 掌握电子档案检索的含义与特点。
- 明确电子档案检索的具体方法。

能力目标

- 能够按照标准格式将电子档案信息著录到数据库中。
- 能够掌握电子档案检索的规范操作方法。

素养目标

- 培养学生与时俱进、积极创新的工匠精神。
- 培养学生科学严谨的做事态度。

案例导入

常丽是一家拥有若干分公司的大型企业的办公室行政秘书。一天,一名分公司的销售人员来查阅一份档案时说:"我用了半天时间就为了查这份档案。"这件事引起了常丽的注意,她建议把分公司利用频率高的档案在总公司网站上公布,这样就可以省去公司人员查档的很多时间。目前,分公司已经具有比较完备的纸质检索系统,但电子检索系统还没有建立起来,如果能成功地把档案内容上传到网上,分公司的销售人员在查阅档案时就再也不用跑到总公司去了。

档案检索工具是连接档案工作与利用者的纽带,档案工作的效果如何,很大程度上体现在检索工具上。现在越来越多的档案馆都有了自己的档案网站,越来越多的人也开始上网查找档案资料。档案信息资源网络化是网络时代背景下技术发展的必然。从案例中也可以看出,编制纸质检索工具是实现电子档案检索的前提,电子档案检索是快捷、实用的导航系统。

理论支撑

随着信息技术的普及,电子文件大量产生并被广泛使用。同时,我国档案信息化也在不断深入,越来越多的纸质档案转换为电子文件档案,这有利于发挥电子档案检索的作用,提高档案的检索效率。与传统的手工检索相比,电子档案检索无疑具有更大的优势。现在大多数档案馆(室)对档案有步骤地进行了数字化,建立了档案数据库,实现了检索自动化,极大地提高了档案检索的效率和质量。

一、电子档案检索的含义与特点

电子档案检索即计算机检索,是指利用计算机及其他设备将具有检索意义的档案信息进行著录、标引等操作后,按规定顺序排列而形成电子档案检索数据库,再根据利用需求通过计算机对电子档案信息进行查询、筛选和输出的过程。

实现电子档案检索需先建立电子档案检索系统,以将现有的电子档案及目录存储到数据库中,形成电子档案的共享数据库。电子档案检索系统由系统管理和电子档案查询两大部分组成。系统管理是电子档案检索系统录入项目信息、注册人员和分配系统权限的平台;电子档案查询是系统的核心。

随着计算机和网络的发展,传统的手工检索工具已逐渐被电子档案检索工具所替代,与手工检索相比,电子档案检索在检索方法、检索性能上具有以下特点:

(1)检索速度快,效率高。计算机具有强大的数据处理能力,用户输入所要查询的内容后,少则几秒,多则几分钟就可输出结果,大大缩短了检索时间,手工检索无法与之相比。

(2)检索途径多元化。即可以输入多个关键词进行检索,不同的索引标识可以进行组合,根据需要扩大或缩小检索范围。

(3)检索灵活方便。即网络化的计算机应用系统可以为分散的、远距离的利用者提供快速的联机检索服务,实现档案的异地查询和档案信息资源的共享。

不过电子档案检索也有自身缺点,如对系统的依赖性,若没有设定的检索方法,计算机就不能进行检索。此外,如果档案录入时信息有偏差或者用户输入的查询信息不准确,用户可能检索不到所需要的档案;如果输入的关键词过长、过多,也会大大地增加检索量,耗费更长的检索时间。

二、电子档案检索方法实战操作

电子档案检索首先要有数据库,如果要实现远程网络检索服务,还要建立自己的网站,同时实现内外信息的共享。一般单位只是在单位内部依赖文档管理软件建立电子检索库,实现本地计算机检索。实现电子档案检索主要有以下几个步骤:

(1)建设档案网站。档案网站是档案馆(室)在互联网上建立的站点,是档案馆(室)向互联网用户提供服务、与互联网用户交流互动的理想化服务平台,它以主页形式提供相关信息和服务,构成公共信息网络的一个节点。建设档案网站是档案馆(室)实现电子档案检索的第一步。档案检索是档案网站的基本功能,档案网站要以用户为中心,强化档案检索功能,检索内容包括政府现行文件、主动公开信息、历史档案及其他文献资料,检索层次可以是目录信息、全文信息或编研成果。

(2)加工检索信息,设计检索数据库。这主要包括以下三步:

第一步,收集数字形式的检索工具和著录条目,对它们之间的联系进行分析,每一种联系都可能成为检索的一种途径。

第二步,在分析的基础上,着手设计站点体系结构和导航方案,实际上就是设计检索的路径,包括按机构、主题、责任者、保管期限等多种途径。导航方案一般为网状结构,各个节点之间的关系包括层次结构、时间关系、水平关系、内容关系等。

第三步,根据导航方案,设计数据库。

(3)实现文件信息的共享。在完成内部检索信息加工后,还应将内部的信息与外部的信息相连,实现馆级联网检索,即链接相关站点,获得向其他站点提供信息资源的途径,使档案信息系统成为通过网络查询利用电子档案的中心。同时,档案工作者还可以通过各种途径,将档案站点作为一个链接点,放到其他信息服务机构或政府机构的主页上。

下面以创奇文件档案管理软件为例,介绍电子档案检索的方法与技巧。

(一)软件说明

创奇文件档案管理软件根据国家档案局最新颁布的行业标准开发设计,适合各行各业企业事业单位、行政机关用于文件整理归档管理。同时,创奇文件档案管理软件也可作为文档、图纸、资料、合同原文件电子化管理的工具。

（二）软件系统主要特点

（1）操作简单，检索高效快速。创奇文件档案管理软件支持 Excel 数据文件的批量导入，方便快速录入档案文件信息；同时支持逐条添加文件信息，且每条文件记录行都可以增加电子原文件，支持所有格式，增加成功后可在线查看。创奇文件档案管理软件具有多路径检索功能，档案的文件目录导入后，在系统中可实现档案的高效快速检索。

（2）支持直接扫描增加附件，实现原文件全文查看。创奇文件档案管理软件可直接连接扫描仪完成原文件的扫描与上传工作。通过创奇文件档案管理软件连接扫描仪可把纸质档案扫描为 PDF、Word、JPG 等格式的电子文件，并有机地与文件目录联系起来，同时可在管理软件中查看原文件全文内容。

（3）创奇文件档案管理软件的条目名称、界面、表格都设计得非常灵活，支持用户自定义，可以满足不同单位特殊类档案的管理。

（4）实现档案管理与利用的电子化。创奇文件档案管理软件在档案展示时支持用户自定义层次，可根据档案内容自动生成层次树。创奇文件档案管理软件支持记录档案的借阅、归还、历史等信息。

（5）系统提供简单有效的数据备份和恢复功能，用户使用时无后顾之忧。创奇文件档案管理软件是绿色软件，只需要将档案管理软件目录复制到其他计算机上就能运行了。用户可以通过把当前档案管理软件目录复制到其他计算机、U 盘，或转换为压缩文件刻录到光盘上，进而实现数据备份与恢复功能，同时要备份说明文档，记录备份日期、备份人等信息。

（三）软件系统的安装与启动

软件系统安装：到互联网上搜索"创奇文件档案管理软件 V15.0"，并下载压缩安装文件，鼠标双击压缩文件运行安装。在安装过程中，用户可根据自己的需要修改安装目录路径，也可全部按照安装向导一步步安装，安装过程中的一个界面如图 6.2 所示。

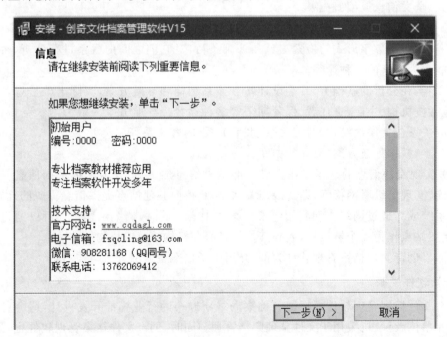

图 6.2　创奇文件档案管理软件 V15.0 安装过程中的界面

软件系统启动:安装完成后,用户可在启动了计算机后选择"开始"→"程序"→"创奇文件档案管理软件 V15.0"或者鼠标双击计算机桌面上的"创奇文件档案管理软件 V15.0"快捷图标,启动软件系统。软件系统启动后进入登录界面,如图 6.3 所示。

在登录界面,用户根据具体身份输入对应编号和密码,系统初始编号和密码信息如表 6.5 所示。

图 6.3　创奇文件档案管理软件 V15.0 的登录界面

表 6.5　用户初始编号及密码

用户编号	密码	用户姓名	用户权限
0000	0000	管理员	管理:所有权限,此用户不能删除只能修改密码
9999	9999	维护员	维护:除设置用户权限没有外,其他权限都有
6666	666666	借阅员	借阅:不能增删改记录,可以查询记录及借阅
8888	8888	查询员	查询:不能增删改记录,仅可以查询记录

(四)软件系统的操作及功能

根据电子文件与档案一体化管理的发展要求,创奇文件档案管理软件 V15.0 将旧版的收文登记管理和发文登记管理合并为"文件档案管理"模块,包括增加、修改与删除功能,另设附件、导入、批修、统计、批删、借阅、归还、打印、导出等功能,功能比以前更丰富了。软件的文件档案管理界面如图 6.4 所示。

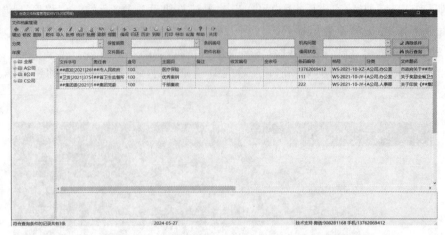

图 6.4 创奇文件档案管理软件 V15.0 的文件档案管理界面

1. 系统打开及设置

初次使用时,可对系统进行一定的设置,如用户的设置等,图 6.5 为用户权限设置界面。还可对系统进行基本设置,包括设置系统名称、设置主题字体与颜色、设置分类、设置列字段、设置密码等,图 6.6 为系统"设置"菜单界面。

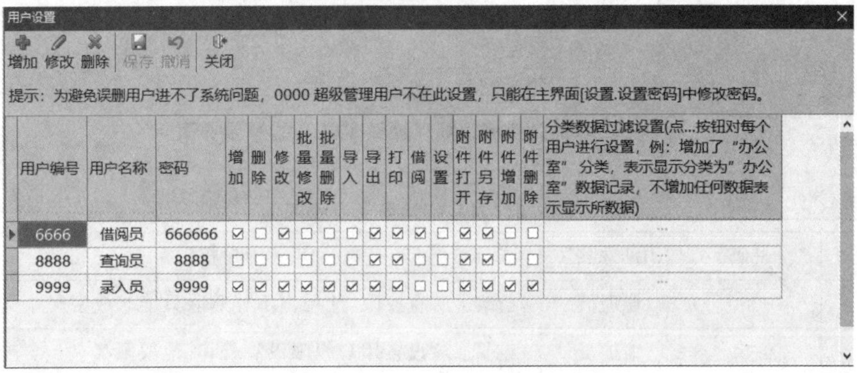

图 6.5 用户权限设置界面

图 6.6 系统"设置"菜单界面

例如,拟在主界面"A 公司"下增加一个"技术部"分类,则可通过分类树"A 公司"右键菜单中的"设置分类"设置,打开"设置分类"菜单界面,如图 6.7 所示,单击"增加"按钮,在最后一行输入"1105 技术部"后,单击"保存"和"关闭"按钮。再单击左侧分类树"A 公司"文件夹,下面就已添加成功"技术部"了。

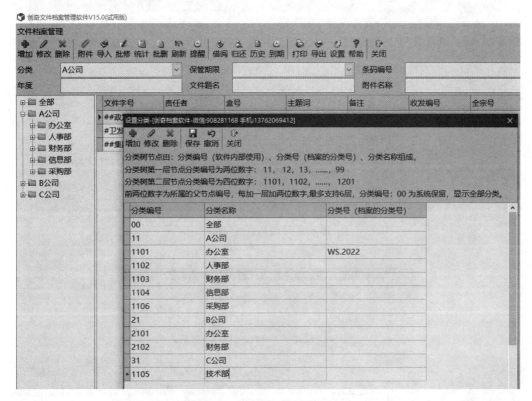

图 6.7 "设置分类"菜单界面

此外,主界面表格的列宽度、行高度、顺序以及数据排序方式、主界面字体颜色等都可以根据需要设置。

2. 录入文件信息数据

选中左侧分类树结构中对应的公司和部门文件夹,单击"增加"按钮打开"增加记录"界面,如图 6.8 所示,按照文件具体信息如实逐一录入即可。界面中星号"＊"标记的是必填项,"▼"是下拉菜单,可选择添加。

"增加记录"界面中的下拉项包括分类、文件类别、机构问题、保管期限、文件日期、密级、公文种类、紧急程度、借阅状态等项目,这些项目一般要在系统初次使用时进行设置,如未设置或者不合理,可在录入信息时点击后面的节略号"…",根据单位文件类型实际情况逐一设置(增加、删除、修改)下拉字段名称,如"机构问题"下拉项设置界面如图 6.9 所示。

图 6.8"增加记录"界面所示的可选项应根据实际查找需要和文件内容自行选择填写。具体项目填写方法如下:

① 分类:按照公司文档的分类方案设置,从下拉框中选择输入,可以输入分类编号和分类名称。分类方案应和纸质档案分类方案一致。

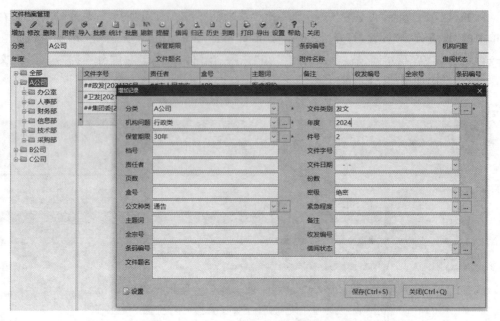

图 6.8 "增加记录"界面

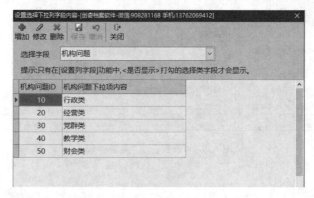

图 6.9 "机构问题"下拉项设置界面

② 文件类别：直接从下拉框选择类别，一般有发文、收文、归档三种，可输入汉字也可输入文件类别代码；若无或者缺，可以单击节略号"…"设置发文、收文、归档等类别及其文件类别代码，"文件类别"下拉项设置界面如图 6.10 所示。

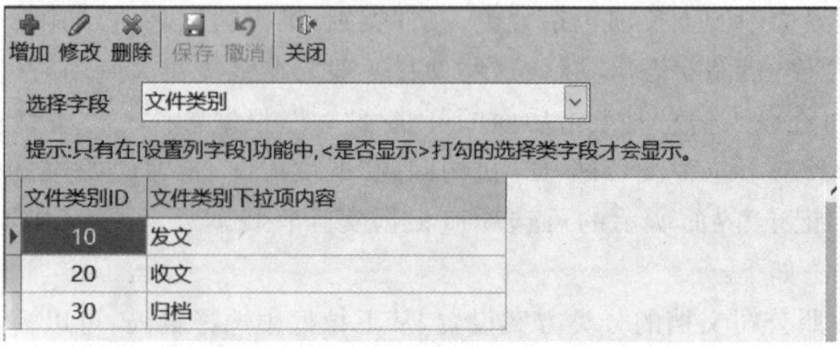

图 6.10 "文件类别"下拉项设置界面

③ 机构(问题)：从下拉框进行选择，如行政类、经营类、党群类等。

④ 年度：该文件的归档年份，输入 4 位，如 2024。

⑤ 保管期限：该文件的保管期限，直接从下拉框选择保管期限，保管期限和纸质档案的一致，可以按照新的保管期限设置为 10 年、30 年、永久，也可参照传统保管期限设置为短期、长期、永久；如果该文件现在暂不归档，下拉项选择"不归档"项目。不管采用哪种方法，都要和纸质档案项目匹配。增加或删除保管期限项，可以点击节略号"…"进行设置。"保管期限"下拉项设置界面如图 6.11 所示。

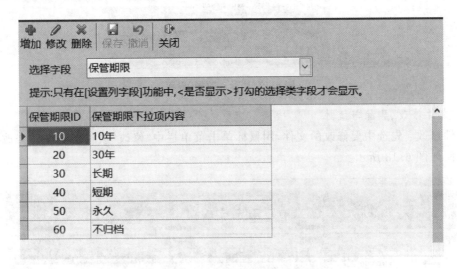

图 6.11 "保管期限"下拉项设置界面

⑥ 件号、档号：文件件号是该分类方案下的顺序号。档号应和纸质档案的档号相同，编写方法相一致。如新增加的文件暂不归档，可先不填写档号，待立卷归档后再补充即可。

⑦ 文件字号、责任者、文件题名：根据原文件录入。

⑧ 文件日期：文件形成日期，要求 8 位，可从系统提供的日历上单击添加，格式自动生成。如 2024 年 8 月 22 日生成为 2024-08-22。

⑨ 页数、份数、盒号、密级、公文种类、紧急程度、全宗号等按实际情况填写。

⑩ 主题词、备注：主题词按照原文件信息录入 3～5 个主题词，如无，录入者可根据文件内容提炼几个主题词，便于利用者按主题检索。备注是文件有特殊情况时填写，如电子文件缺页，若正常则可不填。

⑪ 收发编号、条码编号：均为选填项。收发编号即文件收文或者发文登记顺序号。如纸质档案有设置条码编号，则条码编号项按实际填写。

⑫ 借阅状态：按实际情况下拉选择该文件的借阅状态是"正常"还是"借出"。

3. 文件导入

需要导入文件时可单击"导入"，即可导入 Excel 数据文件。如果没有相应的模板，可以下载相应模板，添加数据后再导入。"导入数据"界面如图 6.12 所示。

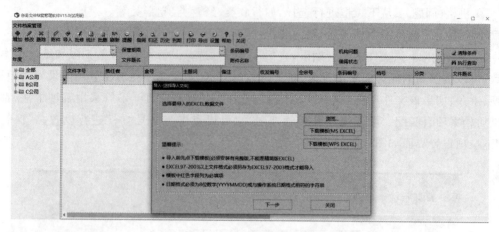

图 6.12 "导入数据"界面

4. 文件修改、删除与统计

文件修改：先选中要修改的文件，用鼠标单击菜单栏中"修改"项将转至文件修改界面，操作界面如图 6.13 所示。

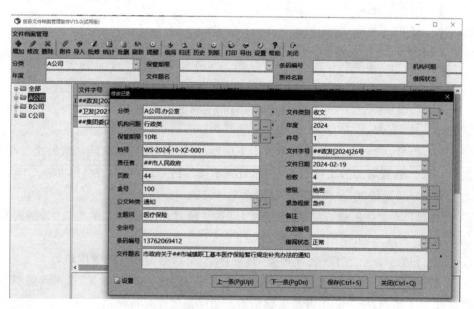

图 6.13 "文件修改"操作界面

文件删除：单击菜单栏中的"删除"项，将删除当前文件及附件。

文件统计：单击菜单栏中的"统计"项，可以对系统中的数据进行分类统计。如按"年度""公文种类"字段进行"分类汇总统计"操作界面如图 6.14 所示。

5. 文件借阅、归还

软件系统具有借阅功能模块，主要包括文件的借阅、归还、历史、到期功能。

文件借阅：首先打开软件找到要借阅的文件，选中后单击"借阅"项，然后在弹出的界面中录入借阅人、借阅目的、借阅日期、归还日期等信息，单击"保存"按钮即可存入系统。如果到期文件未还，系统会自动提醒。"文件借阅"界面如图 6.15 所示。

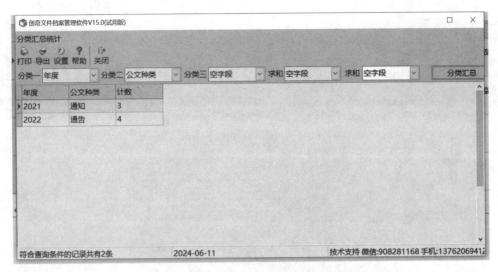

图 6.14 "分类汇总统计"操作界面

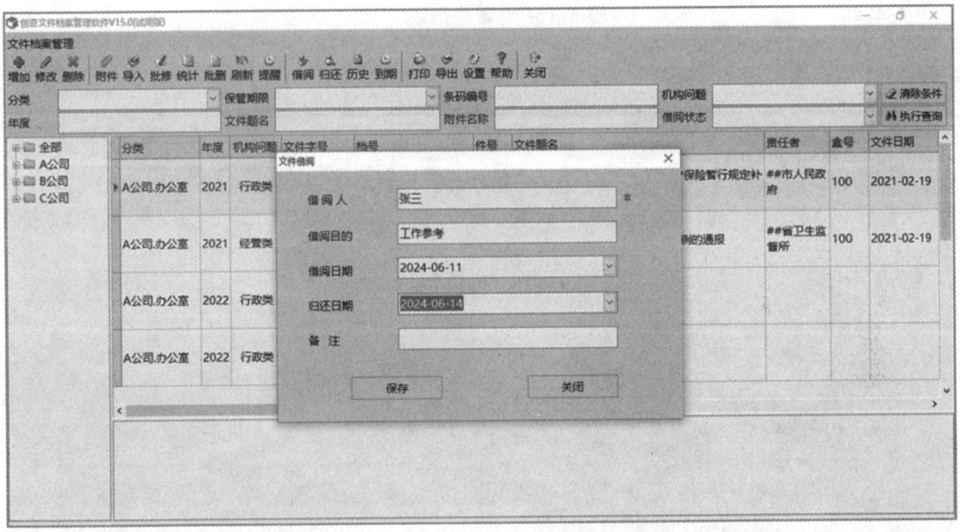

图 6.15 "文件借阅"界面

文件归还：单击"归还"打开"文件借阅管理"界面，在"借阅人"框中录入借阅人姓名，单击"执行查询"按钮，即可看到系统中该借阅人借阅的文件详细信息，之后选中文件，单击左上角的"归还"项，打开对话框，其中"借阅人""借阅目的""借阅日期""归还日期"等项目系统会自动生成，只需填写"实际归还日期"即可，如图 6.16 所示为"文件归还"界面。

6. 归档文件目录和条形码等打印

软件系统"打印"模块提供"归档文件目录打印""归档文件目录（新版）打印""归档文件目录封面打印""条码打印""设置打印模板"等功能，如图 6.17 所示。可先按分类、年度或机构问题查询后（与纸质归档案卷一致），再直接单击"打印→归档文件目录打印"，即可弹出"打印预览"界面，如无错误可直接打印目录即可，如图 6.18 所示。

143

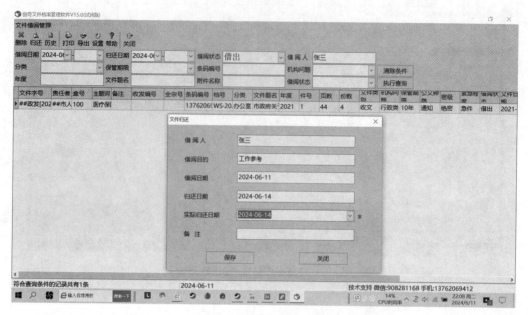

图 6.16 "文件归还"界面

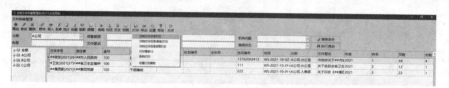

图 6.17 "打印"菜单项

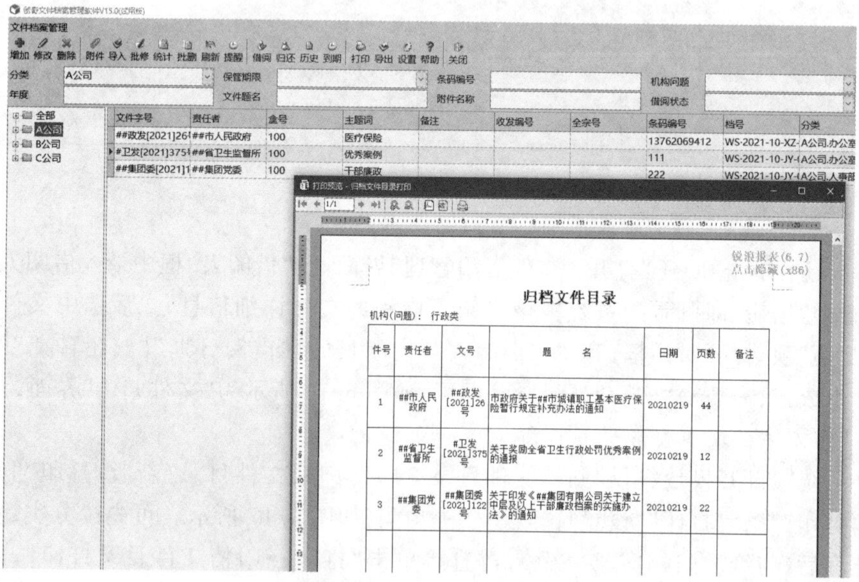

图 6.18 归档文件目录"打印"预览界面

(五)软件系统的检索

升级后的创奇文件档案管理软件 V15.0 主界面菜单栏中去掉了"查询"菜单,但是其系统查询功能嵌在文件档案管理界面(见图 6.4)中。

创奇文件档案管理软件提供分类、年度、保管期限、文件题名、条码编号、附件名称、机构(问题)、借阅状态等查询条件字段。单击"执行查询"后将根据当前查询区录入的条件查询案卷,单击"清除条件"按钮或键盘 Delete 键可清空查询区所录入条件。

在检索时,需要注意以下几个方面:

(1)查询区的条件之间是"与"的关系,是同时要满足所有条件。

(2)单击"执行查询"仅对当前条件进行查找,因此当改变条件时,需要重新单击"执行查询"按钮,表格返回的记录才会相应地更新。

(3)当用户想返回所有记录时,需把条件区中的录入条件都清除,然后单击"执行查询"按钮,表格才会返回所有记录。

(4)操作方法:在查询区录入查询条件后,单击"执行查询"按钮即可,匹配的结果文件显示出来,速度非常快。例如,查询 A 公司办公室 2024 年的行政类文件,检索字段输入信息及结果界面如图 6.19 所示。

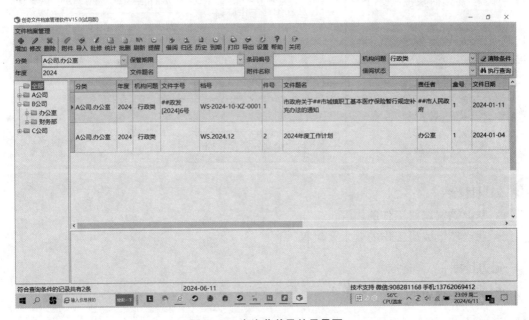

图 6.19 查询菜单及结果界面

(5)在查询时,如果知道某个文件题名或条码编号,可以输入"文件题名"或"条码编号"中的一个条件,系统就会非常准确地查到文件。如果不知道文件具体信息,可以组合条件进行检索。

档案检索是档案利用的先期工作,也是档案管理的基础工作。为了开展档案检索服务,档案馆(室)必须编制档案检索工具,建立相应的检索系统,以备人们按照不同的要求,从中检出所需要的档案。随着现代计算机技术的发展,电子档案检索因其速度快、效果好,检索多元化,已逐渐取代了原来的传统手工检索。

任务三　档案编研及流程

▶ **思维导图**

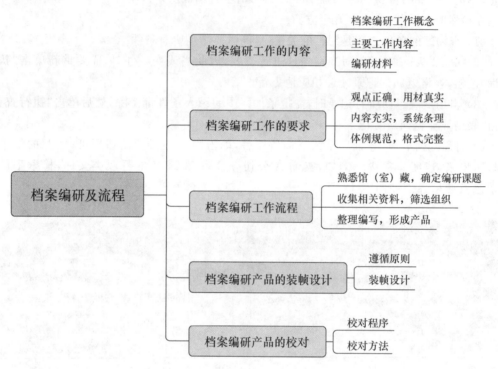

▶ **知识目标**

- 掌握档案编研工作的内容。
- 明确档案编研工作的要求及流程。

▶ **能力目标**

- 能够根据档案编研工作要求与流程开展档案编研工作。

▶ **素养目标**

- 培养学生静心做事、精益求精的工匠精神。
- 培养学生科学严谨、客观公正的编研态度。

▶ **案例导入**

　　××供电公司是××省电力公司直属的国有中型电网经营企业,近年来,公司办公室高度重视档案利用工作,充分挖掘档案信息资源的价值,加大编研工作力度,为公司改革发展与生产经营提供信息支撑,在实际工作中取得了显著成效。2024年6月档案利用典型案例及编研成果《利用欠费专户档案保障企业合法利益》，因项目视角独特、内容创新，荣获××省电力公司档案利用"精品项目"称号。接下来，公司办公室将继续积极主动满足公司各部门的档案利用需求，不断改进档案服务方式，提高档案利用率，形成实用的档案编研及利用成果，更好地为公司各单位提供档案利用服务。

档案价值是潜在性的，只有通过利用才能实现档案的价值。档案编研是对档案价值的深层挖掘，这是开发利用档案信息内容的一个重要途径，深层次开发档案信息的途径和方式很多，关键是要适合本单位实际利用。

理论支撑

一、档案编研工作的内容

1. 档案编研工作概念

档案编研工作是指档案馆（室）以馆（室）藏档案为基础，根据利用需求对档案信息进行研究和加工，编制各种类型档案成果的一项专门工作。它是档案信息开发的重要方式。所谓"编"就是对档案文献进行整理、加工与汇集，而"研"主要是对档案内容的研究与考证，二者合为一体。"编"与"研"必须实现有机结合、同步发展，才能创造出更高质量的成果。

2. 主要工作内容

档案编研工作主要包括以下四个方面内容：

（1）编辑档案史料和现行文件汇编。编辑档案史料就是按照一定的专题或时间将人们需要经常利用的重要档案史料编辑成册，或公开出版，或作为内部查考的一项工作。它是广泛、系统地提供档案为社会各方面服务的一种方式。各种各样的档案史料专题汇编或丛编、政策法令汇编等，都是编辑档案史料工作所产生的成品。现行文件汇编是将社会需求的现行文件进行汇编整理的编研成果，开展现行文件编研是主动为社会提供系统的现行文件信息服务的一种重要方式。

（2）编辑档案文摘汇编。档案文摘汇编是档案馆（室）根据一定的专题对档案原文摘要进行汇总编辑形成的编研成果，是对档案原文的缩写，属于二次文献。

（3）编写档案参考资料。档案参考资料是指档案馆（室）根据一定的题目，对馆（室）藏档案材料的有关内容进行研究、综合加工而编写的一种参考资料。其种类主要有大事记、组织机构沿革、全宗指南、统计数字汇编、专题概要、会议简介、科技成果简介等。

（4）编史修志。档案工作者同时从事历史研究是我国档案工作的一个优良传统。古代的档案工作者，往往也是历史学者。现在档案工作和史学工作虽已有了明确的分工，但是作为历史档案材料基地的档案馆，仍需进行一定的历史研究，以便深入地掌握档案史料的内容，通过研究成果向社会传播档案信息，从而有效地发挥档案的作用。

3. 编研材料

档案编研工作成果从材料性质上讲，可以分为以下三种情况：

（1）汇编材料。这类材料属于一次加工的编研材料，是将单位职能活动中形成的原始文件或者原始文件的复制件汇集装订起来而形成的。例如，发文汇编、专题汇编、技术标准汇编等。一次加工的编研材料的特点是：利用原始文件或原始文件的复制件汇编形成的，基本保持档案原貌，编辑相对简单，主要起作为原始依据的作用。

（2）概要性、介绍性材料。这类材料属于二次加工的编研材料，是通过摘录、缩编、剪辑档案内容，并按照一定的要求重新组织整理而形成的。二次加工的编研材料类型比较多，有档案文摘、专题简介、提要和索引等。常见二次加工编研材料有大事记、组织机构沿革、基础数据汇编、产品简介等。二次加工的编研材料的特点是：种类多，针对性强，信息集中而系统，提供利用简便迅速。

（3）参考材料。这类材料属于三次加工的编研材料，是依据档案并参照有关的资料，在系统、深入分析研究的基础上编写形成的。三次加工的编研材料属深层次的档案编研，常见的大多为工具书式，如手册、年鉴、志等。三次加工的编研材料的编写是一个知识创新过程，难度比较大。三次加工的编研材料的特点是：以档案为素材，应用档案中记载和反映的观点、方法、规程、原理、结果和结论，参照有关参考资料，进行深入的分析、研究和归纳等加工处理，形成新知识产品。特别是有关技术开发等工作和活动方面的三次加工的编研材料，带有明显的技术调研报告特点，更具有参考价值。

二、档案编研工作的要求

1. 观点正确，用材真实

史料的真实性是指编研中选用的材料必须客观、真实反映历史事实，这是检验编研成果质量和其能否经得起历史检验的关键所在。档案编研要以尊重历史、尊重事实为本，编研人员在任何情况下都不能歪曲、篡改档案事实。在收集素材、编辑加工、材料审核等各个环节，都不能让"主观臆断""简单拼凑""断章取义"等影响编研成果的真实性，编研要全面、系统、准确、真实地反映档案信息的实际情况。

2. 内容充实，系统条理

编研成果能否得到社会的欢迎和重视，主要取决于它是否有丰富充实的内容。要使编研成果内容充实，就需要将与题目有关的档案材料收集齐全，尽量选用其中能反映一个事物发生、发展、变化、终结全过程的完整材料。系统条理是指体例上的系统性和内容上的条理性，即指将档案材料按其内在的联系组成一个有机的整体，做到条理清晰，上下联系符合逻辑。

3. 体例规范，格式完整

档案编研作为开发档案资源的一项高难度文化工程，要求体例规范。体例是指将档案材料按其内在联系组成一个有机整体时的编写格式或组织形式。在档案工作中编研要注意体例的规范性，不同档案编研产品有其特有的体例及格式，编写时要严格按照对应格式编排相关内容。

三、档案编研工作流程

1. 熟悉馆（室）藏，确定编研课题

档案编研工作一定要确定好课题，这是从事编研工作的第一步，确定好课题是做好编研工作的关键。编研课题应当以实际需要为前提，以馆（室）藏档案为依据，通过调查和分析得出。

（1）围绕党和政府的中心工作定题。地方党委和政府在一段时期内都会有突出的中心工作，在馆（室）藏档案中，有许多内容是与中心工作相关的真实记录，档案管理部门可以根据党委和政府开展的中心工作，开发馆（室）藏档案，为编研工作提供课题方向。

（2）根据需求量较大的档案定题。凡利用率高的档案，就是档案编研定题的目标方向。通过编研，把那些经常利用但分散在各个全宗、各个案卷的档案汇编成系统的专题史料，以满足本单位或社会利用的需要。

（3）根据最具有地方特色的馆（室）藏档案定题。档案馆（室）应尽可能发挥馆（室）藏档案优势，积极开发具有地方特色的档案史料。这些具有地方特色的档案史料，从长远看具有重要的价值，也可以配合地方文化建设直接创造经济效益。

（4）根据需求预测定题。预测就是在客观现实的基础上，运用科学的方法，对社会需求的发展趋势作出展望和判断，使编研材料的提供与社会需求相一致。

2. 收集相关资料，筛选组织

编研课题确定之后，就要着手档案材料的筛选、整理、加工、编排。第一，要围绕课题，广泛收集和积累材料，获取丰富的文件材料，力求全面、准确、完整、系统，范围越广泛越好，内容越完整越好。第二，进行材料的整理、编写，将收集到的材料进行梳理、筛检、编排，形成体系。

3. 整理编写，形成产品

编研工作的最终目的是将编研成果以图书等形式在一定范围内发行或向社会公开发行。

要求做到"齐、清、定"。"齐"是指档案材料的内容和有关部门对公布与出版部分档案材料的审批手续齐全。"清"是指稿面字迹清楚、图稿清晰准确。"定"是指送交的编研成果无论内容还是规格都已是最后确定。

在整理编写的过程中需要注意以下四项工作：

（1）进一步审定编研成果的内容。编研成果完成后要进行审核，主要是审查编研成果的内容是否合理、真实、有序，引用的档案材料有无错误等，应确保编研质量。

（2）进一步审核编研成果的辅助材料。辅助材料主要有以下三种：

① 评述性材料，如注释、按语、序言；

② 查考性材料，如年表、插图、备考、凡例；

③ 检索性材料，如汇编目录、各种索引。

（3）统一编写规范。编研工作要遵守一定的规范要求，每一种编研产品都有对应的编写规范，不可随意编写。资料收集与编辑格式，甚至资料录入和校对，都应按照规范操作。例如，可以对整个编撰流程的各环节作出明确规定，可对转录的要求、标题的拟写、编者说明的拟写、封面目录的必要项目与格式等作出统一规定。

（4）充分发挥网络作用。档案编研工作作为档案信息开发与利用的主要方式，在网络环境中必将发挥更大的作用，网络档案编研工作必将成为21世纪档案编研工作的趋势。档案工作者可以通过网络收集整理材料，将加工过的档案信息通过网络以电子文献的形式提供给利用者。网络档案编研工作是网络技术发展与档案编研工作相结合的产物。目前，各级各类档案网站的建设为网络档案编研工作的开展提供了技术支撑，同时也对档案编研工作提出了更高的要求。

四、档案编研产品的装帧设计

装帧设计是指对书籍的结构与形态的设计。档案编研产品虽不像书籍那样严格讲究装帧艺术,但也要通过开本、正文版式、封面、环衬、扉页、装订形式等一系列的设计,来表现档案编研产品的风格。档案编研产品的装帧需注意以下两个方面:

1. 遵循原则

档案编研产品需遵循的原则有实用、经济、美观。作为一种文化成果,档案编研产品也需要有精心设计、风格独特的封面,排版时应做到图文并茂、色彩鲜明、生动直观、新颖美观。同时也要有档案编研产品自己的风格,还要注意经济性、实用性。

2. 装帧设计

首先确定开本,其次是确定版式,最后确定装订形式。确定开本就是确定采用什么尺寸。确定版式就是确定编研产品正文及其有关部分的格式设计。确定装订形式就是考虑装订方法,用什么材料。在进行装帧设计时一定要时时考虑到档案编研产品的独特性。

五、档案编研产品的校对

校对是保证档案编研产品质量的重要环节,是对编研工作的继续和补充。校对人员必须高度负责,工作细致、严谨、一丝不苟。

1. 校对程序

校对是依照原稿及设计要求在校样上检查、标注语法差错或排版差错的过程。其程序包括初校、二校和三校。

校对时要以原稿为依据,核对并清除校样上的差错,包括清除语法修辞上遗留的差错,同时消除所有疑点。校对人员在校对时要以原稿为准,不得在校样上随意增补、删减,发现原稿错误及编研人员处理的疏漏和失误时应做出标示,由编研人员对原稿、校样予以处理。

2. 校对方法

常用的校对方法有对校、折校和读校。校对以对校、折校为主,根据实际情况采取具体方法。

(1) 对校法:原稿放在左边,校样放在右边。先看原稿,后对校样。遇到打错(或排错)的地方,随时用校对符号或文字在校样上批注。特别要注意按照原稿逐字、逐句、逐个标点地校对,切忌读书看报式校对。

(2) 折校法:原稿放在校对者正前面的桌上,校样拿在两手的食指、大拇指与中指之间(右手同时执笔)。从第一行起校一行折一行,使原稿每一行的文字紧紧靠近校样上要校的那一行文字。要尽量做到一眼能同时看清原稿和校样的字句。折校法一般适用于原稿是打印稿或铅印稿。

(3) 读校法:由两人合作,一人朗读原稿,另一人核对校样,并改正校样上的错误。读者要将每个字、每个标点符号朗读准确,速度要缓慢,音调要有节奏。

任务四　常见编研产品编写

● 思维导图

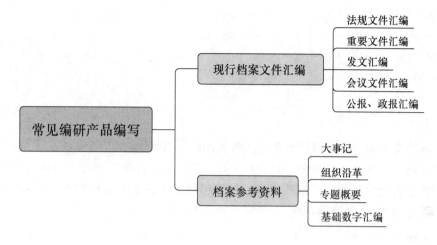

● 知识目标

- 明确常见编研产品的种类及特点。
- 掌握大事记、组织沿革等编研成品的编写技巧。

● 能力目标

- 能够根据某单位发展情况设计组织沿革方案。
- 能够根据大事记的具体要求编写大事记(年鉴)。

● 素养目标

- 培养学生主动的服务意识。
- 培养科学严谨、客观公正的写作态度。

● 案例导入

××有限公司大事记(部分)

成长·壮大
2016年12月28日　　××有限公司正式获准筹建。
2017年12月28日　　××有限公司正式获准成立。
2018年3月4日　　　××有限公司取得营业执照,正式成立。
2020年3月23日　　 北京分公司获准开业。
2020年4月6日　　　上海分公司获准开业。
2020年8月3日　　　浙江分公司获准开业。
…………

> 战略·合作
> 2023年9月　　火炬工程隆重启动。
> 2024年6月　　李××任公司董事长　第三届董事会成功换届。
> 2024年8月　　与××公司的全面战略合作启动。
> ……
> 经营·管理
> 2020年7月16日　公司收入突破1亿元。
> 2020年12月9日　公司收入突破10亿元。
> 2023年1月31日　公司总资产破100亿元。
> ……

不同的档案编研产品编写体例及方法各不相同，上面的案例是企业机关大事记，结构按照公司的发展和变化分为三部分，即"成长·壮大""战略·合作""经营·管理"，分别将各部分相关的大事按照时间的先后顺序排列。做好编研工作除了要根据需求外，还要合理地确定编研产品结构体系，做到体例统一、条理清晰。

▶ **理论支撑**

常见的编研产品一般分为现行档案文件汇编与档案参考资料两大类，本任务主要详述这两大类编研产品。

一、现行档案文件汇编

现行档案文件汇编是指编辑、集中中华人民共和国成立后形成的各种有效文件，这是各级档案馆、各单位档案室（尤其是机关档案室）为满足社会各方面的现实需要而开展的一项重要的工作内容。现行档案文件汇编可以将有关文件集中、系统地编辑在一起，作为各项工作的参考手册或工具书，便于人们随时查阅有关的档案资料。

常用的现行档案文件汇编有以下几种：

（一）法规文件汇编

法规文件汇编是指将国家各级权力机关、行政机关及其所属业务主管部门制定、颁布的各种规范性文件等（如法律、法令、条例、规定和办法等），按照一定的范围或工作领域分门别类地汇编成册。它可以清楚地显示国家法规的体系和内容，有利于利用者在工作中查阅利用。此类编研工作一般由各级档案馆或机关档案室承担。

法律文件汇编可以分为两种，即综合性汇编和专题性汇编。前者是由某一级别政府机关颁布的各种法规文件汇总、编辑而成；后者是由某一专业的法规文件汇总、编辑而成。

法规文件具有权威性、资料性，在选择时要注意以下三点：

（1）法规文件汇编应收录按照法定程序发布的法律和行政法规等规范性文件，非规范性文件不得收录。

（2）法规文件汇编所收录的文件应现行有效，对于已经废止的失效文件，不得收录原文，但可将其目录附后作为参考。

(3) 编辑法规文件汇编要有明确的时间界定，为了便于查找，通常对收录的文件按照内容分类后，再按照时间顺序排列。

（二）重要文件汇编

重要文件是指有关政策方面的规定性、领导性文件，将这些文件汇编成册就是重要文件汇编。重要文件汇编是各级各类档案馆、各单位档案室为帮助各行各业的工作人员了解和掌握国家、本系统或本单位方针政策而汇编的参考资料。

（三）发文汇编

发文汇编是指本单位将自身的全部发文，定期（通常按年度）集中，并按文号次序排列而汇编成册的一种编研材料。汇编的文件按照发文字号顺序排列，便于查找利用。发文汇编为内部资料，仅供本单位内部使用，所以单位要加强对发文汇编的保密管理。

发文汇编的特点是材料集中，时间针对性强。它最主要的作用是作为依据，直接查阅发文汇编可以代替查阅档案原件。

（四）会议文件汇编

会议文件汇编是指将重要会议中形成的具有一定参考价值的文件汇编成册。

会议文件汇编并不是将一次会议的所有文件全部收录在内，而是选择那些能够反映基本情况的、具有查考价值的文件加以汇编。例如，对会议通知、代表名单、会议议程、领导人的重要讲话、大会重要发言、提案、选举结果、会议通过的决议、会议纪要等可以加以汇编。而一般的贺电、小组会议记录就不必收录。会议文件汇编一般由召开会议的单位机关档案室编制。

（五）公报、政报汇编

党和政府的领导机关定期将重要文件汇编起来公开发行，可以采用公报、政报等形式。

选材的范围主要是有关方针政策的规定性、领导性文件，一般以正式下发的文件为主，选用的领导讲话要确保内容准确无误。

除了上述几种现行档案文件汇编以外，还有规章制度汇编、工作规范汇编、操作规范汇编、学术论文汇编、科技成果汇编等。

二、档案参考资料

档案参考资料是指档案馆（室）根据一定的题目，对馆（室）藏档案的有关内容进行研究、加工而编写的一种材料。编写和提供档案参考资料，既是档案编研工作的一个重要内容，又是档案馆（室）开展档案利用工作的重要方式之一。

档案参考资料主要有以下三个特点：

(1) 它与汇编的档案文集不同，不是提供档案原件，或直接根据档案复制副本、摘录，而是根据一定的题目对有关档案材料的内容进行加工而编写的系统材料，它已改变了档案原来的面貌，具有问题集中、内容系统、概括性强的特点。

(2) 它与利用档案撰写的专门论著不同，它不重在论说，而是综合记述档案内容，为利用者提供素材。

(3) 它与检索工具不同，它虽然在一定程度上能起查找档案的作用，但主要是直接为利用者提供加工过的、具有信息内容的参考资料。

档案参考资料的种类很多,名称不一,用途也较为广泛。这里仅介绍档案馆(室)常编的几种。

(一)大事记

大事记是指按照时间顺序简要地记载一定时空范围内发生的重大事件和重要活动的一种参考资料。

1. 大事记作用

大事记主要有以下作用:

(1)可以帮助机关领导人和业务人员回顾以往工作,总结经验教训,查核事实经过。

(2)可以为历史研究人员和史志编修人员提供系统的参考素材。

(3)可以作为对群众进行宣传教育的生动材料。

2. 大事记种类

大事记的种类很多,根据所记载的对象和内容,大事记可以分为以下四种:

(1)机关大事记:记载一个机关在一定时期内的重要活动,如《××人民政府大事记》等。

(2)国家或地区大事记:记载全国或一个地区在一定时期内的重大事件,如《××省2024年大事记》等。

(3)专题大事记:按照专题记载国家或某一地区、某一机关在一定时期内某一方面的重大事件,如《××地区教育大事记》《××县自然灾害大事记》等。

(4)个人生平大事记:记载著名人物的生平重要活动,通常也称年谱,如《××生平活动》《××年谱》《××生平大事记》等。

大事记的名称比较灵活,除了称为大事记外,还可称为大事年表、大事记述、大事编年、大事纪要、大事辑要、纪年、月表、日志等。

3. 大事记标题

大事记的标题主要有以下几种形式:

(1)由制文单位、事由和文种构成,如《××公司对外合作大事记》。

(2)由制文单位和文种构成,如《××市人民政府大事记》。

(3)由事由和文种构成,如《××高校"双高"建设大事记》。

(4)由制文单位、时间和文种构成,如《××市人民政府八月份大事记》等。

4. 大事记结构

大事记的基本结构主要包括题名、前言、目录、正文、附注五个部分。

(1)题名:包括大事记的总标题、记述事件的时间、范围和编者。

(2)前言:清楚地说明编写目的、意义及读者对象的范围,本大事记的性质和记述范围、编研经过、编研特点、材料来源和编排体例等。

(3)目录:篇幅较小、内容简单的大事记可不设目录。

(4)正文:包括大事时间、大事条目、大事著述。

(5)附注:顾名思义,附注主要起补充或说明未尽事宜的作用。

大事记有叙述式和表格式两种表述形式。一般来说,大事记比较详细的,采用叙述式;大事记比较简练的,采用表格式。大事记可以作为一种独立的参考资料,也常常作为年鉴、专业辞书、史料汇编、专著等的附录,附在正文之后。

5. 大事记体例

大事记的体例一般采用编年体,以年月为经,以事实为纬,将大事条目按时间顺序排列,以便反映同时期中大事之间的联系,在具体编排上有以下两种方式:

(1) 完全按照时间顺序记述大事。有的先分历史时期,每个时期中再按年、月、日的顺序排列;有的则直接按照大事发生的年、月、日排列。

(2) 按照事件的性质分类后再按时间顺序记述大事。

6. 大事记编写原则

大事记的编写应按照历史唯物主义的观点,坚持实事求是的原则,尊重历史,尊重事实,维护事物的本来面目,做到客观公正。

大事记的编写比较严格,其编写主要有以下四个方面要求:

(1) 观点正确,用材真实。大事记内容广泛,涉及不同历史时期、不同人物和事件、不同观点的材料。因此,在分析人、物、事时,必须按照历史唯物主义的观点去分析,取其所当取,详略适当,褒贬公允,一切从实际出发,实事求是,如实反映事物的本来面目。用材力求真实可靠,有根有据,对每份材料的形成时间、地点及内容的正确性都要认真鉴别。内容不实、根据不详的材料,一般不予采用。

(2) 大事突出,要事不漏,小事不要。例如,机关综合性大事记的选事范围包括:本机关召开的各种重要会议;本机关做出的重要决定、决议、规划、部署及发布的重要文件;本机关成立、撤销、合并等内部机构设置、变化情况;本机关隶属关系和职能范围的变化情况;本机关党政领导人的任免、奖惩及其重要活动;本机关发生的重大事件、开展的重大活动、完成的重大任务、取得的重大科研成果;本机关参加上级机关和其他机关召开的重要会议的情况;上级机关对本机关的重要指示、批示、表彰、批评及来本机关检查指导工作的情况;本机关所辖范围内发生的重大灾情和事故;本机关开展的重要外事活动;报刊、电视台等关于本机关情况的重要报道;其他重大事件和重要情况。

在不同的时间、地点、工作性质的大事记编写工作中,对大事、要事均有不同的选择;即使是同一个重大事件,在不同的地区或单位,记述的重点也不同。记述的重点涉及路线、方针、政策、法律、法令、规章制度的制定、贯彻和实施的相关内容,重要会议和重大政治活动,地区或机构的组织沿革,各条战线的重大变革与成就,外事与外贸等。例如,重要的出访、来访活动,涉外协议合同的签订等,均可归入记述范围之列。

(3) 系统条理,简明扼要。大事记按时间顺序记述,一事一条,不要数事一条。必须把每一事件涉及的时间、地点、人物、发展经过、因果关系,言简意赅地表达出来。

编写大事记时应注意系统条理:首先,要实事求是地记述大事记的内容;其次,注意收材的广泛性和用材的精练性;再次,要注明材料来源出处;最后,要建立大事记录制度。

因工作需要,不少地区和机关建立了大事记录制度,平时由专人负责记载,定期向机关领导和有关部门征求意见,再进行修改补充,年终进行立卷归档。把编写大事记作为一项日常工作来做,有以下益处:事件发生的时间短,随时记载,不必花费额外时间进行考证核实;事件真实可靠,不易遗漏;分段进行编写,压力得到分散,效率提高且可及时提供使用。

(4) 格式要统一,层次要清晰。大事记的格式,一般以年编号,年下分月,同一年内各月前的年份省略;月下分日,同一月内各日前的月份亦省略;日下记当日所发生的大事,同一日发生几件大事时可平列记载,也可编上顺序号。

(二)组织沿革

组织沿革是指系统记载某一机构、某一地区或专业系统的体制、职能、组织机构和人员编制等基本状况变革过程的一种参考资料。

1. 组织沿革的作用

组织沿革的作用主要表现在以下四个方面:

(1) 便于查考和研究本地区、本单位、本系统的机构和人员发展变化情况。例如,企业沿革就是系统地记载一个企业及其职能部门的变革情况,内容主要包括企业的成立和变动时间,部门设置、名称改变、地址的变迁、职权范围和任务及其变化等情况。

(2) 可以为研究国家机关史、地方史、革命史及各种专业史在组织建设方面提供比较系统、全面的参考资料。

(3) 可以为档案馆(室)进行立档单位的历史考证提供系统材料,并有利于提高档案工作者收集档案、整理档案、鉴定档案等业务工作的水平。

(4) 还可以帮助利用者了解立档单位的情况,认识档案的价值。

2. 组织沿革种类

组织沿革的种类可以分为以下三种:

(1) 机关组织沿革:主要记载一个机关及其内部组织机构、人员的演变情况,如《××省人民政府组织沿革》。

(2) 地区组织沿革:主要记载一定区域内(如省、市、县等)所属党、政、群各级组织的设置和变化,如《××地区直属机关机构演变》。

(3) 专业系统组织沿革:主要记载一定专业系统(如工业系统、商业系统等)所属组织的设置和变化。

3. 组织沿革内容

组织沿革的内容主要包括以下四个方面:

(1) 机构性质、任务、职权范围和隶属关系。

(2) 内部机构的设置和人员编制的变化情况。

(3) 领导成员的组织及任免情况。

(4) 机构名称的变更、印章的启用与作废、办公地点的迁移等。

4. 组织沿革体例

组织沿革的体例包括编年法、系列法和阶段法等。

(1) 编年法:即按年度记述某一机构(地区、专业系统)的组织概况。在采用这种体例编写时,可先将材料按年度分开,在每个年度中再分别记述各方面的问题。该方法的优点是每一年度中有关该组织的材料集中,且自成体系,便于按年度查核问题。缺点是每一方面的问题都分散在各个年度之中,不便于把握某一方面问题的发展脉络,而且有些多年没有变化的情况在历年中反复记述,造成大量重复。

(2) 系列法:即以组织机构或问题为系列,分别记述沿袭变化的始末概况。以组织机构为系列者,按内部组织机构的实际设置分别记述其各方面的发展与变化情况;以问题为系列者,可分述职能与任务、隶属关系、机构与人员编制、干部任免等若干方面的发展变化情况。在系列之下通常再按年度顺序加以记述。

(3) 阶段法：即根据机构（地区、专业系统）发展变化的特点划分为若干个历史阶段，在每个阶段中再分别记述各方面的情况。该方法在一定程度上吸收了前两种体例的优点，兼顾了时间和系列两个方面。它与编年法的相似之处在于均以时间为主线，与系列法的相似之处在于按问题分述情况。

以上三种体例各有特点，各单位可根据自身情况加以选择。历史较短，规模较小，组织机构不大稳定的单位，可考虑采用编年法；组织机构比较稳定，且各自独立性较强的地区或专业系统的组织沿革，可考虑采用系列法；已具有一定发展历史的机构、地区、专业系统，可考虑采用阶段法。

5. 组织沿革的构成

组织机构沿革由以下三部分内容构成：

(1) 序言：序言主要说明编写目的、体例、时间界限、材料来源和历史沿革概况等。

(2) 正文：正文是组织沿革的主体，主要说明地址迁移、机构成立和调整、机构的职权范围、机构性质和任务、隶属关系、编制核定、内部机构设置、干部任免等情况。

(3) 附录：补充正文所涉及有关材料，如有关机构设置的上级批文的复制件。附录附在正文后面，起到补充说明的作用。

(三) 专题概要

专题概要是指用文章叙述的形式简要说明和反映某一方面的工作、生产或其他社会现象、自然现象的发展、变化情况的一种参考资料。

1. 专题概要的特点

专题概要主要有以下三个特点：

(1) 主题鲜明，内容专一。专题概要所提供的是某一方面的专门材料，往往具有特定的读者群和特定的作用范围。

(2) 材料系统，重点突出。专题概要可以向读者集中地提供某一方面的基本情况，即概其全貌，领其要点，读者不必翻阅档案原件就可以知道有关问题的概况。

(3) 题材灵活，适应性强。专题概要可以是历史问题，也可以是现实问题；可以是社会问题，也可以是生产问题、技术问题、自然现象；可以综述一个领域，也可以介绍一个事件。篇幅可长可短，形式可文可图。成果可以公开出版，也可以内部使用。

2. 专题概要种类

专题概要的种类比较多，归纳起来主要有：会议简介，如《××省第×次党代会简介》；产品、工程设备、科研项目简介，如《××大学获奖科研成果简介》；地区（机关）综合情况简介，如《××市概况》《××岛概要》；专门问题简介，如《××县中小学教育概况》等。

3. 专题概要的编写流程

(1) 选题：选题是编写专题概要的重要环节，选题是否切合实际，直接决定了专题概要的利用价值。选题应结合档案馆（室）中有关该题目的档案情况，充分考虑社会实际利用的需要。

(2) 选材：选材是指从题目涉及的各个全宗中挑选出反映专题本质的档案材料。要正确掌握选材尺度，具体评定每份档案材料在该专题中的地位与作用，恰当地选择最能反映和说明该专题的档案材料。

（3）编写：专题概要不是相关材料的罗列和堆积，而是根据具体的题目和要求，对挑选出来的材料进行分析，按照一定体例进行撰写。

（四）基础数字汇编

基础数字汇编又称统计数字汇编，是指以数字形式反映某一机构（地区、专业系统）或某一方面基本情况的一种参考资料。

1. 基础数字汇编的编写要求

（1）编写基础数字汇编，选择材料时要充分利用统计报表和财务年报，保证所选用材料的准确性和可靠性。

（2）统计口径要统一，对统计口径不统一的有关数据要换算，这样数据才有连续性和可比性，对统计口径的变化和数据换算等情况，要用文字加以说明。

（3）要根据实际工作的变化和统计内容的变化，及时调整选用的有关统计项目和数据，保证数字汇编的实用性，能全面、准确地反映单位的状况。

2. 基础数字汇编的作用

基础数字汇编是把档案中分散记述的各方面数据按专题汇编起来，具有数据集中系统、内容简单明了等特点，其主要用途是：可以作为领导和工作人员了解情况、研究问题、总结经验的参考资料，提供的系统数据作为制订计划、指导工作的依据和参考；可以为举办展览、报告会等宣传教育活动提供典型材料，用真实的数据来反映某一方面的发展和变化情况；可以专门刊印成手册，以便领导者和有关人员随时使用。

3. 基础数字汇编的种类

基础数字汇编的种类较多，按其基本内容可以分为两大类型。

（1）综合性基础数字汇编：即系统记载某一机构（地区、专业系统）全面情况的基础数字汇编，记载和反映一个机构（地区、专业系统）的全面情况。因此，综合性基础数字汇编涉及范围较广，篇幅也较大，包括多个方面情况的统计数字，一般由一个总表和若干分表组成。如《××县基础数字汇编》，其内容包括土地面积、人口、工农业生产、文化教育、商业贸易等。

（2）专题性基础数字汇编：即系统记载和反映某一方面基本情况的基础数字汇编，如《××县农业基础数字汇编》《××县牲畜和家禽变化情况汇编》等。专题性基础数字汇编的范围可大可小，可根据需要来确定范围和内容。

编研工作是一项极富创造性的高难度脑力劳动，既需要建立规范化、制度化的工作程序，也需要档案编研人员发挥才智，进行创新。尤其是在网络时代，由于社会信息需求不断提高，承担信息开发任务的档案编研人员必须不断地提高工作质量，走向规范化。

技能提升训练

任务描述

学校大事记是反映和记述学校建设发展过程中的重要活动、重要事件及主要成果的史料，可为全面、真实和完整地记录并保留学校发展历史、开展校史校情研究提供客观依据。

为确保学校大事记编撰工作的顺利开展，××大学根据学校工作安排，现要求各二级学院近期报送2024年度大事记。

▶ 实训内容

根据所在学院网站新闻信息，选择并梳理2024年度工作情况的大事，至少30条，然后编写本学院大事记。

▶ 实训目的

学生通过编写学院大事记，了解档案编研的工作流程，以及大事选择的要求，提升档案编研工作技能。

▶ 任务实施

为更好地完成此次大事记编写的实训任务，提升档案编研工作技能，学生需先细化分工，有计划、有步骤地开展大事记编写工作。

第一步　了解年鉴、大事记等的编写相关要求

大事记主要由大事时间和大事记述两部分组成，主要内容包括本学院贯彻执行学校部署工作所采取的措施、召开的重要会议和举办的重要活动、取得的重要成绩、上级领导视察和检查工作的情况、参加的重大活动等重点工作和重要事件。此次任务是编写二级学院大事记，主要涉及学院建设、发展过程中的重要事件、重大活动、重要任务和基本数据等。

编写大事记时，一要注意大事的选择与确定；二要确保材料准确真实，表述平实；三要注意大事记的体例、格式规范。大事记要有固定的体例，格式要符合规范。本实训任务即要求学生以规范的格式客观地记述本学院20××年的主要情况、主要工作举措及取得的成绩。

第二步　任务分工

实训场地：档案实训室。

以5~6人为一组，组长统筹，小组各成员分工合作，了解操作规范，熟悉大事记编撰流程，认真选择大事，按体例要求规范地编写大事记。教师现场指导学生完成学院的20××年大事记材料汇总与编写等工作。

第三步　熟知规范，梳理与编写

（1）参照学校《大事记编写细则》等指导性文件，明确大事记的编写体例和格式要求等。

大事记编写工作启动前，一般学校办公室会发布编写工作的通知，通知会具体说明此次大事记编写的总体要求、编写要求、材料报送及编写体例、模板要求，二级学院按照通知的要求，梳理学院各部门的重要事项、重要活动等，按时间顺序整理即可。

时间要求：2024年1月1日至2024年12月31日。

内容要求：除概况等综合性条目外，专题性条目应一事一条，独立主题，不可几事一条或几条一事。

资料要求：应是一个完整的有价值的资料，特别要注意资料的真实性和客观性。

收录范围:收录范围为二级学院的大事。一般可分:学院概况、教学工作、科研工作、党群工作、学生工作、人才培养、社会服务等几个板块。具体内容根据学校提供的编写模板及大事记资料性要求选择。

数据要求:以权威部门统计数据为准,同一统计项目不能有多个来源。数据要用实数,不要用约数。

(2) 按照大事记编写的规范与模板格式要求,组织语言编写初稿。

编写时应严格遵守学校关于大事记的通知文件的格式要求。字体字号、条目标题及内容字数要求参照学校文件。

(3) 校对初稿。初稿完成后,需要再仔细审核校对,包括内容和格式等。校对时要严格坚持真实、全面和准确性原则,大事不漏,去粗存精,突出年度工作重点和亮点。

第四步 课堂分享,完成任务工单

各小组在课堂上用 PPT 分享展示此次大事记编研工作过程,教师点评,小组互评;实训完成后,每位同学根据自己的任务分工和实训过程,完成如表 6.6 的任务工单,撰写实训总结。

表 6.6 任务工单

任务名称	学院年度大事记编写					
任务目的	学生练习大事选择及大事记编写,掌握大事记的编写方法,提升专业技能					
任务内容	大事记(二级学院)的编写					
任务提示	从学院的档案编研工作着手					
第( )组	姓名					
	学号					
任务	(1) 熟悉体例规范					
	体例规范学习					
	(2) 大事记编写					
	大事选择					
	编写大事记					
实训心得						

思考与练习

一、案例分析

小张是浙江省一家民营企业的专职档案员,在平时工作中发现随着公司规模的逐渐扩大和业务的发展,近两年公司各部门调档、查档的频率日益增长,集团的档案管理部门由于人力不足,设备不够,严重影响了查档效率。于是小张就结合公司各部门利用档案的类型,运用现代信息技术对各类档案进行整理编目、数据著录,并购买了专业的文档管理系统辅助管理,建立各种不同的档案信息检索数据库,并利用公司内网办公平台提供公司档案信息服务,为各职能部门的档案信息利用提供了便利,大大提高了查档的效率。

结合案例回答:什么是档案检索工具?电子档案检索有何特点?

二、技能题

请将下面文件按照文件级著录规则与规范进行著录,以下是这份文件的相关内容和形式特征。

档号:071-1-275-2。成文日期:2023年3月18日。发文字号:湖重机〔2023〕23号。文本:定稿。保管期限:30年。密级:内部。页数:4页。载体:纸张。规格:260 mm×184 mm。附件:湖州重型机械制造公司关于机构调整的方案。主题词:机构调整请示。存放位置:2号库房。

拓展阅读

国际档案著录标准发展历程

1988年加拿大国家档案馆和国际档案理事会召开了一次档案著录专家会议,会议建议国际档案理事会成立一个专门制定国际性档案著录标准的工作小组。1989年,国际档案理事会成立了档案著录专家委员会。随着档案工作技术环境的变迁、"档案数据化"理念的出现及信息利用方式的变化,此后国际档案理事会相继出台系列档案著录标准,主要包括:《国际档案通用著录标准》[ISAD(G)]、《法人、个人及家庭背景信息国际档案规范文本》[ISAAR(CPF)]、《国际档案职能著录规则》(ISDF)及《国际档案馆藏机构著录规则》(ISDIAH)。这些标准都已成为国际档案著录的最佳参照,共同推进了数字环境下档案著录信息的交换与共享。

为了对档案及其产生和存在的社会环境进行更加全面准确的描述,以适应当前的信息环境,实现档案资源的多视角、多途径访问,国际档案理事会于2017年发布了《背景中的文件(档案)》(RiC)。该标准是在综合原有的ISAD(G)、ISAAR(CPF)、ISDF、ISDIAH等标准的基础上,提取文件著录的共性实体对象,分析其特征属性及相互关联而建构的文件概念体系,顺应了国际资源描述和著录发展趋势,ICA RiC标准就由概念模型(RiC-CM)与本体(RiC-O)两部分构成。

2021年7月,国际档案理事会发布了《背景中的文件(档案)——概念模型0.2版》(Records in Contexts Conceptual Model v0.2，RiC-CM v0.2),代替了之前的所有版本,但仍然属于草案,2023年11月发布了 RiC-CM v1.0,12月发布了 RiC-O v1.0。

法规阅读

《档案著录规则》(DA/T 18—2022)

项目七

档案统计与利用

  档案统计是指用定量的方法对档案工作进行量化描述。档案统计是研究和制定档案管理方针政策和计划、实行有效监督与指导的重要依据和手段。档案利用是实现档案价值、发挥档案作用的途径，也称为档案利用服务。做好档案统计与利用工作，档案管理部门才能对档案工作和利用者的情况有更充分的了解，更好地提高管理水平和服务质量。本项目将重点介绍档案统计指标与统计方法、档案馆（室）的登记与统计工作、档案开放与档案利用，适用于各级各类档案馆（室）的档案统计与利用工作的开展。

本项目
知识重点

【项目结构】

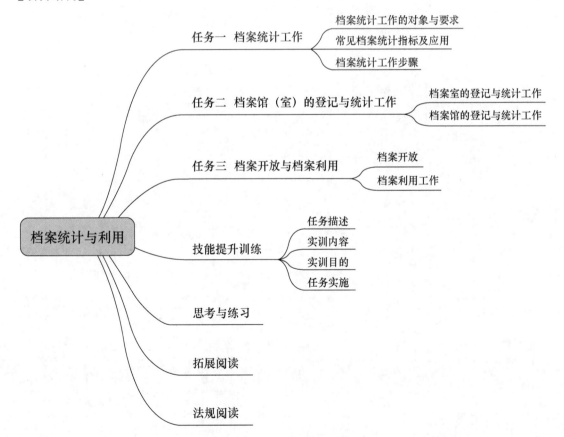

【项目目标】

(1) 知识目标：通过本项目的学习，初步掌握档案统计工作的要求和方法；掌握档案利用工作的内容和利用方式；理解档案开放的内涵。

(2) 能力目标：通过本项目的学习与技能提升训练，能够掌握档案统计方法和技巧，做好档案统计工作，科学管理档案；能够掌握档案开放利用方法和技巧，主动开展档案利用工作，发挥档案价值，服务社会。

(3) 素养目标：通过本项目的学习与技能提升训练，规范学生的统计和利用服务行为，培养学生实事求是、科学统计的职业素养，热心积极服务的敬业精神。

【职业箴言】

用真实数据解读发展，以优质服务助力决策。

解读：这两句话形象地阐释了档案统计与档案利用服务工作的基本要求与意义；档案统计就要实事求是，数据真实，不可造假虚报；档案利用服务是档案管理部门与用户沟通的纽带和窗口，利用服务就要高标准、保质量，进而助力决策，服务现实工作。

任务一　档案统计工作

思维导图

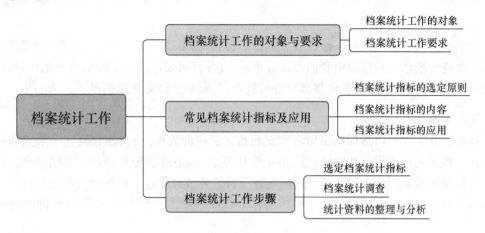

知识目标
- 掌握档案统计指标的选定原则和选择方法。
- 明确档案统计工作的方法与步骤。

能力目标
- 能够确定档案统计指标及应用。
- 能够根据档案统计方法与步骤进行档案统计。

素养目标
- 培养学生创新开拓的职业精神。
- 培养学生科学严谨的职业素养。

案例导入

荆州市档案馆馆藏介绍

荆州市档案馆为市委直属正县级参公单位，现为国家二级综合档案馆、湖北省示范数字档案馆、湖北省文明单位、荆州市爱国主义教育基地。2019年机构改革后，内设办公室、人事科、档案管理科、开发利用科、科技信息科、业务指导交流科6个科室，现有在职干部职工21人。

截至2023年年底，荆州市档案馆保存有415个全宗档案，近30万卷（件、册）档案资料。其中，中华人民共和国成立前档案有6660卷，中华人民共和国成立后档案24万卷（件），资料3万册，照片档案2.3万张，实物档案3045件。馆藏档案中最珍贵的是1823年沙市房地契档案，其他珍贵档案有清末沙市海关、沙市一等邮局历史档案，民国旧政权档案，湘鄂西特区中央分局档案和部分成书于清代的史志资料。馆藏档案应数字化18.5万卷,完成率100%。荆州市档案馆近年来开展了名人档案、方言档案、抗疫档案、市情档案、精准扶贫档案等特色档案征集工作,逐渐形成门类丰富、载体多样、重点突出、特色鲜明的档案资源体系。

资料来源:市馆简介[EB/OL].(2024-03-01)[2024-06-24]. http://daj.jingzhou.gov.cn/z/juguangaikuang/juguanjianjie/2024-03-01/81534.html.

档案统计内容涉及档案工作的各个方面,案例中主要是对档案馆建筑面积、馆藏档案数量等方面进行统计。从案例中我们可以看出,要进行档案统计首先要确定档案统计指标,然后通过调查,了解得出每个统计指标对应的数量,以服务于档案管理工作。

▶ 理论支撑

档案统计工作是以指标数字揭示档案和档案工作的发展过程、现状及其一般规律的一项工作。档案统计工作是档案馆(室)的工作任务之一,是科学管理档案的基础工作。档案统计工作包括档案统计调查、统计整理、统计分析等环节。统计指标的确定是进行档案统计工作的基础,档案统计工作是通过统计指标来反映档案工作领域中数量方面的变化或发展的。

一、档案统计工作的对象与要求

档案统计工作是档案管理工作中重要的环节,是保证档案工作质量、提高档案工作水平的一项工作,在整个档案工作中具有重要的意义。

1. 档案统计工作的对象

档案统计工作的对象主要是各个工作环节情况、档案经费及机构建设方面的数量情况、档案工作者基本情况等,涉及档案事业的所有方面,凡是档案事业领域内可以进行量的描述与量化研究的对象,都可以纳入档案统计工作的范畴。

目前,我国档案工作的统计体系,基本上分四个层次。

(1) 全国档案工作基本情况统计,纳入国家国民经济和社会发展计划的统计指标,由国家档案局组织进行,由国家统计局指导与监督。

(2) 专业系统档案工作基本情况统计,由专业主管机关的档案部门组织进行。

(3) 地方(包括省、市、县各级)档案工作基本情况统计,由地方档案行政管理机关组织进行。

(4) 档案馆、档案室(包括各种专门档案室)档案工作情况统计,由各档案馆、档案室自己组织进行。

档案统计工作是将一般的统计方法与技术应用于档案工作的过程,它具有统计工作与档案工作的双重性质,具有规范化、科学化、制度化和体系化的基本特征。

2. 档案统计工作要求

(1) 依法统计,归口统一。

档案统计要遵守执行统计法律法规,目前,我国的统计法律法规主要有《中华人民共和国统计法》《中华人民共和国统计法实施条例》;此外,2022年12月颁布的《全国档案事业统计调查制度》对档案统计调查目的、调查对象和统计范围、调查内容、调查方法、组织实施方式、报送要求、信息共享、资料公布等方面做出了详细的规定。我国档案统计采用逐级上报形式，统一上报平台为"全国档案信息管理系统"（网址为：https://qgdatj.saac.gov.cn），并统一了数据导入模板。

（2）实事求是，严禁造假。

统计数据是经济社会宏观调控的重要依据。虚假数据会严重影响统计工作的质量，干扰甚至误导宏观决策。因此，在统计工作中必须防范弄虚作假的行为，确保统计资料的真实准确。档案统计人员应如实采集、处理、审核、报送和发布统计资料，不得伪造、篡改统计资料，不得以任何方式要求任何单位和个人提供不真实的统计资料。如有违反者，依法追究责任。2021年12月国家档案局印发了《关于防范和惩治档案统计造假、弄虚作假责任规定（试行）》；2023年12月，中共中央印发修订后的《中国共产党纪律处分条例》，将"统计造假"纳入违反党的工作纪律有关条款，情节严重的，给予撤销党内职务、留党察看或者开除党籍处分。

（3）熟悉指标，科学统计。

要熟悉指标含义、口径和计算方法，按照业务流程采集数据，科学地计算分析。档案统计指标的设置要立足新时代发展需要，统计指标项目要明确，兼顾延续性，保持稳定性，把握规律性，富于创新性，不断提高科学性和准确性。

（4）明确责任，加强监管。

各单位档案行政管理部门要根据《中华人民共和国统计法》《中华人民共和国统计法实施条例》等法律法规和相关规定，建立统计工作责任制，明确责任主体及其相关责任，各单位主要负责人对本单位档案统计填报工作负总责。同时，地方档案行政部门要对本区域内各单位的档案统计工作加强监管。

二、常见档案统计指标及应用

档案统计是以数值来反映档案和档案工作的客观情况的。这些说明档案和档案工作特征、状况的数值被称为指标。统计中的综合指标是多种多样的，但一切综合指标的表现形式主要包括绝对数、相对数和平均数三种。

按照其数量对比关系的不同，指标可以分为总量指标（绝对指标）、相对指标和平均指标，具体的表现形式是绝对数、相对数和平均数。

例如，××单位档案室共保管案卷2000卷（册），其中文书档案1400卷（册），科技档案400卷（册），会计档案共200卷（册），三种档案的结构相对数分别是70%、20%、10%。

此例中的案卷2000卷（册）、文书档案1400卷（册）等就是绝对指标，2000卷（册）、1400卷（册）就是绝对数，而70%、20%、10%就是相对数。从上面的例子来看，完整的统计指标由指标名称和指标数值两部分组成，前者说明统计所要针对的特定的档案工作范围，后者表明指标的数量特征，而且数值部分包括数和单位，二者缺一不可。

例如，××档案库房面积为246 m^2，其中"库房面积"是指标名称，"246 m^2"是指标数值。

（一）档案统计指标的选定原则

档案统计指标是进行档案登记、统计、定量分析和系统分析的基础，是发挥档案统计信息咨询、监督功能的条件，对提高档案管理、开发档案信息资源有着重要的意义和作用。因此，在实际工作中，档案管理部门要及时、准确地收集和提供档案统计数据。但是档案统计不需要也没必要对每项档案工作都进行统计,只需要对那些主要方面进行统计,因此要注意选定统计指标。

档案统计指标的选定应遵循一定的原则,不可随意进行。档案统计指标的选定原则主要如下:

1. 客观性

选定的指标应在档案工作中客观存在一定的数量表现。统计指标本身包括指标名称和指标数值,如果在现实工作中该指标无法用具体数量表现,即统计指标就只有名称而无实际数值,则这个指标也就失去了意义。例如,说明档案馆现存档案总量采用"馆藏量多少卷"为统计指标,这个指标就可以用具体数值来表示。

2. 统一性

档案统计要求确定的指标,各地要统一。国家档案局对档案统计的主要指标应该规定全国统一的标准、统一的计量单位,这样就为汇总、比较统计资料提供了条件,否则汇总就没有可比性,也就无法反映全国的档案发展水平、档案工作的现状。现在,随着与国际交流的不断增加,档案统计越来越多地采用国际标准,便于和国外档案工作进行比较研究。

3. 稳定性

一般指标所反映的是综合情况和总体现象,而不是个别情况或局部现象,因此统计指标一旦选定后就要保持相对稳定,不要轻易变动,同时还要注意采用的指标单位也要稳定。例如,馆藏量是用延长米和案卷数量来表示的,前者是国际标准,后者是我国传统标准,这些指标确定后,就要保持稳定,这样才能有助于档案统计资料的积累,对提高档案统计的研究水平有益处。

4. 可比性

统计指标是通过绝对数、相对数和平均数来表现的。绝对数是档案工作领域中的现象具体量的表现,是总量指标,是后两者的基础。总量指标的具体表现形式绝对数在统计指标中占有重要地位。但还需进行相对数据的比较,因此选定指标时要注意指标的可比性,否则就无法进行部分与整体、实际与计划、一个地区与另一个地区的对比。保证指标的可比性是运用相对数的基本原则。在运用相对数时必须事先清楚所用的指标是否具有可比性。

(二)档案统计指标的内容

档案统计指标涉及的主要内容有以下五个方面:

1. 有关档案馆(室)藏方面

有关档案馆(室)藏主要包括以下三个方面内容:一是档案馆(室)藏档案总量;二是档案结构分量统计,即对不同种类、不同时期、不同保管期限、不同整理状况的档案数量的分别统计;三是档案馆(室)藏资料情况等,如图7.1所示。

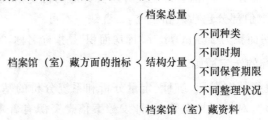

图 7.1　档案馆(室)藏相关统计指标

2. 有关提供利用方面

有关提供利用主要有两个方面：一是利用者情况统计；二是利用服务情况统计，如图7.2所示。

- 档案提供利用方面的指标
  - 利用者情况（人次）
  - 利用服务情况
    - 提供利用总量
    - 不同方面利用分量
    - 编研情况（公开出版、内部参考）
    - 政府公开信息利用情况

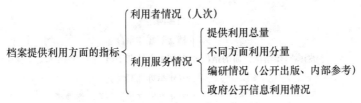

图 7.2　档案提供利用相关统计指标

3. 有关档案经费及基本建设方面

有关档案经费及基本建设包括档案事业经费、基本建设情况等方面，如图7.3所示。

- 档案经费及基本建设方面的指标
  - 档案事业经费
    - 基础设施配备和维护经费
    - 档案日常管理工作经费
    - 档案信息化建设经费
    - 档案宣传与教育培训费
  - 基本建设情况
    - 档案库房面积
    - 档案馆（室）内设备

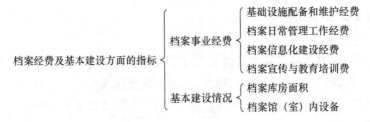

图 7.3　档案经费及基本建设相关统计指标

4. 有关档案工作人员基本情况方面

有关档案工作人员基本情况包括档案馆（室）工作人员总体数量（定编）和档案工作人员结构分量：不同年龄段、不同文化程度、不同档案专业文化程度以及不同专业技术职务等分类人员数量，如图7.4所示。

- 档案工作人员基本情况方面的指标
  - 档案工作人员总量
  - 档案工作人员结构分量
    - 不同年龄段
    - 不同文化程度
    - 不同专业文化程度
    - 不同专业技术职务

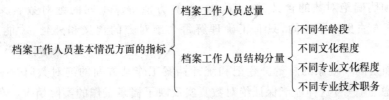

图 7.4　档案工作人员基本情况相关统计指标

5. 档案数字化建设与宣传工作等方面

随着大数据、人工智能等新一代信息技术在数字档案馆（室）建设中的应用，档案数字化建设在“十三五”期间取得了积极进展，加快推进企业档案信息化建设，加速企业数字档案馆（室）建设已纳入《“十四五”全国档案事业发展规划》的重点任务，以推进、推动数字档案馆（室）建设优化升级。档案数字化建设相关统计指标如图7.5所示。

- 档案数字化建设方面的指标
  - 纸质档案数字化成果
  - 其他载体档案数字化成果
  - 数字档案室建设

图 7.5　档案数字化建设相关统计指标

档案宣传工作是我国档案事业的重要组成部分,是增强社会档案意识、扩大档案工作社会影响和优化档案外部环境的重要途径。目前,做好档案宣传工作已经成为各级档案馆的重要工作。档案宣传情况相关统计指标如图7.6所示。

档案宣传情况方面的指标 {
- 档案网站
- 档案新媒体平台
- 爱国主义教育基地
- 本年举办档案展览
- 本年档案文献纪录片、微视频
}

图 7.6　档案宣传情况相关统计指标

当然,随着我国档案事业的发展,档案统计工作指标会有所变化,各地档案管理部门要根据具体情况和需要及时更新统计指标。

（三）档案统计指标的应用

1. 绝对数的应用

档案统计中的绝对数是最基本的档案统计指标,是档案工作具体现象的反映,是用来说明档案工作的某种现象在一定的时间、地点、条件下的规模或水平的一种总量指标。在档案统计中,绝对数这一概念被广泛地应用着。例如,档案库房建筑面积、案卷数、档案开放总量等,均是绝对数。

使用绝对数必须注意以下几个问题:

（1）绝对数要为相对数或平均数的使用创造条件。例如,××档案室2023年提供的利用人次为2600人次,2024年提供的利用人次为2000人次,但2024年缺两个月的数据,这样无法准确算出提高的相对利用人次数。两个数据因2024年缺少了两个月的数据而失去了可比性。

（2）必须明确绝对数的含义、统计范围、计算方法等。不同的绝对数含义不同,其统计范围、计算方法也大不相同,只有正确理解每个绝对数的含义和外延,才能正确登记和统计。

（3）必须是同一现象的总量。登记和统计档案工作某方面的绝对数时,一定要保证是同一现象的总量,只有这样才能保证绝对数真实反映了档案工作的实际情况。例如,统计文书档案时就不能把电子档案或录音录像档案的数量计算在内。

（4）必须使用规范的计量单位。只有计量单位规范才能顺利地开展汇总、统计,如果计量单位不统一,各档案室自成一体,就会造成统计分析障碍,从而影响提供统计资料和统计监督工作的顺利开展。例如,表示档案馆(室)藏数量用档案上架的延长米(m)为单位,库房面积用平方米(m^2)为单位等。

2. 相对数的应用

从部分对整体、实际对计划、一个时期对另一个时期、一个地区对另一个地区等指标的对比中,都可以得出相对数。相对数一般以倍数、百分数、千分数等形式来表示,以百分数最为普遍。

相对数是指两个互有联系的档案工作现象数值的比值(比率),它可以使人们直观地了解档案工作的结构和状况。相对数在档案统计工作中占有很重要的地位,应用领域较为广泛,在使用时要注意其准确性。常用的相对数有:计划完成相对数、结构相对数、比较相对数、动态相对数和强度相对数。

使用相对数时要注意以下几个问题:

(1)要注意相对数的表现形式。许多相对数常以倍数、百分数、千分数等形式表示,以百分数应用较多。但是当两个数值相比分子与分母的比值较大时,常用倍数而不用百分数,例如,用"46倍"要比"4600%"表述更规范。但当分子与分母的比值很小时,也不宜使用百分数,而常使用千分数。

(2)注意两个指标必须有可比性。在使用相对数时要注意,进行比较的两个指标应属于同一现象的,要具有一定的可比性,不仅内容、范围要一致,计量单位、计算方法也要保持一致,这样才能保证计算出来的相对数值准确,才能真实地反映现实档案工作中某方面的情况。

(3)注意各种相对数的结合运用。相对数是指两个互有联系的档案工作现象数值的比值(比率),分母的大小影响比值的大小,在使用相对数时要注意结合其他相对数来进行分析。只有综合分析,才能全面掌握和了解档案工作的实际情况,不能仅凭分析相对数,就断定此单位档案工作的优劣,这样很容易造成失误,影响分析结果。

(4)注意相对数和绝对数的结合运用。相对数的突出作用是把现象的绝对水平抽象化,以揭示档案工作某方面的联系和对比关系,掩盖了绝对数量的差别。相对数应与绝对数结合运用,只有以绝对数为基础,相对数才能更准确地说明问题。否则,离开绝对数只看相对数,会导致结果不准确。例如,甲档案馆档案利用卷次本年比上年增长80%,乙档案馆档案利用卷次本年比上年增长10%。如果只看相对数,甲馆本年档案被利用的数量比乙馆多。而甲馆档案利用卷次上年的绝对数只有500卷次,乙馆则为15000卷次,那么本年甲馆档案利用卷次(增长80%后)只有900卷,本年乙馆档案利用卷次(增长10%后)竟达成16500卷次。实际上本年乙馆比甲馆的档案利用卷次多。

3. 平均数的应用

平均数是指表明一般或总体典型水平的统计指标。平均数便于对比分析,反映出各地区、各系统在发展速度等方面的差别。算术平均数是平均数中最常用的形式。

使用平均数时要注意以下几个问题:

(1)必须遵循总体同质性原则。即只有对同类现象才能平均计算,对不同类的现象进行平均计算,结果不能真实反映现实工作状况。

(2)平均数应与具体分析相结合。算术平均数的基本计算方法是用总体标志总量除以总体总量。其公式是:算术平均数=总体标志总量/总体总量(或标志总量/总体单位数)。

三、档案统计工作步骤

档案统计工作可以分为三个步骤:选定档案统计指标、档案统计调查、统计资料的整理和分析。

(一)选定档案统计指标

档案统计指标是进行档案登记、统计、定量分析和系统分析的基础,指标的种类多种多样,开展档案统计工作时,应根据具体的需要和实际情况选定档案统计指标。档案统计指标的选定应按照一定的原则和要求来进行,注意指标的客观性、统一性、稳定性和可比性,不可随意选定。前文已介绍,在此不再重复。

(二) 档案统计调查

档案统计调查就是要取得大量的统计材料,为进一步整理分析打下基础,这是统计工作的关键环节,没有统计调查就无法得到档案工作各方面的实际数据,也就无法进行统计分析,指导现实工作。常用的统计调查的方法有:编制统计报表和专门调查。

编制统计报表是按照统一的规定,把各种统计指标纳入报表中的一种调查方法。它是档案统计工作中最基本、最常用的一种调查形式,对于积累材料、掌握实际情况、指导工作非常有帮助。很多报表是由国家档案局统一制定,要求各地各行业档案管理部门按要求和规定及时登记和上报的,填写统计报表是档案管理部门的一种常规统计工作。

专门调查是编制统计报表的补充形式,目的性、针对性往往比较强。一般是根据需要临时组织起来的调查,影响较大,涉及部门和人员较多,不宜组织次数太多,以免增加实际工作部门的压力。

在统计调查中,第一,必须明确调查的目的和任务、调查对象、时间、地区;第二,在调查前要制订比较详细的调查方案,以保证档案统计调查工作的顺利开展和质量。

(三) 统计资料的整理和分析

统计资料的整理和分析是对调查得到的大量的、分散的、原始的统计资料进行整理分析,得出规律性的结论,或总结经验教训,提高档案的科学管理水平的过程。常用的统计分析公式如下:

1. 关于相对数

(1) 计划完成相对数:

$$计划完成相对数 = \frac{实际完成数}{计划完成数} \times 100\%$$

计划完成相对数是实际完成数与计划完成数之间的比值,这种相对数主要用来检查、监督计划的进展,在一定程度上反映出工作的成效。

例如,××档案室 2024 年计划完成档案数字化 1200 卷,实际完成 800 卷。其计划完成相对数的计算结果如下:

$$计划完成相对数 = \frac{800}{1200} \times 100\% \approx 66.7\%$$

(2) 结构相对数:

$$结构相对数 = \frac{各组总量}{总体总量} \times 100\%$$

例如,××档案室共有档案 10000 卷(册),其中文书档案 5500 卷(册),科技档案 400 卷(册),会计档案 100 卷(册)。这三种档案的结构相对数计算结果如下:

$$文书档案的结构相对数 = \frac{5500}{10000} \times 100\% = 55\%$$

$$科技档案的结构相对数 = \frac{400}{10000} \times 100\% = 4\%$$

$$会计档案的结构相对数 = \frac{100}{10000} \times 100\% = 1\%$$

(3) 动态相对数：

$$动态相对数 = \frac{报告期指标}{基期指标} \times 100\%$$

例如，××档案室2019年收藏档案800卷，2024年为1800卷。其动态相对数的计算结果如下：

$$动态相对数 = \frac{1800}{800} \times 100\% = 225\%$$

即发展速度为225%。

(4) 强度相对数：强度相对数主要用来说明档案工作的实力、强度、密度等指标，是不同总体的两个有联系的总量指标的比值，有正算法和倒算法两种。

例如，××档案室共有6人，负责管理档案24000卷，用正算法和倒算法均可求出强度相对数。

正算法：

$$强度相对数 = \frac{24000 卷}{6 人} = 4000 卷/人$$

倒算法：

$$强度相对数 = \frac{6 人}{24000 卷} = 0.00025 人/卷$$

2. 关于平均数

平均数是将所有分量综合后平均，有算术平均数、几何平均数和调和平均数等，其中算术平均数应用较为广泛。算术平均数包括简单算术平均数和加权平均数两种，计算公式如下所示：

$$简单算术平均数 = \frac{标志总量}{总体单位数}$$

$$加权平均数 = \frac{各单位标志量总和}{总体单位数}$$

简单算术平均数的计算非常简单，只要把各标志量简单相加，再除以总体单位数即可。加权平均数比简单算术平均数更能准确地反映现实情况，它是把各单位的标志量分别乘以各单位的次数并求出总和，然后再除以总体单位数。

例如，××档案室进行档案整理工作，第一组5人，每人每天整理案卷12卷；第二组6人，每人每天整理案卷10卷；第三组6人，每人每天整理案卷8卷。求平均每人每日整理案卷数。

$$简单算术平均数 = \frac{标志总量}{总体单位数} = \frac{12+10+8}{3} = 10(卷/人)$$

$$加权平均数 = \frac{各单位标志量总和}{总体单位数} = \frac{5 \times 12 + 6 \times 10 + 6 \times 8}{5+6+6} \approx 9.8(卷/人)$$

随着计算机的运用，档案统计工作也逐渐自动化，电子档案的统计和分析变得越来越快速。国家档案局编制了档案统计体系，如档案利用统计分析系统就是结合电子档案的实际情况，编制的电子档案利用信息采集系统，能使利用统计工作更加方便、快捷。一般来说，综合统计指标体系是根据各种统计分析项目和要求编制的，可以将所采集的数据项，按反映的不同概念和外延概念进行组合,形成不同的分析指标体系。在进行档案统计工作时,可将分析指标体系中所要求的数据从相关的信息文档中调出,进行汇总统计,再将相应的统计结果存入统计结果库中。这种档案统计工作可每月做一次,每年再将 12 个月的统计结果进行一次汇总,汇总结果再存入统计结果库中,需要时再按具体要求输出。

  档案统计结果的输出有两种方式:一种是统计分析图表,另一种是统计分析数据的输出。例如,档案利用统计分析系统就有固定式统计分析图表的定期输出,即按照固定的图表格式输出月、季、年的综合统计分析报表,报表中除绝对指标数据外,还应加入百分比等相对指标的分析数据。此外,档案利用统计分析系统还有查询式统计分析数据的输出。档案利用统计分析系统应提供任意时间范围内的统计分析数据,输出可采用屏幕显示和图表打印两种方式,查询可按照不同分析目标分类进行,如按利用目的、利用方式、利用效果、利用类型及用户等进行综合分析。

  其他环节的统计也同利用统计分析一样,逐渐采用统一的统计分析系统,运用计算机进行信息采集、数据分析和统计分析结果输出,繁杂的档案统计工作逐渐自动化、规范化。

任务二 档案馆(室)的登记与统计工作

▷ **思维导图**

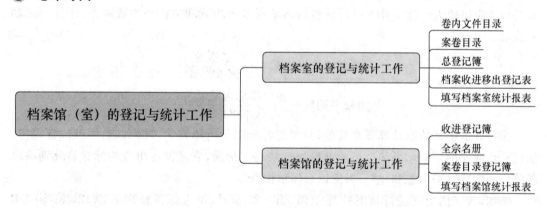

▷ **知识目标**
- 掌握档案馆(室)的登记与统计工作的内容、方法。
- 掌握档案馆(室)的登记与统计工作的流程。

▷ **能力目标**
- 能够确定档案馆(室)统计的内容。
- 能够根据档案统计的要求规范地填写档案馆(室)统计报表。

▷ **素养目标**
- 培养学生依法统计、科学严谨的职业素养。

案例导入

国家档案局办公室关于开展2023年度全国档案事业统计调查工作的通知

各省、自治区、直辖市档案局,新疆生产建设兵团档案局,中央和国家机关各部委档案部门,各人民团体档案部门,各中央企业档案部门,中国人民大学档案学院:

根据工作安排,国家档案局组织开展2023年度全国档案事业统计调查工作,现将相关事项通知如下。

一、报送要求

(一)2023年度全国档案事业统计调查工作采用网络填报方式,登录地址为https://qgdatj.saac.gov.cn。

(二)各省、自治区、直辖市档案局,新疆生产建设兵团档案局,中央和国家机关各部委档案部门,各人民团体档案部门,各中央企业档案部门除通过网络报送数据外,需于2024年5月31日前将纸质汇总表报我局政策法规司规划统计处,汇总表封面加盖单位公章。

二、时间安排

(一)名录库维护。时间为1月8日至1月17日。全国档案事业统计调查工作采取"先入库、后填报"方式,未入库或未及时完善机构信息的单位将无法完成年度统计调查工作。各省、自治区、直辖市,新疆生产建设兵团名录库维护工作由市地级以上档案主管部门负责。中央和国家机关各部委中央、人民团体、中央企业名录库维护工作由各汇总单位负责。

(二)数据填报。各地区各单位分三批开展工作:

第一批:2024年1月22日—3月1日。包括:内蒙古自治区、河南省、湖北省、湖南省、广东省、广西壮族自治区、海南省、西藏自治区、宁夏回族自治区、新疆维吾尔自治区、新疆生产建设兵团;各中央和国家机关、各人民团体;各中央企业。

第二批:2024年3月18日—4月19日。包括:辽宁省、吉林省、黑龙江省、重庆市、四川省、贵州省、云南省、陕西省、甘肃省、青海省。

第三批:2024年4月29日—5月31日。包括:北京市、天津市、河北省、山西省、上海市、江苏省、浙江省、安徽省、福建省、江西省、山东省。

请各地区各单位严格按照时间安排开展工作,在规定时间内完成填报、审核、汇总、上报等各项操作,规定时间结束后,系统将关闭相关功能。

国家档案局办公室

2023年12月28日

资料来源:国家档案局办公室关于开展2023年度全国档案事业统计调查工作的通知[EB/OL].(2023-12-28)[2024-06-04].https://www.saac.gov.cn/daj/tzgg/202401/2819086c8a874ad0acfef8504bb9b8cf.shtml.

档案统计工作是各单位档案馆(室)的常规工作内容之一,各单位应认真做好这项工作。现在,档案统计工作已经形成登记和统计制度,档案管理部门对各单位的档案统计工作应及时给予指导和督促。

▶ 理论支撑

从统计的对象来看,档案统计分为两个方面:一是对档案实体及其管理状况的统计;二是对档案事业的组织与管理状况的统计。本任务主要介绍档案室、档案馆的登记与统计工作。

一、档案室的登记与统计工作

档案统计工作包括登记与统计两个部分。档案室是最基层的档案管理机构,国家档案统计工作离不开档案室平时的登记工作。档案室要建立档案工作统计台账,档案工作者要认真细致地做好档案收进、移出、整理、鉴定、销毁、抢救、清理及保管的数量、状况、结构的登记与统计,还要做好档案检索、编研和利用情况的登记与统计。《机关档案管理规定》《科学技术档案工作条例》等法规文件中都明确要求机关、企业事业单位建立统计工作制度,及时对档案进行登记和统计,做到"心中有数"。档案室的建立情况、保存档案数量、库房面积、档案利用与编研情况等,对于加强档案室的建设和提高档案室的工作水平都是十分重要的。

档案统计的形式多种多样,档案室的各种档案主要有以下统计形式:

1. 卷内文件目录

卷内文件目录主要登记与统计单份文件的数量、卷内文件的页数。同时,案卷封皮上"本卷共××件××页"也是一种统计形式。

2. 案卷目录

案卷目录主要登记与统计案卷的数量。案卷目录可以统计档案的总量或某类档案的案卷数量状况。卷内文件目录和案卷目录是档案最基本的登记与统计形式。

3. 总登记簿

总登记簿是用来登记档案收进、移出等变化情况和实存数量的登记与统计形式,记录着档案室全部档案的总量和变化情况。总登记簿的格式可参见表7.1。

表 7.1 总登记簿

案卷目录号	案卷目录名称	所属年度	收进日期	案卷收进		移出日期	移往何处	案卷移出(或销毁)			目录中现有数量		备注
				目录中数量	实收数量			移出原因与文据	数量				
				米	卷	米	卷			米	卷	米	卷	
1	2	3	4	5	6	7	8	9	10	11	12	13	14	15	16

表 7.1 中的"案卷收进"反映了档案室和档案形成部门交接案卷的情况,体现了档案增加情况。其中案卷的"目录中数量"一般与"实收数量"一致,在有些情况下是有差别的,在移交时要及时记录。

"案卷移出"反映了档案室档案减少的情况,是在档案室向档案馆移交、鉴定销毁或案卷损坏或遗失的情况下,根据经领导批准的证明材料进行登记并记录了数量与原因的。

"目录中现有数量"是总结部分,体现了实存数量。

4. 档案收进移出登记表

档案收进移出登记表是档案室用于统计档案变动情况的主要台账形式,没有固定统一的格式,但主要栏目相近。一般单位规模大、每年接收或移出档案数量变化较多的单位,常常把"收进"和"移出"分开登记,而一般民营企业或者其他中小型单位则多将二者合在一起登记,格式可参见表 7.2。

表 7.2 档案收进、移出登记表

日期	部门名称	经办人	变动原因（收进或移出）	变动的数量				库存案卷数量累计数			
				永久	30 年	10 年	合计	永久	30 年	10 年	合计

表 7.2 中的"变动原因"主要是指收进或移出等引起案卷变化的原因。"库存案卷数量累计数"是指减去移出的及加上收进的档案的现存数总量。

5. 填写档案室统计报表

统计报表是档案室按照统一的规定向上级档案行政管理部门报送档案统计资料的表格,内容包括总体及其分组、说明总体的档案统计指标以及相应的计量单位。组成要素包括标题(即档案统计表的名称,位于表的顶端中央),标目(即总体名称或分类名称及说明总体的各种项目,其中又有纵标目和横标目之分),纵、横栏组成的表的本身及表中所列的数字,附注,资料来源等。此外,系统的档案统计报表,在其最前面还包括详细填报说明的专页。在每个报表的下端,还必须填写日期、负责人、审核人等项目,进行填表人签名盖章。

例如,国家档案局制定的 DA-3 表"档案室基本情况表":正表统计栏目较多,内容比较全面详细,主要包括档案室基本情况、人员情况、室存档案情况、档案数字化成果、档案编目情况、接收档案情况、档案利用情况等信息。具体内容如表 7.3 所示。

表 7.3 档案室基本情况表

	表　　　号：	DA-3 表
	制定机关：	国家档案局
	批准机关：	国家统计局
01　统一社会信用代码：	批准文号：国统制〔2022〕190 号
02　单位名称：　　　　　　　　　　　　　　20　年	有效期至：	2025 年 12 月

03	单位类别代码：		06	电话：	
04	邮政编码：		07	机构情况	□1. 独立设置档案室（处、科等）
05	单位地址：				□2. 无独立设置档案室（处、科等）

指标名称	计量单位	代码	数量	上年度数据
甲	乙	丙	1	
一、　人员情况	—	—		
专职人员	人	08		
其中：女性	人	09		
年龄	—	—		
50 岁及以上	人	10		
35—49 岁	人	11		
34 岁及以下	人	12		
专职人员文化程度	—	—		
博士研究生	人	13		
硕士研究生	人	14		
研究生班研究生	人	15		
双学士	人	16		
大学本科	人	17		
大专	人	18		
高中（含中专）及以下	人	19		
专业文化程度	—	—		
博士研究生	人	20		
硕士研究生	人	21		
研究生班研究生	人	22		
大学本科	人	23		
大专	人	24		
中专	人	25		
档案干部专业技术职务	—	—		
研究馆员	人	26		
副研究馆员	人	27		
馆员	人	28		
助理馆员	人	29		
管理员	人	30		
兼职人员	人	31		
本年接受档案业务在职培训教育	期	32		
	人次	33		

续表

指标名称	计量单位	代码	数量	上年度数据
甲	乙	丙	1	
二、室存情况	—	—	—	—
总计数量	—	—	—	—
纸质档案	—	—		
以卷为保管单位档案	卷	34		
以件为保管单位档案	件	35		
总排架长度	米	36		
电子档案	GB	37		
其中：文书类电子档案	件	38		
	GB	39		
数码照片	张	40		
	GB	41		
数字录音、数字录像	小时	42		
	GB	43		
其他载体档案	—	—		
照片档案	张	44		
录音磁带、录像磁带、影片档案	盘	45		
实物档案	件	46		
其中室存永久档案情况	—	—	—	—
纸质档案	—	—		
以卷为保管单位档案	卷	47		
以件为保管单位档案	件	48		
电子档案	GB	49		
其中：文书类电子档案	件	50		
	GB	51		
数码照片	张	52		
	GB	53		
数字录音、数字录像	小时	54		
	GB	55		
其他载体档案	—	—	—	—
照片档案	张	56		
录音磁带、录像磁带、影片档案	盘	57		
实物档案	件	58		
其中室存30年(长期)保管档案情况	—	—	—	—
纸质档案	—	—		
以卷为保管单位档案	卷	59		
以件为保管单位档案	件	60		
电子档案	GB	61		
其中：文书类电子档案	件	62		
	GB	63		

续表

指标名称	计量单位	代码	数量	上年度数据
甲	乙	丙	1	
数码照片	张	64		
	GB	65		
数字录音、数字录像	小时	66		
	GB	67		
其他载体档案	—	—	—	—
照片档案	张	68		
录音磁带、录像磁带、影片档案	盘	69		
实物档案	件	70		
三、档案数字化成果	—	—		
纸质档案	—	—		
以卷为保管单位档案	卷	71		
	GB	72		
	万幅	73		
以件为保管单位档案	件	74		
	GB	75		
	万幅	76		
其他载体档案	—	—		
照片档案	GB	77		
录音磁带、录像磁带、影片档案	GB	78		
其他	GB	79		
四、档案编目情况	—	—	—	—
机读目录				
案卷级	万条	80		
文件级	万条	81		
五、检索工具	种	82		
六、本年接收档案情况	—	—	—	—
纸质档案	—	—		
以卷为保管单位档案	卷	83		
以件为保管单位档案	件	84		
电子档案	GB	85		
其中：文书类电子档案	件	86		
	GB	87		
数码照片	张	88		
	GB	89		
数字录音、数字录像	小时	90		
	GB	91		
其他载体档案				
照片档案	张	92		
录音磁带、录像磁带、影片档案	盘	93		
实物档案	件	94		

续表

指标名称	计量单位	代码	数量	上年度数据
甲	乙	丙	1	
七、本年是否向档案馆移交档案	—	95	□是 □否	
八、本年是否有移出档案	—	96	□是 □否	
九、本年是否有销毁档案	—	97	□是 □否	
十、档案利用情况	—	—	—	—
本年利用档案	人次	98		
	卷(件)次	99		
本年编研成果	—	—		
公开出版	种	100		
	万字	101		
内部参考	种	102		
	万字	103		
十一、档案室设施设备情况	—	—	—	—
档案室建筑面积	平方米	104		
其中：档案库房建筑面积	平方米	105		
档案室设备	—	—		
服务器	台	106		
安全防范系统	—	—		
火灾自动报警系统	套	107		
温湿度控制系统	套	108		
十二、数字档案室	个	109		

单位负责人：　　　统计负责人：　　　填表人：　　　报出时间：　年　月　日

表7.3中的填写说明如下：

(1) 本表由县直以上机关、人民团体、民主党派档案部门，企业、事业单位档案部门填报。

(2) 代码07"机构情况"、代码95"本年是否向档案馆移交档案"、代码96"本年是否有移出档案"、代码97"本年是否有销毁档案"为勾选填报。

(3) 统计指标间的关系(以下数字为统计指标代码)：

① 专职人员＝各年龄段人数总和＝各类专职人员文化程度人数总和，即
08＝10＋11＋12＝13＋14＋15＋16＋17＋18＋19；

② "室存情况"中，包括"本年接收档案"，不包括"本年向档案馆移交档案""本年移出档案"和"本年销毁档案"档案数量；

③ 代码34—46室存档案数量包括室存永久档案、30年(长期)档案数量；

④ 档案室建筑面积(平方米)≥档案库房建筑面积(平方米)，即104≥105。

在实际工作中,各单位档案室统计报表有内报和外报两种,内报表为单项统计,而外报上级档案管理部门的多为综合型,以国家年报制度中规定的DA-3表(即表7.3)为标准报表,不过实际填报的具体统计指标应结合各单位性质与档案室工作实际情况对标准报表进行取舍简化。

内报的统计报表一般为各项档案工作的详细信息统计,作为各项工作的统计台账,一般参照国家统计报表标准,根据工作需要自行编制单项的报表。例如,档案室室藏档案数量、档案借阅利用情况、本年编研档案资料、档案数字化等统计报表,具体栏目可详可简,具体内容可参见表7.4。

表7.4 综合档案室室藏档案统计表(年度)

序号	类目		永久	定期		小计
				30年	10年	
1	文书类(件)					
2	业务类(卷)					
3	类(卷)					
4	会计类(卷)	报表				
		账册				
		凭证				
5	科技类(卷)					
6	特殊载体类	照片(张)				
		光盘(张)				
		奖牌、奖杯(张)				
		印模(只)				
	合计	件(张、只)				
		卷				

填报单位(盖章): 年 月 日

各单位在填写报表时,要做到不漏项、不重报、字迹清楚、数据准确,年度、单位、类别代码、对应关系和统计指标单位准确无误。档案统计报表一律由单位负责人签字并加盖单位公章后以纸质版和电子版形式进行上报。

二、档案馆的登记与统计工作

档案馆是地方最终保存永久档案的地方,是为国家提供档案信息的中心。因此,档案馆要做好档案统计工作,并按规定和要求向同级和上级档案行政管理部门报送本馆的基本情况,为国家提供及时、准确的档案信息,为指导档案工作提供宝贵的资源。档案馆常规统计形式有如下四种:

1. 收进登记簿

收进登记簿是指用来对档案馆所收进的档案进行最初统计的文件,它主要记录档案是在何种情况下、何时从何地接收多少数量的档案进馆的,准确记录了档案的接收情况。收进登记簿是按时间顺序登记所收进的档案,具体格式参见表7.5。

表 7.5　收进登记簿

顺序号	收到日期	移交单位	接收材料依据	全宗名称	所属年代	数量		档案状况说明	全宗号	备注
						卷	米			

表7.5中,"顺序号"是依据进馆顺序编的流水号;"档案状况说明"一栏需简要说明档案整理情况、完整程度、档案主要内容等。

2. 全宗名册

全宗名册是指用来统计档案馆保存档案的全宗数量,并固定全宗顺序号的登记表,具体格式参见表7.6。

表 7.6　全宗名册

全宗号	全宗名称	案卷目录起止号	起止年代	档案数量		其中		存放位置	初次入馆日期	移出说明
				卷	米	永久/%	长期/%			

全宗名册的填写应注意以下问题:

(1)"全宗号"是全宗在档案馆的编号,一个全宗在档案馆中只对应一个编号。

(2)"全宗名称"是立档单位的名称,一般用全称。

(3)"案卷目录起止号"是案卷目录的顺序编号,如1—10号。

(4)"起止年代"是全宗内案卷所属的起止年代。

(5)"档案数量"分别用两种计量单位来表示:"卷""米"。

(6)"其中"栏中的"永久"和"长期"是所占的比例,是不同保管期限档案数量与档案总量的比值。

(7)"存放位置"是该全宗档案存放的库房号和格(架)号等。

(8)"初次入馆日期"即此全宗下此部分案卷初次移交进馆的时间。

(9)"移出说明"是在该全宗全部案卷被移出馆外时填写的。

3. 案卷目录登记簿

案卷目录登记簿是用来统计档案馆内各个全宗案卷目录的数量,固定案卷目录顺序号的表册,格式参见表7.7。

表 7.7　案卷目录登记簿

全宗号	案卷目录号	目录名称	所属年代	案卷数量	目录页数	目录份数	保管期限	移出说明	备注

案卷目录登记簿的登记方法是按不同的全宗分别进行登记,每一个全宗内的目录编一个顺序号,不同全宗的目录不要编在一起。当一个全宗案卷全部移出时,应在案卷目录登记簿中注销,新编制的案卷目录要将相关信息补充进去。

4. 填写档案馆统计报表

依据《全国档案事业统计调查制度》的规定,各级各类档案部门负责数据的审核。报告期别为年度报表,调查的起止时间为统计年度的1月1日—12月31日。国家档案局制定的DA-2表"档案馆基本情况表"主要是将档案馆的人员情况、馆藏情况、档案编目情况、检索工具、档案开放情况、档案资料利用情况、档案宣传情况等上报,具体内容如表7.8所示。

表7.8 档案馆基本情况表

				表　　号:	DA-2表
				制定机关:	国家档案局
				批准机关:	国家统计局
01	统一社会信用代码:			批准文号:	国统制〔2022〕190号
02	单位名称:		20　年	有效期至:	2025年12月

03	单位类别代码:		06	电话:		
04	邮政编码:		07	机构情况	□1. 档案馆	
05	单位地址:				□2. 档案方志馆等	
指标名称			计量单位	代码	数量	上年度数据
甲			乙	丙	1	
一、	人员情况		—	—	—	—
	定编		人	08		
	专职人员		人	09		
	其中:女性		人	10		
	专职人员文化程度		—	—		—
	博士研究生		人	11		
		50岁及以上	人	12		
		35—49岁	人	13		
		34岁及以下	人	14		
	硕士研究生		人	15		
		50岁及以上	人	16		
		35—49岁	人	17		
		34岁及以下	人	18		
	研究生班研究生		人	19		
		50岁及以上	人	20		
		35—49岁	人	21		
		34岁及以下	人	22		
	双学士		人	23		
		50岁及以上	人	24		
		35—49岁	人	25		
		34岁及以下	人	26		
	大学本科		人	27		
		50岁及以上	人	28		
		35—49岁	人	29		
		34岁及以下	人	30		
	大专		人	31		

续表

指标名称	计量单位	代码	数量	上年度数据
甲	乙	丙	1	
50岁及以上	人	32		
35—49岁	人	33		
34岁及以下	人	34		
高中(含中专)及以下	人	35		
50岁及以上	人	36		
35—49岁	人	37		
34岁及以下	人	38		
专业文化程度	—	—		—
博士研究生	人	39		
硕士研究生	人	40		
研究生班研究生	人	41		
大学本科	人	42		
大专	人	43		
中专	人	44		
本年接受在职业务培训教育	期	45		
	人次	46		
档案干部专业技术职务	—	—		—
研究馆员	人	47		
副研究馆员	人	48		
馆员	人	49		
助理馆员	人	50		
管理员	人	51		
二、馆藏情况	—	—		—
纸质档案	—	—		
全宗	个	52		
以卷为保管单位档案	卷	53		
以件为保管单位档案	件	54		
总排架长度	米	55		
电子档案	GB	56		
其中：文书类电子档案	件	57		
	GB	58		
数码照片	张	59		
	GB	60		
数字录音、数字录像	小时	61		
	GB	62		
其他载体档案	—	—		—
照片档案	张	63		
录音磁带、录像磁带、影片档案	盘	64		
缩微胶片	万幅	65		

续表

指标名称	计量单位	代码	数量	上年度数据
甲	乙	丙	1	
实物档案	件	66		
档案数字化成果	—	—		—
纸质档案	—	—		—
以卷为保管单位档案	卷	67		
	GB	68		
	万幅	69		
以件为保管单位档案	件	70		
	GB	71		
	万幅	72		
其他载体档案	—	—		
照片档案	GB	73		
录音磁带、录像磁带、影片档案	GB	74		
其他	GB	75		
馆藏资料	—	—		
纸质资料	册	76		
电子资料	GB	77		
馆藏档案历史分期	—	—		
新中国成立前档案	卷	78		
	件	79		
明清以前档案	件	80		
明清档案	卷	81		
	件	82		
民国档案	卷	83		
	件	84		
革命历史档案	卷	85		
	件	86		
新中国成立后档案	卷	87		
	件	88		
三、档案编目情况	—	—		—
机读目录	—	—		—
案卷级	万条	89		
文件级	万条	90		
四、检索工具	种	91		
五、本年接收档案资料情况				
纸质档案	—	—		
以卷为保管单位档案	卷	92		
以件为保管单位档案	件	93		
电子档案	GB	94		
其中：文书类电子档案	件	95		

续表

指标名称	计量单位	代码	数量	上年度数据
甲	乙	丙	1	
	GB	96		
数码照片	张	97		
	GB	98		
数字录音、数字录像	小时	99		
	GB	100		
其他载体档案	—	—		—
照片档案	张	101		
录音磁带、录像磁带、影片档案	盘	102		
实物档案	件	103		
档案数字化成果	—	—		
纸质档案	—	—		
以卷为保管单位档案	卷	104		
	GB	105		
	万幅	106		
以件为保管单位档案	件	107		
	GB	108		
	万幅	109		
其他载体档案	—	—		—
照片档案	GB	110		
录音磁带、录像磁带、影片档案	GB	111		
其他	GB	112		
资料	—	—		
纸质资料	册	113		
电子资料	GB	114		
六、本年接受捐献、购买档案资料情况	—	—		—
文字类	件(册)	115		
声像类	—	—		
照片	张	116		
录音、录像、影片	小时	117		
实物类	件	118		
七、代存档案资料情况	—	—		—
文字类	卷(件、册)	119		
声像类	—	—		
照片	张	120		
录音、录像、影片	小时	121		
实物类	件	122		
八、本年销毁档案情况	—	—		—
纸质档案	—	—		—
以卷为保管单位档案	卷	123		

续表

指标名称	计量单位	代码	数量	上年度数据
甲	乙	丙	1	
以件为保管单位档案	件	124		
电子档案	GB	125		
其他载体档案	—	—		—
照片档案	张	126		
录音磁带、录像磁带、影片档案	盘	127		
实物档案	件	128		
九、档案开放情况	—	—		—
开放档案	—	—		
新中国成立前档案	卷	129		
	件	130		
新中国成立后档案	卷	131		
	件	132		
开放档案目录	—	—		
案卷级	万条	133		
文件级	万条	134		
其中：在线目录	—	—		
案卷级	万条	135		
文件级	万条	136		
十、档案资料利用情况	—	—		—
本年利用档案	人次	137		
	卷(件)次	138		
利用目的	—	—		—
工作查考	卷(件)次	139		
学术研究	卷(件)次	140		
权益维护	卷(件)次	141		
其他	卷(件)次	142		
本年利用资料	人次	143		
	册次	144		
本年编研成果	—	—		
公开出版	种	145		
	万字	146		
内部参考	种	147		
	万字	148		
档案期刊出版情况	种	149		
本年出版	期	150		
十一、政府公开信息利用情况	—	—		—
政府信息公开查阅场所	个	151		
本年利用政府公开信息	人次	152		
	件次	153		

续表

指标名称	计量单位	代码	数量	上年度数据
甲	乙	丙	1	
十二、档案宣传情况	—	—		—
档案网站	个	154		
本年 IP 访问次数	次	155		
档案新媒体平台	个	156		
本年推送数量	篇（条）	157		
爱国主义教育基地	个	158		
本年举办档案展览	个	159		
其中：线上展览	个	160		
本年参观档案展览人次（含特藏展）	人次	161		
本年线上展览访问量	次	162		
本年档案文献纪录片、微视频	部（种）	163		
	小时	164		
本年档案专题讲座	场	165		
本年档案馆开放体验活动	场	166		
本年开放体验活动参与人数	人次	167		
十三、档案修复情况	—	—		—
已修复档案数量	页	168		
本年修复档案数量	页	169		
十四、档案馆基本建设情况	—	—		—
档案馆主体建筑竣工时间	—	170		
档案馆总建筑面积	平方米	171		
其中：档案库房建筑面积	平方米	172		
档案业务和技术用房建筑面积	平方米	173		
对外服务用房建筑面积	平方米	174		
十五、馆内设施设备情况	—	—		—
缩微设备	台	175		
服务器	台	176		
安全防范系统	—	—		
视频监控系统	套	177		
温湿度控制系统	套	178		
火灾自动报警系统	套	179		
库房灭火系统	—	—		
气体灭火系统	套	180		
高压细水雾灭火系统	套	181		
十六、数字档案馆	个	182		
十七、档案部门服务业事业单位财务情况	—	—		—
存货	万元	183		
固定资产原价	万元	184		
资产总计	万元	185		

续表

指标名称	计量单位	代码	数量	上年度数据
甲	乙	丙	1	
负债合计	万元	186		
本年收入合计	万元	187		
事业收入	万元	188		
经营收入	万元	189		
本年支出合计	万元	190		
工资福利支出	万元	191		
商品和服务支出	万元	192		
取暖费	万元	193		
差旅费	万元	194		
因公出国(境)费用	万元	195		
劳务费	万元	196		
工会经费	万元	197		
福利费	万元	198		
对个人和家庭的补助	万元	199		
抚恤金	万元	200		
生活补助	万元	201		
救济费	万元	202		
助学金	万元	203		
奖励金	万元	204		
生产补贴	万元	205		
经营支出	万元	206		
销售税金	万元	207		
项目经费	万元	208		

单位负责人：　　　统计负责人：　　　填表人：　　　报出时间：20　年　月　日

表7.8的填写说明如下：

(1) 本表由各级各类档案馆填报。

(2) 代码07"机构情况"为勾选填报，代码170"档案馆主体建筑竣工时间"填具体年份。

(3) 代码183—207仅限综合档案馆填报。

(4) 统计指标间的关系(以下数字为统计指标代码)：

① 各类文化程度人数＝对应的年龄人数总和，即

11＝12＋13＋14，

15＝16＋17＋18，

19＝20＋21＋22，

23＝24＋25＋26，

27＝28＋29＋30，

31＝32＋33＋34，

35＝36＋37＋38；

专职人员＝各类文化程度人数总和,即

09＝11＋15＋19＋23＋27＋31＋35。

② "馆藏情况"包括"本年接收档案"和"本年接受捐献、购买档案资料"的数量,不包括"本年销毁档案""代存档案"数量。

③ 本年度未发生接收、接受捐献、购买、销毁档案情况时,馆藏档案数量应与上年保持一致。

④ 馆藏档案数量＝各历史时期档案数量总和,即

53＝78＋87,54＝79＋88。

⑤ 馆藏档案历史分期中新中国成立前档案＝新中国成立前各历史分期档案数量总和,即

78＝81＋83＋85,79＝80＋82＋84＋86。

⑥ 本年利用档案数量＝各种利用目的档案数量总和,即

138＝139＋140＋141＋142。

⑦ 档案馆总建筑面积(平方米)≥档案库房建筑面积(平方米)＋档案业务和技术用房建筑面积(平方米)＋对外服务用房建筑面积(平方米),即

171≥172＋173＋174。

档案统计工作是档案管理工作中的一个重要环节,档案统计工作制度是各级各类档案事业管理机构为了掌握全国或某一地区、某一部门的档案工作基本情况而制定的统计制度,具有法规性质。每到年底或年初,各级档案行政管理部门都要下发通知,要求所辖各级各类档案馆、档案室填写上报,目的是对档案和档案工作的发展情况进行统计调查、分析,提供统计资料,实行统计监督。

任务三　档案开放与档案利用

思维导图

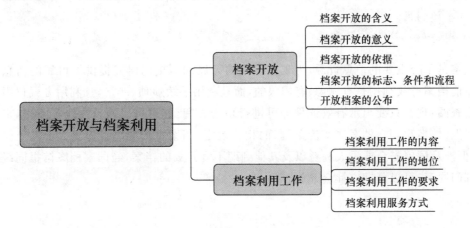

知识目标

- 掌握档案开放与档案利用的含义及关系。
- 明确档案开放的依据和流程,档案利用工作的要求与服务方式等。
- 能够明确档案开放利用的程序与各种档案利用服务方式的流程、要求。

能力目标

- 能够分析档案开放的程序及其工作要求。
- 能够分析判断档案利用服务方式与相应工作流程。

素养目标

- 培养学生依法开放、科学严谨的职业素养。
- 培养学生积极服务的敬业精神。

案例导入

江西省档案馆档案开放公告(部分)

根据《档案法》《国家档案馆档案开放办法》等有关法律法规和制度,江西省档案馆向社会开放馆藏部分档案,现就有关事项公告如下:

单位和个人持有单位介绍信、工作证、身份证等合法证明,均可查阅利用相关档案。利用者可以通过网络和现场两种方式查阅利用:

(1)网络方式:利用者访问江西档案信息网(www.jxdag.gov.cn),在"查档服务—在线检索"栏目下单击进入江西档案共享服务平台检索开放档案目录。如需查阅利用开放档案原文,可通过"赣服通"APP或者支付宝"赣服通"小程序中的"档案利用申请"功能,在手机上提出利用申请,并在"赣服通"中查看数字原文,需要档案纸质复印件的,请在申请过程中勾选"邮寄"选项,填写邮寄地址,我们将按规定通过EMS快递邮寄给利用者,具体操作方法请单击查看:"赣服通"掌上查档指南;利用者也可登录全国档案查询利用服务平台(https://cxly.saac.gov.cn/),完成用户注册后远程提出利用申请。

(2)现场方式:利用者可以到江西省档案馆政府公开信息、档案文件资料查阅利用中心现场查阅利用。

档案是十分重要的信息资源,为现实工作的开展和历史的研究提供了可靠的信息和依据。以前档案开放利用是有顾虑、有局限的,而且利用手续烦琐、严格,且利用方式仅限于到馆现场查阅;现在只要出示有效证件即可进行现场查阅,甚至可以网上在线查阅,越来越便民。根据《档案法》和《档案法实施条例》的相关规定,档案自形成之日起满二十五年向社会开放,但涉及国家安全或重大利益以及其他到期不宜开放的档案,经国家档案馆报同级档案主管部门同意,可以延期向社会开放。

▶ **理论支撑**

一、档案开放

向社会开放档案是我国档案利用工作的一项重大措施,对我国档案事业有着极其重要的现实意义和深远影响。国家档案局相继制定和颁布了一系列法规文件,对档案的开放范围、利用方法等做了详细的规定,我国档案开放的步伐越来越大。

（一）档案开放的含义

档案开放就是将一般可以公开的和保密期满的档案,解除"封闭",向社会开放,允许利用者在履行简便的手续后,通过一定的方式进行利用。

《档案法》第二十七条规定:"县级以上各级档案馆的档案,应当自形成之日起满二十五年向社会开放。经济、教育、科技、文化等类档案,可以少于二十五年向社会开放;涉及国家安全或者重大利益以及其他到期不宜开放的档案,可以多于二十五年向社会开放。国家鼓励和支持其他档案馆向社会开放档案。"

国家鼓励档案馆开发利用馆藏档案,通过开展专题展览、公益讲座、媒体宣传等活动,进行爱国主义、集体主义、中国特色社会主义教育,传承中华优秀传统文化,继承革命文化,发展社会主义先进文化,增强文化自信,弘扬社会主义核心价值观。

当然,档案开放也不是无条件的到期开放,档案开放的具体办法由国家档案主管部门制定,报国务院批准。涉及国家安全或者重大利益的档案以及其他到期不宜开放的档案,可以多于二十五年向社会开放。

档案馆应当通过其网站或者其他方式定期公布开放档案的目录,不断完善利用规则,创新服务形式,强化服务功能,提高服务水平,积极为档案的利用创造条件,简化手续,提供便利。单位和个人持有合法证明,就可以利用已经开放的档案。档案馆不按规定开放档案的,单位和个人可以向档案主管部门投诉,接到投诉的档案主管部门应当及时调查处理并将处理结果告知投诉人。

开放档案创造利用条件,各地各级档案馆要积极编研档案参考资料,并通过各种渠道（如新闻媒体、网络、报纸等）定期公布开放档案的目录,及时让利用者明确开放进度和内容。

（二）档案开放的意义

1. 档案开放有利于社会进步

档案开放向社会提供了更多的档案信息服务,可以有效地推动社会各项建设事业的发展,繁荣社会主义的科学文化。档案开放也是广大利用者的基本要求,体现了公民的民主权利。我国公民不但有为国家积累和保管档案的义务,同时也有利用档案信息资源的权利。档案开放真正有利于实现公民的这种民主权利。

2. 档案开放是现代档案馆自身发展的一项重大措施

档案开放能够使档案馆由封闭型、半封闭型向开放型的方向转变,真正成为社会各方面开发利用档案史料的中心。档案开放也是我国档案管理工作中心由保管向利用转变的体现。档案开放可以使社会认识到档案的利用价值,从而为档案馆的事业发展创造良好的外部环境条件。

3. 档案开放可以促进档案馆的各项业务建设

各级国家档案馆通过开展档案开放工作,能够发现其他各项档案管理业务工作的缺点与不足,从而有利于提高其他各项档案管理业务工作的质量。档案开放改变了过去不适当的馆(室)藏结构及收集工作方法,对档案文件的立卷方法、整理方法提出了新的要求,转变了检索工具单一、检索效率低的局面。同时,也促进了档案利用工作及档案编研工作的发展。

(三) 档案开放的依据

1. 理论依据

档案作用理论和档案价值理论是开放档案的基本理论根据。档案的作用只有在档案利用实践中才能发挥。档案发挥作用的规律性是开放档案的重要依据之一。在档案利用实践中,档案管理部门应自觉地根据档案利用价值实现的程度、档案机密性的变化,合理地组织和开展档案开放工作。

从信息论角度看,档案的内容与载体均为信息源,档案的利用价值主要是指档案信息对利用者有用程度的量度。它既是绝对的又是相对的,是绝对与相对的对立统一。一方面,同样的档案对于不同的利用者可能有不同的价值;同样信息量的档案文件,对不同的利用者也不一定有相同的价值。另一方面,档案利用价值是客观的、绝对的,对任何利用者来说,同样的档案文件都具有相等的数量。档案开放有利于实现馆(室)藏档案的充分利用。这是因为它使更多的利用者参与利用档案的实践,从而使档案的利用价值(即各种有用性、有益性)在满足利用者需求过程中,客观地呈现出来,为社会创造更多的文化财富和物质财富。

2. 实践依据

实践表明,档案开放不仅促进了档案利用工作的开展、提高了档案信息资源的开发利用水平,而且带动和促进了其他各项档案业务建设工作的开展,特别是给馆(室)藏档案的质量和数量、档案整理的质量、编目与检索的质量等,提出了新的、更科学的标准和要求。档案开放使公民认识到利用档案信息资源的权利,提高了整个社会的档案利用意识水平。

3. 法律依据

《档案法》《档案法实施条例》《档案馆工作通则》《国家档案馆档案开放办法》等法律法规都有开放档案的规定和要求,它们是各级各类国家档案馆实行开放档案政策、从事开放档案实践活动的重要法律依据。

(四) 档案开放的标志、条件和流程

1. 档案开放的标志

(1) 开放档案与受控档案已经分开,并编制有开放目录。为了开放利用的方便,档案馆要将可开放档案与不宜开放的档案分开,各自编目。开放档案与受控档案的界限要标记清楚。

(2) 档案开放的范围与数量是多少,要经过同级党政领导机关正式批准后才可以向社会公布,档案馆不可随意决定。档案馆应根据《中华人民共和国保守国家秘密法》(2024年修订)和国家档案局、国家保密局发布的《各级国家档案馆馆藏档案解密和划分控制使用范围的暂行规定》,规定档案控制使用范围。

(3) 在接待对象和接待手续方面已符合法规要求。接待对象和接待手续按照《档案法实施条例》的有关规定进行。

(4) 已采取不同的形式向社会开放档案,开放档案可采取以下便于公众知晓的方式公布:

① 通过报纸、期刊、图书、音像制品、电子出版物等公开出版;② 通过电台、电视台、计算机信息网络等公开传播;③ 在公开场合宣读、播放;④ 公开出售、散发或者张贴档案复制件;⑤ 在展览、展示中公开陈列。

2. 档案开放的条件

(1) 要有一定数量的档案,必要的阅览条件、复制设备。各级各类档案馆(室)要积极地了解社会需求,做好档案的收集和征集工作,丰富馆(室)藏,优化档案馆(室)藏结构。一定数量的档案,尤其是一定数量的满足社会需要的档案是开放利用档案的基础和前提。档案馆(室)还要具备必要的阅览条件、复制设备,这是开放利用档案的基本物质条件。

(2) 档案已经过整理编目。开放档案应经过鉴定,并通过安全保密审查。同时可开放档案必须经过系统的整理,编成开放档案目录,供利用者利用。档案管理部门要及时地审查馆(室)藏档案的保管期限和密级,适时解密,确定开放档案的范围和数量。

(3) 要有开放档案的规章制度。开放档案是一项严肃而细致的工作,必须有严格的规章制度作保证。各级各类档案馆(室)要依据《档案法》《档案法实施条例》《国家档案馆档案开放办法》等有关规定,结合实际情况,制定相关的实施细则及其他规章制度。例如,定期审查密级制度和开放办法、开放档案的利用办法、开放档案的公布等,这些规章制度为开放利用档案提供了保障。

(4) 要正确处理好开放与保密的关系。正确处理好开放与保密的关系,明确档案开放的范围,是开放档案的基本要求。开放档案并不是无条件地敞开门户,不受任何限制。档案本身就有一定的保密性,档案管理部门在开展档案开放利用工作时,必须注意档案的保密工作,把握好开放的"度"。

3. 档案开放的流程

档案开放应最大程度地满足社会对档案开放利用的需求,保障公民、法人和其他组织的档案利用权益,维护国家安全、公共安全、经济安全和社会稳定,保护知识产权和个人隐私。涉密档案若要提前开放,档案馆(室)应向档案形成单位提出提前解密的要求并征得同意。捐献、寄存档案的开放,应征得捐献者、寄存者或其合法继承者的同意,且不损害第三方利益。

档案开放的流程如图7.7所示。

(五) 开放档案的公布

公布档案,就是将档案或档案的特定内容,通过某种形式首次公之于众。《档案法》第三十二条规定:"属于国家所有的档案,由国家授权的档案馆或者有关机关公布;未经档

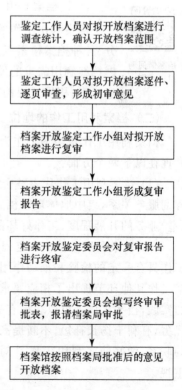

图7.7 档案开放的流程

案馆或者有关机关同意,任何单位和个人无权公布。非国有企业、社会服务机构等单位和个人形成的档案,档案所有者有权公布。公布档案应当遵守有关法律、行政法规的规定,不得损害国家安全和利益,不得侵犯他人的合法权益。"

例如,2003年××大学历史专业的研究生在做毕业论文的过程中,到××省档案馆查阅了几个月的材料。他如饥似渴地翻阅着一摞摞很有价值的案卷,还抄录了十多份中华人民共和国成立以前形成的有关中共统一战线方面的从未公开过的档案资料,并用数码照相机拍摄下来。不久后,他向某杂志社展示了他的"宝贝",杂志社编辑立即开辟专栏公布了这个研究生以个人名义提供的"新发现"。

但是,研究生和杂志社的做法不符合我国档案公布的程序。事后,档案馆和档案局经过调查核实,认定该研究生和杂志社的上述行为属于未经许可擅自公布档案的违法行为,依据《档案法》,分别对研究生和杂志社处以800元和1万元的处罚。

档案利用工作是档案整个工作流程中最活跃的一环,利用环节做得好能对档案工作的其他环节起到一定的推动作用。但是,由于档案具有一定的机密性,所以档案管理部门在开展利用工作时,应注意依法进行档案开放。

二、档案利用工作

档案利用工作是指档案馆(室)通过一定方式使档案资料直接被利用者利用的一项服务工作。档案利用工作是档案管理工作的重要环节,也是实现档案价值,发挥档案作用的途径。

档案借阅利用情景剧

(一)档案利用工作的内容

档案利用工作的基本内容包括:了解和熟悉馆(室)藏档案信息的内容和成分、各种档案检索工具的使用方法;分析和预测社会对档案信息的需求特点,把握档案利用需求的发展规律;向档案利用者介绍和报道馆(室)藏档案中相关信息线索,积极开展档案咨询服务;向档案利用者提供他们所需要的档案文献等。

(二)档案利用工作的地位

档案利用工作是档案工作为社会服务的直接手段,在档案工作中占有突出地位。这主要表现在以下两个方面:

(1)档案利用工作代表整个档案工作的成果直接与各行业发生信息传递、文献供应和咨询服务关系,集中地体现了档案工作的方向和作用。档案利用工作的效果,是衡量档案馆(室)业务的开展程度、工作好坏的主要标志。

(2)档案利用工作在一定程度上体现了社会或单位利用档案的现实需要,对整个档案工作具有一定的检验和推动作用。具体表现有以下三点:①档案利用工作的开展必然对档案工作其他环节提出了相应要求,促进这些工作环节的开展和提高。②通过档案利用工作的实践,档案工作者可以获得有关档案管理的反馈信息,能比较客观地发现其他环节工作的优劣,有利于扬长补短,不断提高管理水平。③档案利用工作与广大利用者有着千丝万缕的联系,做好档案利用工作是对档案工作最有效的宣传,能够引起各方面对档案工作的重视。

（三）档案利用工作的要求

1. 明确服务方向，端正服务态度

档案工作的服务性集中表现在档案利用工作上。要做好档案利用工作，首先要明确服务方向，端正服务态度。在明确了服务方向以后，档案工作者还必须具备坚定的服务思想和良好的服务态度，只有这样才能做好档案利用工作。

2. 熟悉档案，了解和研究利用者的需要

熟悉档案就是熟悉"家底"，主要是熟悉馆（室）藏档案材料的情况，包括内容、范围、存放地点、完整情况和作用等。

了解和研究利用者的需要就是做好档案提供利用的预测工作，即对一定时期内可能会大量被利用的档案的类别、内容有一个预测性估计。例如，摸清单位利用档案的规律，了解单位人员和各部门需要利用的档案内容和要求；平时注意调查了解，把握需求，保证为利用者提供准确及时的档案，做到"有备无患"。

3. 有计划、有重点地编制必要的检索工具和参考资料

了解利用者的需要后，档案管理部门要有计划、有重点地编制必要的检索工具和参考资料，以保证档案利用。编制检索工具要避免盲目性、随意性，应按计划进行编制，重要的、急需的先编，否则会错过档案被利用的机会。

4. 建立查（借）阅制度

查（借）阅制度主要包括查（借）阅手续、摘抄、复印范围、清点、核对手续、查（借）阅注意事项等。例如，查阅和借阅必须经过严格审批并办理登记手续；查阅人严禁拆卷带走、涂改内容、勾画字句、折叠档案，在查阅时，严禁吸烟、喝水，以防档案烧毁或受潮，查阅人应确保档案完整无损；未经批准，查（借）阅人不得擅自摄制、翻印、复印和随意转版篡改、公布档案内容；外单位人员需查（借）阅档案时，必须持有关单位的证明进行身份登记，且由领导批准后，方能查（借）阅档案。

5. 正确处理档案利用和保密工作之间的关系

做好档案利用工作和做好档案保密工作都是为了合理发挥档案在国家各项事业中的作用，两者的出发点是一致的。在开展档案利用工作时，档案工作者既要积极提供档案为各项工作服务，又要坚守档案保密的相关规定。因此，何时可以开放什么档案、何时不宜开放什么档案，都必须根据档案的具体内容和国家利益的需要来认真审定和严格掌握。既要消除"利用危险，保密保险"的观点，也要警惕出现历史档案"无密可保"的思想。

第一，保密不是不准利用，只是将档案利用限制在一定范围之内。利用与保密，从根本上讲，两者是一致的，都是为了合理地发挥档案的作用。保密的目的也是更好地利用。

第二，保密是动态的，即现在的机密随着时间推移与主客观条件的变化，将来可能降密、解密。一般来说，档案机密程度与保存时间成反比例关系。随着保存时间的增加，档案的机密程度不断降低。因此档案工作者要根据社会的变化和需求及时解密。

总之，在具体处理档案利用和档案保密之间的关系时，要深入审查档案的内容，根据时间的推移、地点和条件的变化，调整档案的密级，逐步扩大利用范围，更好地发挥档案的作用。

(四) 档案利用服务方式

1. 档案阅览服务

档案阅览服务是指档案馆(室)在特定的场所,开辟阅览室,向利用者提供档案信息的一种服务方式。这是最常见的也是最安全的档案利用方式。

档案是历史记录的原始材料,一般多是单份、孤本或稀本,有的内容具有一定的机密性,这些特点决定了档案一般不宜外借。档案馆(室)收藏的档案,又不能也不必要全部复制多份广为传播,而应主要采取馆(室)内阅览的方式。

开设阅览室接待利用者的方式有很多优点。例如,设有专门的设施利于保护档案的安全,避免丢失;有专人监护档案和提供咨询,既便于档案的保护和保密,也能为利用者提供较好的阅览条件;可以提高档案的周转率和利用率,避免因一人借出档案馆(室)外而影响他人利用;便于了解和研究档案利用的情况,从而改进和提高档案利用工作。

开设阅览室直接提供档案原件或复制件借阅的方法在企业事业单位被广泛采用。阅览室是联系档案的保管者和利用者的纽带,是档案管理工作发挥作用的主渠道。开展档案阅览服务一般要做好以下三个方面的工作:

(1) 阅览室配备必要的设施。阅览室要求明亮、宽敞、安静、舒适、清洁和方便。一般面积不宜太小,应设有服务台、阅览桌、检索工具、资料柜、计算机、监控设备和存物处等设施。阅览桌以无抽屉式为宜,以便于档案管理人员进行必要的监管。为方便利用,档案工作者还应准备一些工具书以及与所藏档案密切相关的参考材料,如地方历史、政治、经济、文化等方面的资料,以备利用者查阅参考。

(2) 建立必要的规章制度以维护阅览室的秩序和档案的安全。阅览室需要张贴必要的规章制度,让利用者明确档案利用的要求。规章制度内容包括阅览室接待对象、档案材料的阅览范围、批准权限和入室手续、档案索取和归还手续,以及利用者应爱护档案的若干具体规定等。

(3) 档案工作者要态度热情、业务水平高。档案工作者在接待利用者时要热情大方,急利用者所急,主动为利用者分析和提供需要查阅的档案;档案工作者的业务水平要高,熟悉馆(室)藏档案的内容,有扎实的基本功。例如,档案工作者要熟悉各种检索工具的使用,保证快速地为利用者服务,节约查阅时间;还要认真负责,注意借出和收回档案时,检查档案材料的情况,及时登记,以维护档案的安全与完整。

2. 档案外借服务

档案外借服务是指档案馆(室)为满足某些以档案原件或副本作为证据的利用需求,按照一定的制度和手续,暂时将档案借出档案馆(室)外供利用者阅览、使用的一种服务方式。

档案馆的档案一般不借出馆外,在个别情况下,因某些工作岗位的特殊需要或必须用档案原件等的特殊需要,档案才可以暂时借出馆外。在企业单位内部,档案被携带出档案室使用,包括到科研、生产一线现场的情况相对较多。但特别珍贵和易损的档案,是禁止借出的。例如,档案室将档案原件外借给本单位的领导和有关业务部门的情况比较多,如果有必要,档案室还可采取"送卷上门"的主动服务方式,充分发挥档案的作用。

为了便于掌握档案流动情况和进行安全检查,档案被借出时,应做好借出记录,可以填制代卷卡放在档案原来存放的位置上,借出的档案归还后再将代卷卡撤出。当然,档案的外借利用必须有健全的相关制度。例如,借阅手续、借阅时间、利用权限和借阅数量都应有严格规定。一般借阅时间不宜过长,要经过严格的借阅审批手续档案方能外借,借阅数量一次不宜过多。借阅的单位和个人应对所借出的档案材料负责,不能私自转借他人,不能擅自摘录、复制和翻印,更不能遗失、篡改和污损档案原件,应按期归还档案。档案工作者在回收档案时要认真检查,确保外借档案完好无损。

总之,档案外借服务是从利用者的角度出发,本着方便利用而开展的一种利用服务方式,在档案外借时,档案馆(室)一方面要遵循方便服务的原则,另一方面又要严格管理,确保档案在外借期间的安全。

3. 档案展览与陈列服务

档案展览与陈列服务是指根据需要,档案馆(室)按照一定的主题展出档案原件或其复制品,系统地揭示和介绍档案馆(室)藏中有关档案的内容与成分的一种服务方式。档案展览与陈列服务有综合性展览和专题性展览两种。

档案展览与陈列服务的作用表现在以下两个方面:

第一,有利于档案宣传,提高人们爱护档案的意识。经过精心选择而组织展出的有代表性的、典型性的档案信息材料,能够以其原始性、真实性和鲜明形象给参观者留下深刻的印象,起到宣传教育的作用;而且档案展览与陈列可以展示档案馆(室)藏档案内容之丰富,突出档案的特殊作用,同时也对国家建设和发展档案事业进行了宣传,引起人们对档案和档案工作的重视,增强爱护档案的意识。

第二,有利于广泛发挥档案的作用。档案展览与陈列本身是一种提供利用的形式,而且这种形式能在一定时期、一定范围内满足较多人员的需求,服务面广泛。参观者可以从中得到较为集中的、系统的档案信息内容与线索,甚至发现从未见过的、难得的珍贵史料信息。

档案馆(室)举办档案展览与陈列,要注意突出档案的思想性、科学性、业务性和艺术性。为达到满意的效果,可采取以下措施:首先,档案馆(室)要选好展览主题,档案馆(室)可根据自身的条件,在馆(室)内设长期的展览厅(室),也可配合单位重点工作和重大活动,根据具体情况举办特定类型的档案展览会,如历史档案展览会、革命历史档案展览会、各种纪念活动。档案馆(室)还可以配合单位工作举办各种小型的展览会,如科研成就展或工作成果展等。其次,档案馆(室)要精心选取和组织材料,并对入选档案进行合理分类。围绕主题挑选档案,是组织档案展览过程中最重要的一环。档案展览的效果如何,往往取决于展出档案的内容和种类质量,档案馆(室)要选择有价值、有意义的材料,特别是能正确反映历史事件、揭示事物本质的材料。最后,档案馆(室)在进行档案展览与陈列时还必须注意档案的保护和保密工作。对于所展出档案,档案馆(室)要严格按照事先确定的范围组织参观。展出的档案一般都用复制品,必须展出原件时,应采用透明装置进行保护,以防止档案遗失和损坏。随着科技发展,目前档案管理部门逐步借助先进的信息技术(如二维超高清数字化扫描与动画技术、三维激光扫描与重建技术等)对馆藏档案资源进行数字化加工,融合打造虚拟展陈工程,实现了二维信息和三维数据的采集与加工,积累了完整的数字档案资源,并在数字平台展示开放。

4. 制发档案复制件服务

制发档案复制件服务又称复制供应,是指档案馆(室)根据利用者的合理需要,以档案原件为依据,通过复制等手段,向利用者提供档案复制件的一种服务方式。

根据档案原件制发各种复制件是开展档案利用工作的一种重要方式。根据利用者的不同需要,档案复制件分为副本和摘印两种。副本反映了档案原件的所有组成部分,摘印只复印档案原件的某些部分。

制发档案复制件服务具有较多优点。一方面,利用者可不必亲自到档案馆(室)即可获得所需要的档案材料,既方便利用者,又方便档案馆(室)在同一时间内满足较多利用者的需要;既可以提高档案利用率,又缓解了供需矛盾,使档案更充分地发挥作用。另一方面,制发档案复制件有利于档案原件的保护和流传。

由于现代复印和摄影技术的快速发展,尤其是复印机和智能手机的广泛应用,有可能导致档案复制件数量失控,造成多处多份复制,随意公布档案的事情发生,不利于档案保密和技术产权保护等。为此,档案工作者必须对档案复制件制发范围和批准权限进行严格管理规定。

5. 制发档案证明服务

档案证明是指档案馆(室)根据机关、团体、企业事业单位或个人的询问和申请,为核查某种事实在馆(室)藏档案中的记载情况(有无记载和如何记载)而摘抄编制的一种书面证明材料。在社会生活中,有些机关、团体、企业事业单位或个人为处理和解决问题往往需要档案管理部门提供证明材料。例如,公安、司法、检察部门在审理案件过程中需要证明材料;个人在确认工龄、学历、职称等需要证明材料等。

制发档案证明的程序为:申请人提出申请—领导审查批准—档案工作者查找材料—综合编写—校对—寄发。档案证明必须有机关、团体、企业事业单位或个人的申请才能制发,档案证明中应写明制发档案证明的原因、所要证明的事件,以及事件发生的时间、地点等情况。领导审查批准时主要是看申请人申请的理由是否充分、所需档案有无密级及能否供利用者使用、本馆(室)有无职权或能力制发档案证明等。

承担制发档案证明任务的档案工作者,在接受任务后,应根据立档单位、时间、人物、内容、地点等线索查找档案材料,综合编写证明材料的内容,并在仔细校对的基础上,写明本馆(室)名称、档案证明编号、制发日期、制发人和材料出处,最后经领导审批后加盖档案馆(室)专用印章发出。

档案证明的编写要求有以下四个方面:

(1)档案证明应根据档案正本来编写。没有档案正本,应根据可靠的副本或抄本来编写。只有在既没有可靠副本又没有可靠抄本的情况下,才可以根据草案、草稿编写,但应在证明上加以说明。

(2)档案证明必须客观引述材料。档案馆(室)制发档案证明只是向利用者证实某种事实在本馆(室)的档案中有无记载和如何记载的,不是对该事实直接下结论。因此,档案工作者在编写档案证明时,应以客观引述和节录档案原文为主要方法,不能擅自对材料进行解释。

(3)无论根据什么材料编写,均应在档案证明上注明材料的出处和根据。

(4)档案证明的文字要确切、明了,要限定档案内容范围,不得超出申请证明问题的范围而列入其他档案材料。档案证明填写好后,必须加盖公章,这样拟写的档案证明才能生效。

6. 档案咨询服务

档案咨询服务是指档案馆(室)答复利用者的询问,指导其使用档案信息资源的一种服务方式。利用者在使用档案的过程中,可能会遇到许多疑难问题,这要求档案工作者帮助解决。

(1) 档案咨询的种类。利用者提出的咨询问题多种多样,因而档案咨询的种类也很多,可以从不同角度进行划分。

① 按内容性质分,档案咨询可分为事实性咨询、指导性咨询与检索性咨询。事实性咨询是指档案馆(室)解答利用者关于特定的事项或数据的询问,如关于特定事件、会议、人物、文件的相关事实与数据的询问。指导性咨询是指档案馆(室)对利用者在查阅档案资料时提出的疑难问题进行指导服务,如指导利用者掌握查找所需档案资料的方法、了解和掌握各种检索工具的特点及使用方法、解答利用者在使用档案资料过程中进行的历史知识等方面的询问。检索性咨询是指档案馆(室)根据有关利用者的使用需求,对已经确定的工作、科研或生产等活动,主动地提供有计划、有组织的档案情报(包括相关的事实、数据、目录信息等)咨询服务。这种咨询不要求档案工作者对档案资料进行分析、研究,而只需要他们根据馆(室)藏档案及已有的事实或数据记录情况与他们确知的客观事实,回答利用者的询问。

② 按难易程度分,档案咨询可分为一般性咨询和专门性咨询。一般性咨询是指档案馆(室)针对利用者提出的关于馆(室)基本情况、档案利用的规章制度、馆(室)藏档案的种类及内容成分等方面的询问所开展的一般性解答服务。专门性咨询是指档案馆(室)根据对有关档案资料的分析研究得到的结果,解答利用者关于特定档案资料的研究价值、档案中记载事实或数据的真实性与可靠性、档案中某些术语的含义及有关专题档案资料的范围等方面的询问。

③ 按档案咨询形式分,档案咨询可分为现场咨询和远程咨询。现场咨询是指档案馆(室)的工作人员现场答复利用者在查阅、使用所需的档案资料时提出的有关咨询。远程咨询服务包括电话、网络咨询,目前主要以网络在线咨询为主;电话咨询是指利用者与档案工作者通过电话提出或答复关于档案查阅的问题,这种方式响应速度快,但可提供的信息有限,不适合较为复杂的档案查阅需求;网络在线咨询是指利用者在网络平台上提交问题,档案工作者通过网络在线的方式进行解答的咨询方式。目前档案管理部门多开通了在线咨询的网络平台,这种方式的优点是快捷方便。

(2) 档案咨询服务的步骤。

① 接受咨询问题。档案馆(室)首先要审查核实利用者咨询有关问题的目的、内容、范围及问题需要解答的程度,以便选择咨询服务的具体方式与途径。在审查核实利用者所咨询的问题及具体要求时,档案工作者要弄清本馆(室)有无解答所咨询问题的档案材料和承担咨询任务的能力。凡尚未搞清楚的问题,档案工作者不可贸然解答,而应进一步询问清楚,以免出现无效解答或答非所问等情况。对于比较复杂的咨询问题,档案馆(室)不能即刻解答的,可让利用者先填写档案咨询登记表,注明咨询的题目、咨询的内容等事项,以便档案工作者在分析、研究后再进行反馈。对于利用者提出的问题,档案工作者都要处理、解答,不可无回音,如果所咨询的内容超过馆(室)业务范围而应由其他机构、单位来办理,或涉及国家机密的,或属于个人或家庭不可公开范围的,可向利用者说明情况,婉言谢绝解答。

②分析咨询问题。接受咨询问题后,档案工作者要进行较为深入细致的分析、研究,确定要查找档案文件的范围,做好查找档案文件的准备工作。在接受了较大型的档案咨询问题后,档案工作者和有关的专业工作人员还应共同分析研究,协作制订切实可行的工作方案,以便使咨询服务活动有计划、科学地进行。

③查找档案材料。根据对档案咨询问题的分析研究得到的结果,明确解决档案咨询问题的方法和途径,并据实查找有关档案材料。

④答复咨询问题。答复咨询问题的具体方法和形式主要有:为利用者直接提供有关咨询问题的答案,如按利用者的要求提供有关事实、数据,介绍检索工具的使用方法;为利用者提供相关档案的信息线索,如文件的责任者、形成时间、档号、文件字号;对于无法确定准确答案的咨询问题,也可以为利用者提供可供选择的答案或档案资料,由利用者决定取舍等。

⑤建立咨询档案。对已经答复的或未能答复的咨询问题,档案馆(室)应有目的地建立相应的咨询档案。凡是具有长远的重要保存价值的,或者今后有可能重复出现的,以及未能解答的咨询问题相关材料,包括各种咨询服务记录、反映解答咨询问题过程及其结果的材料等,均应归档保存。

7. 档案电子化服务

档案电子化服务是在计算机发展的形势下发展起来的一种新型利用方式,是档案管理部门利用电子化办公设备和现代通信技术向利用者提供非纸质载体数字化档案的一种服务方式。档案电子化服务是现代网络办公和办公自动化环境下档案利用服务的发展趋势。

档案电子化服务的优点很多:可提供多媒体信息;可将文字、声音、图像结合起来;使利用工作更高效方便;可通过多媒体的超文本技术,将计算机存储、表现信息的能力与人脑筛选信息的能力结合,提高检索效率;能够提供超时空、全方位的信息服务。

档案电子化服务的方式与纸质档案服务方式不同,很多情况下档案电子化服务是通过网络满足异地利用的需要,而不是满足在档案阅览室的利用需要。与纸质档案服务利用相比,档案电子化服务利用更快捷、更方便。

(1) 档案电子化服务前的准备。

① 各类档案信息数据库的建立。这是档案电子化服务得以实现的基础工作。档案管理部门根据社会的现实需要,对纸质档案进行数字化处理,对已有电子档案进行筛选整理、分类存储、转换链接等,建立各类档案信息数据库,有效地实现多途径的档案信息电子化检索和查询。

② 档案馆(室)网站等平台的建设与维护。档案管理部门要以电子政务网站或者单位OA平台为基础,进一步加快档案信息网络资源数据库的建设,尤其是电子文件目录和全文数据库的建设,在网络上实现电子文件的实时查询与利用服务。

③ 计算机网络、大数据等技术娴熟的专业档案人才队伍的组建。档案电子化服务涉及许多传统档案利用服务从未遇到过的难题,服务的环境、处理文件的方式等均发生了变化,传统的档案专业人员不能满足互联网环境下档案电子化服务工作的开展,因此档案管理部门可通过引进或培养的方式积极组织技术力量,实现原档案查阅系统的升级与维护,查阅流程的优化,以不断完善档案电子化服务系统。

(2) 档案电子化服务的方式。

档案电子化服务主要是利用计算机软件平台来开展的,计算机是利用者的有效工具。对于档案管理部门来讲,提供电子化档案信息的方式主要有:计算机系统直接查阅、提供存储载体的拷贝、通信传输和网络服务。

① 计算机系统的直接查阅服务。计算机系统的直接查阅服务是指利用者到档案馆(室)利用电子检索系统直接查询电子档案的利用方式。条件是档案馆(室)有电子档案数据库、先进的软硬件设备(如恢复、处理和显示电子档案的设备)和利用权限的限定,以确保档案信息的安全。特点是可为利用者直接提供技术支援,同通信传输相比,能减少大量的管理工作等。

② 提供存储载体的复制服务。提供存储载体的复制是指档案馆(室)直接向利用者提供所需档案信息的复制服务,一般复制载体多为只读式光盘(CD-ROM)等。值得注意的是,当复制文件时,一定要将电子档案转换成通用的、标准的存储格式,这样利用者可以在自己的软硬件平台打开并使用。此外要注意复制件的管控,因为提供复制件必然带来利用时间和地点的分散,很容易造成电子档案信息的无原则散失,所以在提供复制内容之前要对利用者的需求和使用权限进行确认。

③ 通信传输服务。通信传输是指通过数据通信直接传递档案信息,是利用专用通信通道、计算机等设备而实现的。适用于馆际之间或同系统内各组织之间的档案信息互相交流或向固定的档案用户提供档案资源,可以是一对一,也可以是一对多。这种方式速度快,数据大,而且利用者不需要保管电子档案的存储载体,档案管理部门也不用包装和向利用者寄送电子档案存储载体的复制件,但是对通信线路的质量有更严格的要求。

④ 网络服务。网络服务是基于互联网建立起来的全新的服务方式,即档案管理部门将档案信息连接在专门的档案网站和网页上,利用者根据自己的需要随时进行异地查阅。优点是超越了时空的限制,效果好;缺点是电子档案信息容易失控。不过网络上的档案信息服务对利用者的身份和使用权限有一定的限制,这种限制对利用系统的管理来说非常重要,毕竟档案不是一般的信息资源。例如,从信息安全的角度考虑,主要是对利用者的管理、对利用者的身份的认定及使用中采取有效的安全保密措施等。

档案电子化服务必须通过其依赖的技术和系统才能完成,因此在利用过程中包含着相关利用系统的各种功能的使用。档案电子化服务涉及的人员较多,有电子档案载体保管者、信息系统的管理者、利用和维护系统的操作人员以及利用者等,不同人员的使用权限需要进行严格的审核。审核一般由档案利用工作的决策者来执行,根据各种人员的级别、层次进行使用权限的认定,并依此在利用系统注册登录。

综上所述,对于档案电子化服务,档案工作者可根据国家档案局颁布的《电子文件归档与电子档案管理规范》(GB/T 18894—2016),制定一些适合本单位的档案电子化信息利用策略、政策和标准,并在具体实施过程中逐步完善,使该项工作更易于操作和规范化,以保证档案电子化服务的质量。

开展档案利用的方式和途径有很多,有档案阅览、档案外借、档案复制、档案电子化服务等,档案价值不是自动实现的,关键需要档案工作者对档案内容进行开发和利用,深层次开发档案信息是开展档案利用服务的前提。为用户提供利用,服务社会是档案工作的最终目的。

技能提升训练

任务描述

在 6 月 9 日国际档案日来临之际，××大学档案室为了普及档案借阅利用知识，传播档案文化，决定开展"档案馆开放日"系列活动，向全校师生以及社会开放部分档案。现有毕业生想了解档案资料的流转程序。请以档案室工作人员的身份完成档案利用服务和接待服务工作。

实训内容

小组成员分工合作，模拟完成档案利用服务和接待服务工作，并拍摄制作一段 5~8 分钟的微视频。

实训目的

通过完成档案利用服务和接待服务工作实训任务，学生了解档案利用工作的内容及要求，进一步提高敬业精神与服务意识，提升档案利用工作的技能。

任务实施

学生为更好地完成档案利用服务工作这一实训任务，提升档案利用工作技能，应先细化分工，有计划、有步骤地开展相关工作。

第一步　了解国家档案开放利用等相关规范与要求

本次实训任务可参考的档案开放利用的相关标准规范，主要有国家档案局发布的相关法规标准，以及学校制定的关于档案开放利用的相关规定。

（1）国家标准：《档案法》《国家档案馆档案开放办法》《高等学校档案管理办法》等有关规定。

（2）学校档案室关于档案开放利用的规定与要求：为了更进一步规范档案利用工作，并处理好保密与利用之间的关系，学校会参照国家的法律法规要求制定适宜本校的相关规定，如《档案查阅利用管理办法》等，对档案利用范围、利用方式、利用行为及有偿服务、无偿服务等做详细的说明，学校的相关规定和要求作为实际开展档案开放利用工作的依据。

第二步　任务分工

以 5~6 人为一组，组长统筹，小组各成员分工合作。在开始实训任务前，小组成员调研学校档案室的档案开放利用要求，了解具体的操作规范，设计利用服务和接待服务工作的脚本，完成"档案开放日"活动的档案利用服务和接待服务工作，并拍摄制作微视频。

第三步 熟知借阅利用流程,做好利用服务

1. 熟知档案借阅利用流程

为了确保档案的完整与安全,同时最大化档案的社会利用价值,档案工作人员必须牢固树立服务意识,并具备高度的责任感和优质的服务态度。在保证档案安全与确保保密性的前提下,各单位的档案部门应针对不同身份的利用者设置不同的借阅手续。

一般而言,单位内部各部门或人员的档案借阅手续相对简单,以便于内部工作的顺畅进行。然而,对于涉密档案,以及外部单位或人员的借阅请求,则必须遵循严格的审批流程,以确保档案的安全性和保密性。具体的借阅规定,应参照各单位档案借阅制度的相关规定执行。

负责档案利用服务的工作人员应深入了解并熟悉本单位的档案借阅制度,根据不同情况区分处理,为利用者提供高效、专业的服务。通过细致周到的服务,既保障了档案的安全,又满足了社会的档案利用需求。档案借阅利用的具体流程如图 7.8 所示。

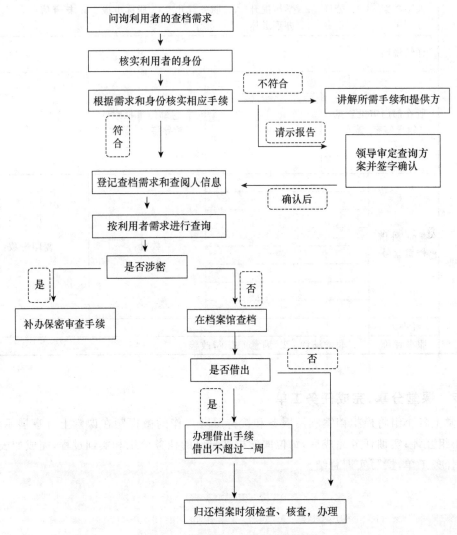

图 7.8 档案借阅利用的具体流程

2. 现场档案利用服务和接待服务

档案工作者在档案利用工作中应根据不同利用者的需求,协助查找相关案卷以供利用。在利用过程中,档案工作者务必要明确告知利用者有关注意事项,并对利用者的利用行为进行有效监督,以确保案卷的安全无损。利用结束后,档案工作者应详细记录档案利用效果,将利用情况和反馈及时登记在册,为后续的利用统计工作提供准确的基础数据。××大学档案查询利用登记表的参考格式如表7.9所示。

表7.9 ××大学档案查询利用登记表

序号: 　　　　　　　　　　　　　　　　　　　　　　　　　　　年　月　日

查档人员基本信息	姓名		所属部门	
	联系电话			
	查验证件	1. 身份证　2. 单位介绍信　3. 调档函		
查询需求（勾选）	综合文书	1. 党群　2. 行政　3. 财会　4. 外事　5. 科研　6. 产品　7. 设备　8. 基建　9. 出版　10. 实物　11. 声像　12. 个人成果　13. 教学　14. 学生档案		
	人事档案（职工）	1. 公证　2. 学历提升　3. 职务晋升　4. 职称申报　5. 核查信息　6. 党派　7. 工资　8. 办理退休		
	详情说明			
	所在部门审批意见（领导签字、盖章）		立卷部门审批意见（领导签字、盖章）	
利用结果	查询/外借档案盒号		数量:	复印份数:
	经办人			
	服务评价	1. 非常满意　2. 满意　3. 待改善	签名:	

第四步　课堂分享,完成任务工单

课堂上各小组将模拟档案利用服务和接待服务工作的微视频在课堂上分享展示,教师点评,小组互评;实训任务完成后,每位同学根据自己的任务分工和实训过程,完成如表7.10所示的任务工单,撰写实训总结。

表 7.10　任务工单

任务名称	模拟档案借阅利用服务和接待服务工作					
任务目的	通过档案借阅利用工作准备、借阅利用流程以及利用效果登记填写等的练习,学生熟练掌握档案借阅利用服务和接待服务的方法,进而提升专业技能					
任务内容	档案借阅利用服务和接待服务工作					
任务提示	从学校档案室的各类档案利用工作着手					
第(　)组	姓名					
	学号					
任务	（1）档案借阅利用准备和要求					
	借阅利用工作准备					
	熟悉借阅利用的规范、要求					
	（2）借阅档案利用现场服务					
	借阅手续					
	查找调卷					
	利用服务效果登记					
实训心得						

思考与练习

一、案例分析

查档不见面　群众零跑腿　服务更高效

2019年开始,深圳市市场监督管理局开始谋划企业档案全面"网上查、网上办"改革。在此期间,深圳市市场监督管理局迅速开发"不见面"查档平台,组织业务人员完成系统设计、测试上线应用等工作。同时,该局加大宣传力度,通过凤凰网及地方各大主流媒体,以及深圳市场监管官方政务微博、微信公众号、抖音号等社交媒体,以图文、视频形式向公众全方位宣传"不见面"查档服务模式。"网上查、网上办"改革全面实施后,查档流程发生了根本性变化,由原来的咨询、叫号、审核材料、领取材料多环节缩减为网上申请、获取结果,完全实现"不见面、零跑腿、高效率"服务,既节约了办事人员来回奔波的交通成本和时间成本,又减少了对纸张等耗材的浪费,还精简了线下窗口接待人员的数量。

请思考以下问题:

（1）此种利用服务属于哪种利用服务方式?

（2）结合案例分析此种利用服务方式的现实意义。

二、技能题

1. 根据下列数据计算出相对数和平均数。

××档案室的有关情况是：

（1）20××年计划完成编研成果50万字，实际完成60万字，求计划完成相对数。

（2）该档案室共有12000卷（册），其中文书档案8000卷（册），科技档案3500卷（册），会计档案共500卷（册），分别计算出这三种档案的结构相对数。

2. 请根据下面信息编写档案展览布置的备忘录。

备　忘　录

致：秘书高叶

自：行政经理苏明

主题：企业三十年成果展览

企业定于20××年4月8日在广场举行企业三十年成果展览，现在要求你接手这项工作，并请就档案展览的主要内容、原则和作用形成备忘录，在今天下班前交到我的办公室。

行政经理　苏明　　20××年3月10日

拓展阅读

档案虚拟展览集成技术

目前，拥有丰富档案资源的单位或部门往往会借助先进的信息技术，融合打造虚拟展陈工程，实现二维信息和三维数据的采集与加工，积累完整的数字档案资源，在数字平台展示。信息技术集成在档案虚拟展览中将发挥越来越重要的作用。

（1）二维超高清数字化扫描与动画技术。这项技术已得到广泛应用，如将档案展品（特别是字画类展品）进行超高清扫描，随后集成于数字平台中，让用户在观摩虚拟档案时，可随意放大、缩小，使线下展览中不便观测到的档案元素呈现得更为翔实，数字平台中图片清晰度均已达到4K效果。二维超高清数字化扫描与动画技术进一步发展的成果在近些年兴盛起来，即通过APP或数字软件内置设定的程序，让原本导入的静态图片自行"动起来"，特别是老照片中的主要人物。

（2）三维重建技术。该技术以激光扫描为主，通过遥感测绘和倾斜摄影对大遗址或大场景进行三维重建，打造出不逊于真实场景的虚拟展厅。"数字敦煌"就将这项技术运用得淋漓尽致，通过对洞窟大面积、高分辨率的快速三维坐标数据获取，并借助专业软件和测量数据建立洞窟的三维实体模型，让用户从数字平台进入虚拟洞窟欣赏壁画档案时产生身临其境的观感，塑造出超真实的洞窟环境和观展体验。

（3）区块链技术。中共中央办公厅、国务院办公厅印发的《"十四五"文化发展规划》第六项第四点中提出"鼓励有条件的机构和单位建设基于区块链技术的版权保护平台……"的政策。在信息技术领域中，区块链技术在数据防篡改、信息防盗用、维护作者版权等方面具有绝对优势。区块链技术的应用和这项规划的出台，为虚拟展览在用户利用档案资源以及随之而来的学术共创等方面提供了安全性、可靠性的保障。普通的档案虚拟展览只能专注于展品自身,而区块链技术的集成,让大众参与其中的版权保障成为可能,使得档案虚拟展览在原有基础上有了二度创作的空间。

资料来源:王培培.档案虚拟展览集成创新探析[J].北京档案,2023(4):33—35.

法规阅读

《国家档案馆档案开放办法》

项目八

实物档案

实物档案是一个单位档案全宗的重要组成部分,它有别于传统的用文字记录信息的纸质档案。实物档案是通过特定的有形物品来记录立档单位的各项实践活动,生动反映该单位发展历史的档案。本项目内容适用于各类单位档案管理部门的实物档案管理。

本项目知识重点

【项目结构】

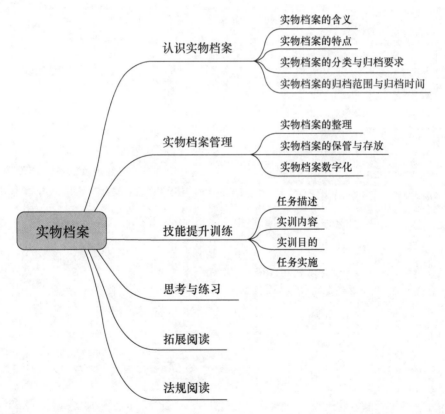

【项目目标】

(1) 知识目标:通过本项目的学习,掌握实物档案的含义与归档范围。

(2) 能力目标:通过本项目的学习与技能提升训练,能够按照实物档案的管理方法和技巧开展实物档案管理工作,为实物档案利用工作提供保障。

(3) 素养目标:通过本项目的学习与技能提升训练,使学生掌握实物档案管理技能,培养学生忠于职守的职业素养、认真负责的敬业精神及对档案工作的荣誉感。

【职业箴言】

实物档案承载荣誉,见证企业发展。

解读:这句话指出了实物档案的社会意义。实物档案是反映本单位职能活动和历史真实面貌的具有保存价值的特定有形物品,多为荣誉类和纪念类,生动地展现了企业发展的历程。

任务一　认识实物档案

▶ **思维导图**

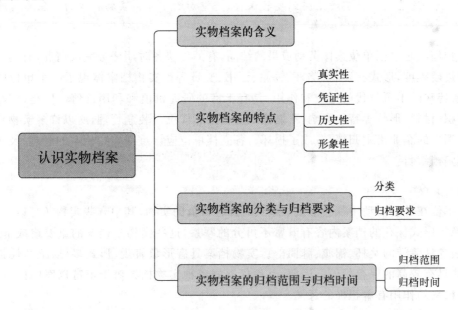

▶ **知识目标**
- 掌握实物档案的含义与特点。
- 明确实物档案的归档范围与归档时间。

▶ **能力目标**
- 能够分析实物档案管理工作在某单位的档案整体工作中的地位及实物档案管理工作的要求。
- 能够按照实物档案的管理方法规范管理某单位的实物档案。

▶ **素养目标**
- 培养学生认真负责的工作态度。
- 培养学生的荣誉感与历史使命感。

▶ **案例导入**

××纺织有限责任公司是一家规模较大的民营企业,现拥有固定资产近亿元,职工1000多人,企业效益每年以20%的幅度递增。2020年,该公司被评为省级优秀企业,并相继获得了地市级优秀企业、诚信民营企业、安全生产先进单位、守合同重信用单位等荣誉称号和奖励。几年来获得各种荣誉称号或奖励200多项,其中,国家级12项、省级20项、

> 市级124项等。这些奖状、奖杯、奖牌等实物档案形象地记录了企业的发展历史,是企业十分珍贵的财富,也是企业产品得到了社会认可的证明。但是由于用房紧张及认识上的不足,很多荣誉类实物档案没有及时收集归档,没有统一保管、建立专题目录,甚至一些实物档案存在乱放的情况。例如,奖牌挂在公司大门的墙上,有的奖状、奖杯等摆在各部门的展柜上或会议室内,也有一些早期的奖品堆放在仓库里,造成损坏或散失,一些锦旗被虫子蛀蚀。这些荣誉类实物未得到妥善保存,严重影响了公司实物档案的管理和利用。

实物档案是立档单位集体劳动成果的结晶,有的反映各时期任务完成情况,有的反映产品质量过硬程度,形式有奖状、奖杯、锦旗、证书、奖章等。实物档案体现了一个单位的发展史,有着特殊的不可替代的地位和作用,具有丰富的研究价值和利用价值。但是,实物档案因为体积、材料、形状等特性影响,不能像纸质档案那样统一装盒管理,所以许多实物档案没有被案例中的企业集中归档,造成了损坏。各立档单位应该重视实物档案的管理,及时将实物档案归档编目。

◐ **理论支撑**

各单位在社会活动中都会形成一些具有保存价值的实物,其中有些实物还与以文字、图表、声像等形式保存的档案内容有着密不可分的联系,这些实物是档案的重要组成部分,例如,代表各种荣誉的奖杯、锦旗、牌匾等。实物档案具有形象直观、形式多样、工艺性强等特点,往往具有较高的保存价值。因此,整理保存好各种实物档案对于丰富档案的内容、更好地发挥档案的作用有着积极的意义。

一、实物档案的含义

实物档案是指国家机构、社会组织或个人在社会活动中制作或获取的,以特定有形物品存在的具有保存价值的实物。实物档案包括奖状、奖杯、锦旗、证书、印章、印模、产品、标本、工具设备等。实物档案是档案家族中不可或缺的一员,它与传统的文书、科技、会计、录音录像等档案一起,反映了一个立档单位的全部活动情况。从本质上讲,实物档案是将具有档案属性的实物通过收集整理而转化成的档案。

二、实物档案的特点

(一) 真实性

档案直接来源于人们的各种社会活动,是原始的第一手资料,其内容具有真实性。实物档案的形成与传统档案一样,是单位在从事社会活动的过程中直接形成的。因此,实物档案具有真实性,只不过与传统档案的载体不一样而已。实物档案是通过某种特殊形态与结构反映某种行为的结果,是同一活动形成的文书档案的补充形式,因而具有真实性。

(二) 凭证性

奖杯、证书等形式的实物档案是反映某一单位所取得工作成绩的物品,是以档案形成单位的工作成绩为基础的,是单位在重大活动中形成的有保存价值的凭证性实物,能最直接、客观、准确地记述和反映形成主体活动的历史情况,因而具有凭证性。

(三)历史性

档案是历史活动的原始记录,实物档案既是档案家族中的特殊一员,也是历史活动的原始记录,是人类既往行为过程的伴生物和证据物。实物档案由当时活动中直接使用的非纸质的实物转化而来,并非事后为了使用而另行制造的,因而具有历史性。

(四)形象性

实物档案的形象性是指实物档案用形象的特殊形式反映单位在社会活动中所取得成绩的一种属性,是以具体的物质形态来表现单位各项社会活动的,因此具有直观、形象的特征。

三、实物档案的分类与归档要求

(一)分类

1. 按实物形状划分

实物档案按实物形状可分为平面实物、立体实物两种,也可分为可折叠和不可折叠两种。

2. 按实物载体形式划分

实物档案的范围广,形式多样,常见的载体形式有奖杯、锦旗、牌匾等。

3. 按实物内容划分

实物档案按实物内容一般分为荣誉类、纪念品(礼品)类、印章类。

荣誉类包括奖状、奖杯、锦旗、证书、奖牌、奖章等。

纪念品(礼品)类包括纪念杯、纪念章、纪念册、纪念票证、字画、题词、雕塑、产品、样品等。

印章类包括本单位已宣布停止使用的印章、印模、徽标等。

(二)归档要求

实物档案进行归档时主要有以下四个方面的要求:

(1)收集的实物没有明确标明主题和时间的,移交单位或个人应在移交时对实物的主题和时间进行说明。

(2)归档的实物应保持整洁、无破损。

(3)归档的实物应当拍照归档,所拍照片纳入本单位照片档案管理,两者之间要建立准确、可靠的标识关系。本单位在对外交往中赠送给外单位的重要实物,也应拍照归档。

(4)归档实物的移交和征集应符合有关的要求和规范。档案工作者在归档时要注明实物档案的颁发单位、获奖单位、获奖时间、种类、颁发地点等事项,将实物及其附属材料、包装盒一并归档。

四、实物档案的归档范围与归档时间

(一)归档范围

实物档案的归档范围要与已有的室存档案相协调,其归档范围与文书档案的归档范围基本相同,主要包括以下三个方面:

一是本单位的集体或个人在各类社会活动中获得的奖状、奖杯、锦旗、证书、奖牌等。这是与其他门类档案同时形成的、反映同一活动或同一内容的。例如，单位在各种表彰活动中获得的奖状、奖杯、奖牌等。

二是其他门类档案中没有的、内容独特的实物。例如，公务活动中获赠的纪念品；来宾赠送的各种纪念品、工艺品等；上级领导、知名人士的题词、字画等。

三是本单位成立以来使用过的牌匾，停用的各种印章类实物（包括印章、印模、徽标），各种重大活动中制作的纪念品和宣传品等。

(二) 归档时间

由于实物档案的重要性和载体的特殊性，实物档案的归档时间比较灵活，可随时归档，也可与文书档案同时归档移交。一般应自形成后的次年6月底前向本单位的档案管理部门移交。

单位有些部门有临时展示实物的需要，档案管理部门可以与相关部门沟通好，对实物档案先进行拍照登记；有些应归档的实物确实需要在档案形成部门保留较长时间的，实物档案形成部门应该先移交档案管理部门归档后再办理借用手续。

任何部门和个人不能随意将应归档的实物据为己有或转送他人，归档的实物要保持干净、整齐、无破损。个人在公务活动中获得的颁发给单位的证书、奖杯、纪念品等实物档案也应交本单位档案管理部门归档。

各单位档案管理部门应对归档的实物档案进行检查，以确保实物档案符合归档要求。在移交实物档案时，交接双方应办理移交手续，清点后交接双方在移交清册上签字。

任务二　实物档案管理

思维导图

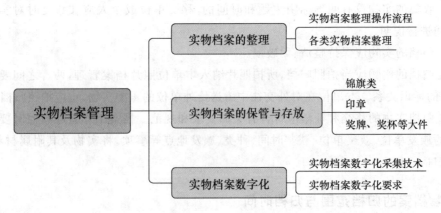

知识目标

- 掌握实物档案整理的内容与具体要求。
- 熟悉各类实物档案保管与存放的要求。

能力目标

- 能够分析实物档案的整理流程及各环节的工作要求。
- 能够按照实物档案保管方法规范管理单位的实物档案。

素养目标

- 培养学生认真负责的工作态度。
- 培养学生敬业守法的职业素养。

案例导入

> 小陈大学毕业后到一家机械设备公司担任专职档案管理员,正赶上公司成立三十周年庆典,公司要筹建一个陈列室,将历年获得的重大荣誉类奖品陈列其中。小陈到库房查看,发现这类实物档案没有系统地进行登记和编目,很多就是随意放置在案盒里或分散悬挂在各部门或公司门口。于是小陈就要求各部门相关工作负责人员梳理并上报各类荣誉证书、奖牌或奖旗等;同时,亲自到公司门口去拍摄相关实物档案的照片,按年度和类别进行登记、编目,形成实物档案目录。

档案管理员小陈的做法非常规范。实物档案整理立卷与一般文书档案不同,比较烦琐,存放形式比较灵活,可由档案室统一收集入库管理或统一陈列于公司陈列室;也可以由各个部门自挂展示。但是不管是哪种形式,对实物档案一定要拍照,所拍照片统一按照照片档案管理办法管理。

理论支撑

一、实物档案的整理

实物档案的整理是指将实物档案以件为单位进行鉴定、分类、排列、编号、编目等,使之有序化的过程。实物档案的整理一般以一件实物为一件。实物档案的整理应遵循保持档案的有机联系、便于保管和利用的原则。

实物档案整理的具体要求如下:一是实物档案应齐全完整,凡是本单位在公务活动中形成、获得、接受、赠送或者征集的各种实物档案,均应收集齐全、完整无损、整理归档;二是对每件实物档案均应转拍照片进行相应归档。

一般来说,收集进馆的实物档案应按奖状、奖杯、锦旗、证书、奖章、单位个人证章及其他这几个分类编制案卷目录,并按实物档案形成时间和进馆先后顺序再分类、排列、编号。书稿、著作类实物只编件号,不编页号,在目录中注明页数、散装入盒;证书材料、印章、奖杯、锦旗等每件上贴粘胶纸,在粘胶纸上填写编号,除奖杯外,其他散装入盒;徽标类实物档案、钱币、票证档案参照照片档案整理方法,将其固定在纸板上,左边为实物,右边加文字说明。实物档案属非全宗实物,接收征集进馆后要重新编号。进馆实物档案编号包括总登记号、案卷号。

(一)实物档案整理操作流程

目前关于实物档案的管理,国家档案管理部门尚无统一的标准,只有地方性档案管理部门出台的地方性实物档案管理规范。综合各地关于实物档案的管理办法,实物档案整理具体主要有以下几个步骤:

(1)将所有的实物档案收集在一起。

(2)将实物档案按年度分开。例如,2024年3月区委授予本单位2023年度先进工作单位的奖状就应该存在2023年的档案里。

(3)按发放单位的级别排出顺序,编上号码。

(4)贴上标签。标签应标明档号、名称、授予单位或获奖单位、实物名称。

档号:全宗号(4位)-年度(4位)-件号(4位)。

名称:实物档案题名。

授予单位:授奖单位或赠予单位名称。

实物名称:即实物档案的类别、形式,如奖状、锦旗、证书、牌匾、奖牌、奖章等。

实物档案标签格式示例如表8.1所示。

表8.1 实物档案标签格式示例

档 号	0049-2024-0001
名 称	2024年度明星企业
授予单位	××市政府
实物名称	奖牌

注:实物档案标签贴在实物档案的背后。

值得注意的是,实物档案数量少的单位可以将档案以件为单位,按时间顺序编大流水号,一件实物一个顺序号;实物档案数量多的单位应将实物档案先分类,然后在属类下按件根据时间顺序编流水号。

编号模式:大类代字+属类代号+目录顺序号+案卷顺序号。实物档案编号式样参见图8.1。

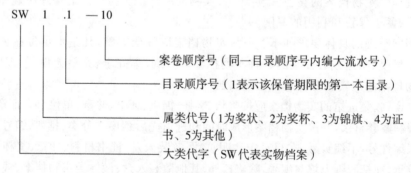

图8.1 实物档案编号式样

(5)整理编目,形成实物档案目录。为方便管理和利用,要对已经编号的实物档案逐件登记编目,具体项目有目录号、件号、实物名称、题名、规格、授予者或捐赠者、授予时间、备注等。

① 目录号填写实物档案的目录号(大类代字+属类代号+目录顺序号),如 SW1.1、SW2.1……

② 件号是同一个类别内实物档案的顺序号。

③ 实物名称填写实物档案的类别、形式,如奖状、奖杯、锦旗、证书、奖章、奖牌、模型、题词、油画等。

④ 题名即实物档案的相关事由名称,如 2024 年度档案工作先进单位。

⑤ 规格即实物档案的尺寸大小,如 35 cm×25 cm。

⑥ 授予者或捐赠者即颁发实物的单位或个人。

⑦ 授予时间即获得实物的时间。

实物档案目录的格式及填写示例如表 8.2 所示。

表 8.2 实物档案目录的格式及填写示例

目录号:

件号	实物名称	题名	规格	授予者或捐赠者	授予时间	备注
0001	奖牌	××市政府授予××集团 2023 年度明星企业的奖牌	35 cm×25 cm	××市政府	2024.03.25	

形成的实物档案目录需汇集成册,装入"档案目录夹"中。实物档案目录由目录夹封面与盒脊、分类编号说明、案卷目录三部分构成。分类编号说明与案卷目录可参考纸质档案编写。目录夹封面与盒脊式样如图 8.2 所示。

项目	盒脊标签	封面标签	
填写示例	类别 实物档案 全宗号 年度 2023—2024 保管期限 永久 目录号 SW.1 起止件号 1—23	全宗名称	××集团档案馆
		全宗号	
		类别	实物档案
		年度	2023—2024
		保管期限	永久
		目录号	SW.1
		起止件号	1—23
填写说明	1. 全宗名称填写单位全称。 2. 全宗号为市档案馆编给各单位的代号。有则填,无则空。 3. 类别、年度、保管期限、目录号、起止件号照实际情况填写。		

图 8.2 目录夹封面与盒脊式样

（二）各类实物档案整理

1. 荣誉类实物档案的整理

荣誉类实物档案主要有奖状、奖杯、锦旗、证书、奖章、奖牌、牌匾等，其整理方法和步骤如下：

（1）分类。一般先按实物的形状和质地分类，然后按实物授予者的级别高低依次排列。

（2）编号。实物档案按实物形状（平面和立体）结合级别大小、时间先后顺序排列后分别从"1"开始编制流水号。实物档案应以"件"为单位遵循一件一号的原则进行编号，并在实物上粘贴标签。

平面实物将标签粘贴在实物右下方，立体实物将标签粘贴在实物底部。标签项目包括全宗号、目录号、件号。按照分类的结果，先给各类实物一个代号，代号既可以用字母也可以用数字，一经确定，就不要随意变动。一般实物不多的单位，也可以不分类，而采取编大流水号的办法。编号可用粘胶纸或标签牌的形式贴在或挂在实物适当的位置，以不影响对实物的观瞻为宜。

（3）整理编目。荣誉类实物档案目录应按件编制，每件写一条目录，内容应包括：序号、档号、实物获得者、授予者、荣誉称号、实物名称、时间、备注。

为了方便保管与利用，应当将每个荣誉类实物档案拍摄成照片，并按照片的整理方法组成案卷。有的单位还将荣誉类实物档案照片编辑成画册，印发有关单位，扩大其影响。

2. 印章的整理

由于名称的变更等原因，很多单位在发展过程中往往会形成一些失效的印章，尤其是发生机构撤销或更名等情况时，这些印章在历史上起过较大的作用，保存起来，仍有很大价值。印章作废以后应与其他档案一并移交进馆，并注明印章使用的起止时间。旧印章的整理步骤如下：

（1）分类。印章的分类方法很多，例如，按制作材料分，有木印、石印、骨印、钢印、铜印、塑料印等；按形状分，有圆印、方印、菱形印；按印文的制作方式分，有阴文印、阳文印、阴阳文印；按印文内容的性质分，有机关印、企业印、社团印等。旧印章数量少的单位，可不必分类。

（2）排列、编号。旧印章应该用一个特制的档案盒或木盒进行放置，排放顺序应与分类方案中的一致；每方印章在排放之前，都应在印模纸上盖上一个印模，然后在印把上贴上编号，同时在印模上填上相应的编号。

印章编号后即按编号顺序放入特制的档案盒或木盒内，印模单独装订成一册或若干册，与其他档案一起存放。

（3）编目。印章应按编号顺序编制分类目录，每方印章写一条目录，目录的内容由顺序号、档号、印文、使用时间、备注等组成。

3. 字画的整理

应归档的字画主要是指本单位收藏的领导或名人的题词、画作。字画的整理步骤如下：

（1）分类。将字画分为题词和画作两大类，字画数量很少的单位也可以作为一类。

（2）裱装。收藏的字画一般都要进行裱装，经过裱装后，卷起来放入特制的盒子中，或再用衬纸包住。名人字画一般不装订，采取平放或卷放的方式，每张贴粘胶纸，在粘胶纸上填写编号。卷放的字画隔一段时间要展开或挂出，再放回盒中。有些单位一直将字画挂起，甚至用原件展览，这样会严重损坏那些珍贵的字画。

(3) 排列、编号。根据分类情况而定,如分两类,则编两个流水号;如分一类,则按接收先后编大流水号,每一件编一个号。

(4) 编目。字画目录可直接套用传统文书立卷方法中的文书档案卷内目录。其中责任者应写个人,并明确单位及职务,题名项中填字画名称,备注栏中填写字画的规格。字画也可拍摄成照片,装订成册,以便集中利用,存放地址也可在目录的备注栏说明。

二、实物档案的保管与存放

实物档案的保管期限一般为永久。实物档案在经过整理编目后,要根据实际情况有区别地保管与存放。

(1) 实物档案经过统一整理编目后,实物档案目录应放于单位综合档案室目录柜中保管。

(2) 有些单位设置了荣誉陈列室,实物原件可存放在荣誉陈列室,即这里既可以是实物档案室,又可以是荣誉陈列室。

(3) 有些单位有部分荣誉类实物档案需要在单位会议室展挂或在单位公共场所固定摆放,必须对原件实物进行编目并在合适位置粘贴实物档案标签,同时对每件实物进行拍照,照片放在照片档案中编号归档。

(4) 有些单位实物太多,无法全部陈列,也可以单独设"荣誉录",然后用张贴实物照片的方式在单位公共场所展示,实物原件则收回放在档案室档案柜中保管。

实物档案可分为可折叠和不可折叠两种,相应的保管方法也分两种:可折叠的贴好标签后折叠放在档案盒中保管;不可折叠的贴上标签后放陈列柜或档案柜中保管,并在案卷目录中注明存放地址。

(一) 锦旗类

(1) 去掉竹竿(或木棒)和流苏。

(2) 将锦旗折叠成 16 开或 A4 规格,将有字一侧折叠在内,无字一侧折叠在外,注意尽量不要在锦旗上有文字处留有折痕。

(3) 将锦旗背面(右上角)贴有实物档案标签的地方露出在最上面。

(4) 将折叠好的锦旗装入档案盒中。

(5) 在档案盒盒脊填写盒内所装实物档案的目录号、件号等信息。

锦旗类实物档案装盒可参见图 8.3。

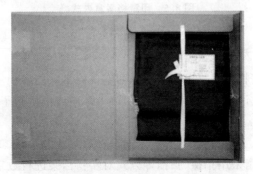

图 8.3 锦旗类实物档案装盒

(二)印章

印章应该用一个特制的档案盒或木盒进行排放,排放顺序应与分类方案中的一致。印章档案盒盒脊与封面式样、印章档案盒内式样可分别参见图 8.4 和图 8.5。

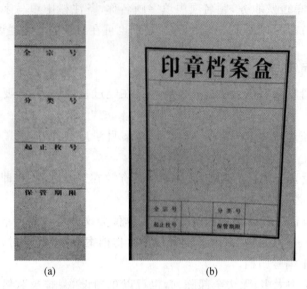

图 8.4 印章档案盒盒脊与封面式样

图 8.5 印章档案盒内式样

(三)奖牌、奖杯等大件

奖牌、奖杯等大件实物档案可以存放在陈列室或档案室档案柜里,只要编号贴好标签即可。若无陈列室,且不允许展示,可以直接打包放入木质或纸质箱子里,包装好统一保管。

三、实物档案数字化

实物档案数字化是指采用拍摄、扫描等方式对实物档案进行数字化加工,将其转化为存储在磁带、磁盘、光盘等载体上的数字文件,并按照实物档案的内在联系,建立目录数据与数字文件关联关系的处理过程。

实物档案因其特殊性,为了方便管理和保护利用,档案管理部门应根据实物档案的珍贵程度、开放程度、利用率、亟待抢救程度、数字化资金情况等因素,统筹规划、科学开展实物档案的数字化工作。实物档案数字化工作的开展应遵循《实物档案数字化规范》(DA/T 89—2022)提出的要求和标准。

(一)实物档案数字化采集技术

1. 数码拍摄

数码拍摄适用于能以二维静态图像形式展示的实物档案,如奖杯、锦旗、奖牌等。数码相机应采用彩色拍摄方式,拍摄精度不低于1600万像素。在拍摄前,针对拍摄实物档案的环境,对数码相机白平衡进行色温校正。具体参数可参照《实物档案数字化规范》(DA/T 89—2022)的"实物档案数字化数码拍照主要技术参数"表中相关规定。

注意事项:

(1)将照相机设置成无时间显示格式的画面,选择中焦距以上镜头拍照并尽量保持水平,避免图像变形。

(2)布光均匀,要将拍摄主体充满影像画面。

(3)多角度拍摄:对具有规则形状的实物档案需分别从正视、侧视、俯视等多角度进行拍摄。

2. 平面扫描

平面扫描是指使用扫描仪对实物档案进行扫描处理,其适用于能以二维静态图像形式展示的实物档案,如奖状、证书、印模等。为最大限度保留实物档案原件信息,便于多种方式的利用,宜全部采用彩色模式进行扫描。扫描色彩模式、扫描分辨率的选择应符合《纸质档案数字化规范》(DA/T 31—2017)提出的要求和建议。

幅面偏大的原件处理:超出所使用扫描仪扫描尺寸的档案可采用更大幅面扫描仪进行扫描,也可以采用小幅面扫描仪分幅扫描后进行图像拼接的方式处理。在分幅扫描时,相邻图像之间应留有足够的重叠,并且采用标板等方式明确说明分幅方法;若后期采用软件自动拼接的方式,重叠尺寸建议不小于单幅图像对应原件尺寸的1/3。图片具体参数可参照《实物档案数字化规范》(DA/T 89—2022)中的相关规定。

3. 三维扫描

三维扫描主要适用于能以三维立体影像形式展示的实物档案,如奖杯、产品、标本、工具设备等。

扫描实物档案的纹理精细度总体上应符合以下要求:

(1)应真实反映实物档案表面的颜色、质地、形状和图案等,同一表面纹理应协调一致;纹理扫描后,数字化成果需用色卡进行对比矫正,应保持其与实物档案色彩一致。

(2)长宽像素数符合要求,纹理长宽比差异不应过大。

(3)应进行纠正处理,减少视角或镜头畸变引起的变形,并消除眩光和阴影;图像分辨率不低于100 dpi,色调协调、自然真实;应拼接无缝,过渡自然。具体参数可参照《实物档案数字化规范》(DA/T 89—2022)中的相关规定。

4. 环物摄影

环物摄影是随着全景摄影技术的发展而产生的,可以360°全方位地展示实物档案,呈现效果更加栩栩如生。环物摄影适用于能以三维全景影像形式展示的实物档案,如生产工具、设施设备等大型实物档案。

环物摄影时应注意:

(1) 镜头与被摄实物档案表面保持正射,摄影人员根据需要使用数码单反相机、摄影机、鱼眼镜头、全景云台、三脚架、航拍无人机等专业设备对实物档案进行360°全景拍摄,实物档案的特征点不应遗漏。

(2) 拍摄过程中,焦距、光圈、感光度一经设定,直至照片全部拍完方可修改,且应保持每30度一个拍摄角度进行拍摄。

(3) 像素要大于1600万,色彩模式要大于32位,采用RGB模式;图片和视频格式要采用通用格式。具体参数可参照《实物档案数字化规范》(DA/T 89—2022)中的相关规定。

实物档案数字化的具体实施:如果档案管理部门人员、设备等条件满足的话可以内部进行,如果条件不足可以采用招标形式外包,相关工作应符合相关要求。档案管理部门应从企业性质、股东组成、资金来源(构成)、安全保密、企业规模、注册资金情况等方面严格审查数字化加工企业的相关资质。

(二) 实物档案数字化要求

1. 科学规划,注意审批与验收

应建立实物档案数字化工作组织,对数字化工作进行统筹规划、组织实施、协调管理、安全保障、技术保障、监督检查、成果验收等,确保数字化工作的顺利开展。数字化前应充分调研,制订科学合理的工作方案,确保实物档案数字化工作达到预期目标。档案工作者应对各环节做好把关审批与验收,确保其科学、规范。

2. 确保质量,保持原貌

采用有效的管理制度和技术手段,确保实物档案数字化成果质量。实物档案数字化应遵循档案管理的客观规律,真实反映实物档案的有关信息,最大限度地展现档案原貌。同时在实物档案数字化过程中,应注意保存数字化项目信息、技术环境、数字化各类技术参数等方面的元数据。

3. 注意保密与实体安全

加工涉密档案时,应按照涉密档案相关保密要求开展工作。实物档案数字化过程中应加强各环节的安全管理,确保档案实体和档案信息的安全。加工场地的选择及温湿度等环境的控制应有利于档案实体的保护。场地内应配备防火、防水、防有害生物、防盗报警、视频监控等设施设备。

4. 注意流程控制,做好数字化工作文件的归档

应制定相关的工作流程和各环节操作规范等,对实物档案数字化全过程进行有效的控制,确保数字化成果质量。工作方案审批结果应与数字化工作过程中形成的其他文件一并保存。实物档案数字化工作文件主要包括实物档案数字化工作方案、实物档案数字化审批书、实物档案数字化流程单、数据验收单、项目验收报告、实物档案数字化成果移交清单等;

采取外包方式实施时,还应包括项目招标文件、投标文件、中标通知书、项目合同、保密协议等。相关工作文件可参见《实物档案数字化规范》(DA/T 89—2022)的附录部分的表格。

技能提升训练

▶ 任务描述

某学院旅游管理专业荣获省级一流专业称号,在申报过程中,为充实教学成果展示,学院面向师生广泛征集了近年来在市、厅、局级以上比赛中获得的奖杯、奖状、奖章、荣誉证书、专利证书及相关实物。现学院计划对征集到的这些实物档案进行系统的登记造册、分类归档保存,并开展数字化处理工作,以便更好地保存和展示这些珍贵的荣誉成果。

▶ 实训内容

完成学院荣誉类实物档案的整理与数字化工作。

▶ 实训目的

通过此次实训任务,学生熟练掌握实物档案整理的技巧,以及实物档案数字化处理的方法与流程,从而提升职业技能,为未来的职业生涯奠定坚实基础。

▶ 任务实施

为更好地完成实物档案整理与数字化的实训任务,并熟练掌握实物档案管理技能,需遵循以下步骤:

第一步 了解与实物档案的分类与管理相关的规范与标准

本次实训任务可参考的关于实物档案整理的标准规范主要有国家档案局发布的相关法规标准,以及学校制定的关于实物档案整理的规定。

(1)国家标准:国家档案局颁布的《实物档案数字化规范》(DA/T 89—2022)是实物档案数字化的指导性文件,详细地规定了实物档案数字化的组织与管理,确定了实物档案数字化前处理、数字化采集、影像处理工作,以及实物档案数字化成果验收、移交,实物档案归还入库要求等。

(2)高校实物档案管理规范:高校档案室一般会结合高校实际情况和馆藏要求,制定有关实物档案的管理规范,加强学校的实物档案管理。

第二步 任务分工

5~6人为一组,由组长负责安排任务。在学院荣誉陈列室进行实训,准备好扫描或拍摄设备,小组成员应提前了解实物档案管理操作规范。在教师现场指导下,各小组分工合作,完成荣誉类实物档案的整理与数字化工作。

第三步 分类整理编目

1. 初步分类

根据国家规范和学校归档范围,对实物档案进行逐一鉴别和初步分类。按颁发年度与时间先后排序。

2. 整理排列

按照本校实物档案管理规范进行整理,荣誉类实物档案以"件"为单位,成套实物计为一件。然后,先将实物档案按形状和质地分类,再按授予者级别从国家级到省级、市级依次排列。

3. 编号

根据分类结果和排列顺序,给各个实物档案编号。

4. 数字化处理

对归档的荣誉类实物档案进行数码拍摄或扫描,建立相应的文件夹并命名。最后,将数字化的实物档案逐一登记,编制目录。大致流程如下:

(1) 将荣誉类实物档案进行数码拍摄或扫描,注意文件的命名。

(2) 建立荣誉类实物档案的文件夹,将归档的荣誉类实物档案照片归入相应文件夹中;再根据具体荣誉类实物档案的内容,重新命名归档的荣誉类实物档案照片。例如:

SW 文件夹-RY 文件夹-奖杯(RY1)、奖牌(RY2)……

001-获得×××颁发的"××××"奖励的获奖证书.jpg

最后再将实物档案数字文件逐一登记,编制目录(可与实体档案一致)。具体参照本章相关内容。

第四步 课堂讨论与总结,并完成任务工单

实训结束后,各组在课堂上分享实训过程,接受教师点评。每位同学根据任务分工和实训过程,完成如表 8.3 所示的任务工单,并撰写实训总结,以巩固学习成果。

表 8.3 任务工单

任务名称		荣誉类实物档案的整理与数字化工作				
任务目的		通过练习对荣誉类实物档案进行整理及数字化,学生掌握实物档案整理归档的科学方法,并有效提升相关专业技能				
任务内容		实物档案整理及数字化处理				
任务提示		从学校等身边的实物档案着手				
第( )组	姓名					
	学号					
任务	(1) 实物档案整理归档的规范要求					
	实物档案整理					
	标签填写和档案编号					
	(2) 实物档案数字化					
	数字扫描					
	数字化成果处理					

续表

实训心得	

思考与练习

一、案例分析

小陆在××单位办公室工作,每年单位都获得不少奖杯、锦旗、证书等,同时,由于近几年单位内部机构设置变动频繁,积累了一些失效的印章。于是小陆就按照实物档案管理办法,将它们按奖状、奖杯、锦旗、证书、奖章、个人证章及其他分类编制案卷目录,按实物档案形成时间和归档先后顺序分类编号,集中存放。

结合所学知识分析案例中小陆的做法。

二、技能题

按照工作惯例,××机械设备公司为成立20周年要建设一个荣誉陈列室,以宣传公司。根据这一情况,回答下列问题:

(1) 荣誉陈列室可陈列哪些类型的实物档案?
(2) 该公司实物档案选择的范围是什么?
(3) 结合案例分析实物档案管理的意义。

拓展阅读

环物摄影技术

环物摄影,也叫360°全景摄影或Flash 3D影像拍摄,即运用摄影技术把一件产品拍摄成多个画面,然后使用3D技术制作成多个图像完整的动画,并通过相应的程序进行演示。客户可以随意拖动鼠标,从各个角度查看产品的每个部件和结构。环物摄影概念于2001年由我国台湾企业提出,但因制作工作量大,专业工具器材的缺乏,一直未能普及;2004年以后,随着Flash 3D技术的发展,欧美等国家开始出现大批量应用环物摄影的案例。2009年,我国一些大型网络平台逐步开始应用,并且开发了一些傻瓜式操作的软件系统。

环物摄影的优势:

(1) 提供栩栩如生的展示效果,应用于各类商品的展示等,利用环物摄影技术,将商品特色最完整地呈现,大大提升了消费者对电子商务的接受程度。

(2) 突破传统的产品展示模式,为商家在互联网上推广、销售产品提供了一个有力的展示工具。客户可以随意拖动鼠标,从各个角度查看产品的每个部件和结构。

要进行环物摄影需要的基本工具有:照相机、摄影灯光、转盘、布景纸、三脚架等。

对拍摄者的要求:① 拍摄者需要具备一定的摄影知识。② 拍摄者需要对 Flash 类软件有一定的操作能力。③ 拍摄者需要掌握一定的 Web 技术应用知识。

三维扫描技术在档案数字化中的应用

三维扫描技术是指通过计算机技术等,将物体在三个方向上的尺寸、形态、颜色等信息准确记录下来,并实现真实感展示的技术。这种技术不仅可以展现物体的外观,还可以通过不同角度观察物体,从而更好地理解物体的形态。

三维扫描技术是一种利用高分辨率数码相机或激光扫描仪采集物体表面点阵信息的技术,它可以精确地记录物体的形状及表面细节,并生成三维模型文件。在档案数字化中,三维扫描技术以其高效、精准的特点,成为档案数字化的重要手段之一。三维扫描技术在档案数字化中的应用主要包括以下几个方面:

(1) 文物数字化:运用三维扫描技术对文物进行数字化记录,可以大大减少人们接触文物的频率,避免对文物的二次破坏。同时三维扫描可以对文物进行全面、快速的记录,为文物的保护和利用提供了有效途径。

(2) 建筑数字化:运用三维扫描技术可以对建筑进行非接触性的数字化记录,得到建筑物的精准三维模型,为建筑物的保护、修复、研究提供有力的支持。同时,三维扫描技术也可以应用于建筑工程的建模、检测及质量控制。

(3) 普通物品数字化:运用三维扫描技术将各种日常物品进行数字化记录,可以方便地保存、传播和展示这些物品的形态和特点,同时也可为设计和工程等领域提供创意和实用价值。

资料来源:蔡元骏.三维技术在档案工作中的应用[J].机电兵船档案,2023(5):59.

法规阅读

(1)《实物档案数字化规范》(DA/T 89—2022)

(2)《印章档案整理规则》(DA/T 40—2008)

项目九
专门档案管理

专门档案是指国家机关、社会团体、企业事业单位及其他社会组织在从事某些专业性较强的活动时,为了实现相关职能目标而形成和使用的,具有查考、利用和保存价值,并按照专门的管理办法整理归档的各种载体形态的历史记录。国家档案局在 2011 年 10 月和 11 月分两批发布了《国家基本专业档案目录》,该目录将我国的专门档案划分为人事类、民生类、政务类、经济类和文化类五大门类,在各门类下列了共 100 种具体的专门档案名称,并逐一标明其主管部门。本项目介绍的人事档案、会计档案和社保档案分别属于人事类、经济类和民生类,分别由中组部/人力资源和社会保障部、财政部、人力资源和社会保障部归口管理。

本项目知识重点

【项目结构】

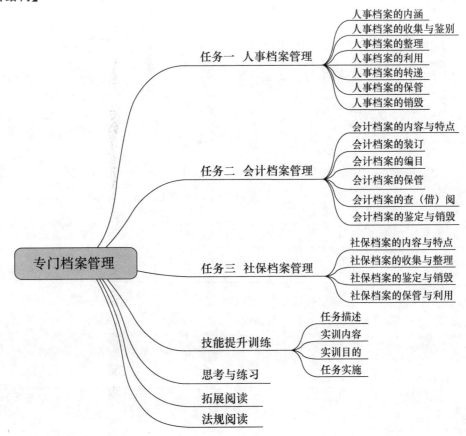

【项目目标】

(1) 知识目标：通过本项目的学习，初步掌握人事档案、会计档案和社保档案三类专门档案管理工作的内容、意义及要求。

(2) 能力目标：通过本项目的学习与技能提升训练，能够按照专门档案管理的工作方法和步骤，做好专门档案管理工作，以服务社会。

(3) 素养目标：通过本项目的学习与技能提升训练，学生能够掌握人事档案、会计档案和社保档案三类档案的管理方法，具有忠于职守、开拓创新的职业素养，以及遵规守法的法律意识。

【职业箴言】

以人为本，廉洁自律；依法管档，惠及民生。

窗口是一面镜子，能照出民意，更能照出我们的人格。

解读： 人事档案、会计档案和社保档案三类专门档案事关单位用人、财务和民生，是单位重要的特殊档案。相关档案的管理人员应该熟悉关于专门档案的法规制度，不为利益所诱惑，不弄虚作假，不泄露秘密；始终按章办事、清正廉洁，树立服务意识，提高服务质量。

任务一　人事档案管理

▶ **思维导图**

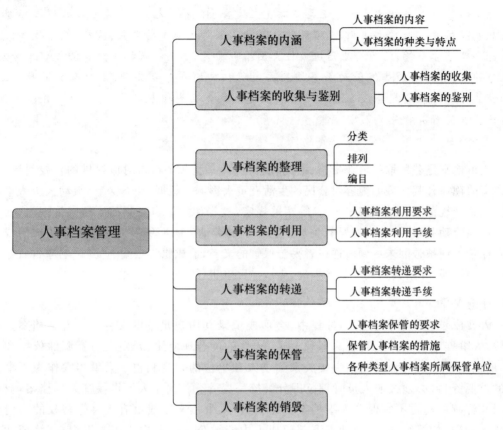

▶ **知识目标**
- 掌握人事档案的内容与特点。
- 明确人事档案管理的任务及要求。

▶ **能力目标**
- 能够掌握人事档案收集、整理、鉴别、查(借)阅等方面的管理方法。
- 能够根据人事档案管理要求规范地管理人事档案。

▶ **素养目标**
- 树立以人为本的服务意识。
- 具有守正清廉的职业素养。

> **案例导入**

> **人事档案丢失　单位被判赔偿**
>
> 　　王某于 2010 年因刑事犯罪被被告南京市××公司解除了劳动关系。2020 年原告王某服刑完毕后，向被告要求转移劳动人事档案时得知，被告并没有将原告的劳动人事档案转递给原告户口所在地的人才中心保管，也未将原告的劳动人事档案妥善保管，导致原告的劳动人事档案丢失。王某多次要求被告予以补办档案，但至今被告仍未办理。因此造成原告不能再次就业，也不能依法享受国家对于职工的失业、医疗、低保救济，还不能办理退休手续，给原告生活造成极大困难。于是，王某请求被告为其补办职工劳动人事档案，并赔偿原告因劳动人事档案丢失所损失的失业救济金、失业人员医疗补助等。最终法院依法判令被告南京市××公司为原告王某补办劳动人事档案，并一次性赔偿其各项经济损失 5 万元。

　　人事档案是公民取得就业资格、缴纳社会保险、享受相关待遇时应提供的重要凭证，人事档案的存在及其记载的内容对公民的生活有重大影响。根据《档案法》《流动人员人事档案安全管理规范》(LD/T 04—2020)等相关规定，被告作为原告王某的原档案管理人，在与原告解除劳动关系后，应当按照有关规定将原告的劳动人事档案及时转递至相关部门或者妥善保管。现被告因未尽到转递或者妥善保管的义务，造成原告档案遗失，影响原告就业及享受相关待遇，并给其造成了经济损失，应承担民事责任。

> **理论支撑**

　　人在成长和从事社会活动过程中，会形成记录其历史足迹的文件——人事档案。在单位，人事档案既是员工业绩的客观记录，又是单位合理使用、开发人力资源的依据和工具，所以人事档案的管理工作直接关系到个人和单位的切身利益。人事档案作为人事工作的重要资料，必须按照人员管理范围分级统一保管。任何个人不得保管人事档案，业务部门和行政部门也不宜保管人事档案。在我国，人事档案一般由有人事管理权的部门或机构来管理，如组织部门、劳动人事部门或人力资源公共服务中心等。组织部门、劳动人事部门主要管理国家干部、公务员等的人事档案以及事业单位、国有企业职工人事档案，人力资源公共服务中心主要服务于未就业、自由或灵活就业及其他等流动人员的人事档案的托管。

一、人事档案的内涵

　　人事档案是指人事管理活动中形成的，记述和反映个人经历和德才表现，以个人为单位组合起来，以备考察的文件材料。人事档案主要是由人事、组织、劳资等部门在培养、选拔和使用职员的工作活动中形成的，是个人参与社会各方面活动的记载，是个人自然情况的真实反映。在平时的工作中产生的人事档案材料有年度考核登记表，考察材料，学历材料，职称材料，入团、入党材料，奖励材料，工资材料，违纪材料等。人事档案是个人经历、学历、社会关系、思想品德、业务能力、工作状况及奖励、处罚等方面的原始记录。

（一）人事档案的内容

人事档案一般包括以下十个方面内容：

（1）履历类材料。主要有《干部履历表》和干部简历等材料。

（2）自传和思想类材料。主要有自传、参加党的重大教育活动情况和重要党性分析、重要思想汇报等材料。

（3）考核鉴定类材料。主要有平时考核、年度考核、专项考核、任（聘）期考核，工作鉴定，重大政治事件、突发事件和重大任务中的表现，援派、挂职锻炼考核鉴定，党组织书记抓基层党建评价意见等材料。

（4）学历学位、专业技术职务（职称）、学术评鉴和教育培训类材料。主要有中学以来取得的学历学位，职业（任职）资格和评聘专业技术职务（职称），当选院士、入选重大人才工程，发明创造、科研成果获奖、著作译著和有重大影响的论文目录，政策理论、业务知识、文化素养培训和技能训练情况等材料。

（5）政审、审计和审核类材料。主要有政治历史情况审查，领导干部经济责任审计和自然资源资产离任审计的审计结果及整改情况，履行干部选拔任用工作职责离任检查结果及说明，证明，干部基本信息审核认定、干部人事档案任前审核登记表、廉洁从业结论性评价等材料。

（6）党、团类材料。主要有《中国共产党入党志愿书》、入党申请书、转正申请书、培养教育考察，党员登记表、停止党籍、恢复党籍、退党、脱党、保留组织关系、恢复组织生活，《中国共产主义青年团入团志愿书》、入团申请书，加入或者退出民主党派等材料。

（7）表彰奖励类材料。主要有表彰和嘉奖、记功、授予荣誉称号、先进事迹以及撤销奖励等材料。

（8）违规、违纪、违法、处理、处分类材料。主要有党纪政务处分，组织处理，法院刑事判决书、裁定书，公安机关有关行政处理决定，有关行业监管部门对干部有失诚信、违反法律和行政法规等行为形成的记录，人民法院认定的被执行人失信信息等材料。

（9）工资、任免、出国和会议代表类材料。主要有工资待遇审批、参加社会保险，录用、聘用、招用、入伍、考察、任免、调配、军队转业（复员）安置、退（离）休、辞职、辞退，公务员（参照公务员法管理人员）登记、遴选、选调、调任、职级晋升，职务、职级套改，事业单位管理岗位职员等级晋升，出国（境）审批，当选党的代表大会、人民代表大会、政协会议、群团组织代表会议、民主党派代表会议等会议代表（委员）及相关职务等材料。

（10）其他可供组织参考的材料。主要有毕业生就业报到证、派遣证，工作调动介绍信，国（境）外永久居留资格、长期居留许可等证件有关内容的复印件和体检表等材料。

（二）人事档案的种类与特点

1. 人事档案的种类

（1）按个人身份分，人事档案可分为干部档案、职工档案、学生档案、军人档案、流动人员档案等类型。干部档案有专门的管理规范，其他类档案的管理基本参照干部档案管理规范进行。各种人事档案及对应主管部门（部分）见表9.1。

表9.1 各种人事档案及其主管部门(部分)

序号	名称	主管部门
第一批1	干部档案	中组部
第一批2	流动人员档案	中组部、人力资源和社会保障部
第一批4	企业职工档案	人力资源和社会保障部
第二批1	学籍档案	教育部

资料来源：国家档案局2011年编制的《国家基本专业档案目录》。

（2）按职责和专业分，人事档案可分为国家公务员（含参照公务员管理的单位、人民团体工作人员）档案、专业技术人员档案等。

（3）按工作单位的性质分，人事档案可分为党政军机关人事档案、企业单位人事档案、事业单位人事档案、社会流动人员人事档案。

（4）按是否在岗分，人事档案可分为在岗人员档案、待岗人员档案和离退休人员档案等。

2011年国家档案局发布了两批《国家基本专业档案目录》，人事类的档案包含的种类较多，包括干部档案、流动人员档案、企业职工档案、学籍档案，本书所讲的主要以干部人事档案和流动人员人事档案为主。

2. 人事档案的特点

（1）现实性。人事档案是为现实的人事管理工作服务的。人事档案记述和反映的是个人现实的生活、学习及工作活动情况。人事档案是各单位考察、了解员工和正确用人的依据。人事档案内容要连续，随个人变化而不断补充新材料，以便较好地反映个人的现实面貌。

（2）真实性。人事档案的真实性是指人事档案材料的来源、内容和形式等都必须是完全真实的，做到"档如其人""档即其人"。真实性是人事档案发挥作用的基础和前提。

（3）动态性。人事档案的内容和数量是随着个人成长变化而变化的，如学历与学识的提高、职务与职称的晋升、工作岗位与单位的变更、奖励与处分的状况等情况。人事档案的动态性表现为两个方面：第一，人事档案随着个人社会实践活动的发展而变化，数量不断增加，内容日益丰富。第二，人事档案会随着人员的流动或人员管理单位的变动而发生转移，以实现人事档案管理与员工的人事管理相统一，"档随人走"。

二、人事档案的收集与鉴别

（一）人事档案的收集

人事档案的收集就是将有关个人的、分散的人事档案材料集中起来保管。人事档案不是由人事档案管理部门自行产生或编写的，而是由人事档案管理部门通过各种渠道将所管人员历史上形成的和新近产生的人事档案材料收集起来整理而成的。收集是取得和积累人事档案材料的一种手段，也是人事档案工作的起点，收集工作的好坏直接影响到档案的质量和提供利用的效果。

1. 收集渠道

人事档案的收集渠道主要有以下五种：

（1）通过人事、组织、劳资及其他人事管理部门收集各有关人员的人事档案材料。

（2）通过员工所在的党团组织、政府机关、企业事业单位的有关部门收集有关党团材料。

（3）通过业务部门、科技部门及学校、培训部门收集学历、学识、才干及奖惩材料。

（4）通过纪检、监察、司法及有关部门收集处分或免予处分的决定、查证核实报告、上级批复、个人陈述或检查、法院判决书。

（5）通过本人或报纸杂志及有关部门收集发明创造、科研成果、著作、译著和有重大影响的论文等。

单位人事档案的收集有非常严格的要求。为确保人事档案材料的完整与齐全，各单位必须建立健全人事档案管理制度。

2．收集方法

人事档案收集工作要保质保量、客观真实，以变化发展和完整全面为指导思想，做到准确无误。

（1）明确人事档案材料收集的范围。

人事档案材料的收集必须有明确的范围。每个人在社会实践和职业活动中形成的材料是多方面的，并不都是人事档案，收集时应根据相对人单位性质和人事档案的类别，参照《干部人事档案工作条例》、《干部人事档案材料收集归档规定》（2009年修订）、《流动人员人事档案管理服务规定》等文件中关于人事档案的规定，准确划分各自的收集范围，避免错收、漏收，这是做好人事档案收集工作的先决条件。

（2）弄清材料来源，疏通收集渠道。

人事档案的材料来源丰富，涉及面广，凡与人员管理活动发生关系的单位或部门都有可能产生人事档案。从形成主体看，既有个人形成的，也有组织形成的；因此要将一个人的所有档案材料全部收集起来，首先必须弄清材料来源，疏通收集渠道，与形成人事档案材料的相关单位建立紧密的工作联系。

单位是形成人事档案材料的主要渠道。人事档案材料主要来自人事部门、党团组织、纪检监察部门、部队、民政部门及教育培训机构等。

要保持人事档案收集渠道畅通，人事档案工作者就要做好联系与指导工作，与人事档案形成的相关部门及个人保持联系，向他们宣传收集的意义、收集范围与注意事项。

（3）掌握人事工作动态和规律。

及时掌握人事工作动态，把握变化规律，这样才能及时高效地收集人事档案。如单位内部干部变动、"五一"表彰劳模或先进工作者、单位职称评审、人才引进、新员工入职等。人事档案工作者应密切关注人事工作动态，及时归档人事档案材料。

3．归档材料要求

收集归档的材料应对象明确、齐全完整、文字清楚、内容真实、填写规范、手续完备，要有承办单位或个人署名，有形成材料的时间。

归档材料的手续必须完备，凡头尾不清、来源和时间不明的材料，要查清注明后再归档；凡查不清楚或对象不明确的材料，不能归档；凡不符合归档要求、手续不完备的材料，应补办手续后归档。

凡规定应由单位审核盖章的材料,必须有单位盖章;规定应由本人签字的材料(如审查结论、复查结论、处分决定或意见、组织鉴定等),应有本人签字,本人未签字的,可由归档单位注明。

归档文件材料不得使用圆珠笔、铅笔、红色墨水及纯蓝墨水书写,不得用复写纸书写。除电传材料、学历学位证书、获奖证书等复印存档外(人事部门与原件核对后盖章),其他归档材料不得用复印件代替原件存档。发现送交的归档材料不符合相关规定要求的,人事档案管理者有权通知材料形成单位或个人,补送或补办有关手续。

(二)人事档案的鉴别

人事档案的鉴别是指人事档案管理部门根据人事档案的归档范围和要求,对收集的文件材料进行审核甄别,判定文件的真伪和保存价值,确定能否归档的过程。它是维护人事档案真实性和完整性的重要手段。根据归档要求,每个人事档案管理者都要认真做好材料鉴别工作:① 发现有同名异人、张冠李戴的情况要再核实,发现重复多余的材料要清理出来;② 每份材料要核对是否齐全完整,对头尾不清、来源和时间不明的材料要查清后填写明确,凡手续不完备的材料必须通知材料形成单位补办完手续后再提交;③ 鉴别中发现有的当事人的年龄、工作经历、学历等信息有不实之处时,应认真复核并纠正。

具体地讲,人事档案鉴别工作的内容有以下五项:① 判定文件是否属于人事档案;② 判定是否属于同一对象的人事档案;③ 判断材料是否真实、准确;④ 审核文件手续是否完备;⑤ 核实归档文件的质量。

对不符合归档要求的材料的处理方法有以下四种:① 转出,经鉴别凡属于非人事档案或非当事人本人的材料,均应将其转出给相关单位保存或处理,文件转出时应填写转递材料通知单;② 退回,对于内容需要核实或手续不完备的材料,应提出具体意见,退回档案形成单位,待档案形成单位修改、补充或完备手续后再重新提交,退还时应履行清点和签字手续;③ 留存,对于不属于人事档案归档范围但具有参考价值的文件,经过整理后,可以作为企业事业单位人事部门的业务资料予以保存;④ 销毁,无保存价值和重复无用的材料,应按有关规定履行相应手续后做销毁处理。

三、人事档案的整理

对经鉴别应予归档的材料,应按照 2012 年中组部发布的《关于做好文件改版涉及干部人事档案有关工作的通知》(组通字〔2012〕28 号)及其他相关政策规范的要求去整理归档。人事档案的整理是指对收集起来并经过鉴别的人事档案,按照有关要求,以个人为全宗,进行分类、排列、编号等,并在此基础上不断地对档案内容进行补充的过程。

整理方法有集中整理、经常性整理和补充性整理等。人事档案整理工作应做到认真鉴别、分类准确、编排有序、目录清楚、装订整齐,通过整理使每个档案都达到完整、真实、有条理、精练、实用的要求。

人事档案整理工作的步骤主要如下。

(一)分类

人事档案的分类应按照《干部人事档案工作条例》规定的十大类进行,还应注意部分类别的干部人事档案分正本和副本。正本由全面反映一个人的历史和现实的全部人事档案材料构成;副本由正本中主要材料的复制件(重复件)构成,详见表9.2。

表9.2 干部人事档案正本、副本材料一览表

类别	正本材料	副本材料	备注
第一类	履历类材料	近期履历材料	报考登记表和毕业生登记表归第四类;带自传的履历表且与其他自传内容不重复的归入第二类
第二类	自传和思想类材料		一般性的科技干部业务自传、技术自传不归档
第三类	考核鉴定类材料	主要考核、鉴定材料	短期的总结材料不归档;干部述职报告不归档
第四类	学历学位、专业技术职务(职称)、学术评鉴和教育培训类材料	学历学位,评聘专业技术职务所需的材料	一套完整的学历材料包括:报考登记表、学习成绩单、毕业生登记表及毕业证/学位证(复印件,原件本人保管)
第五类	政审、审计和审核类材料	政治历史情况的审查结论(含甄别、复查结论)材料	因私出国形成的政审材料属此类;因公出国的政审材料属第九类
第六类	党、团类材料		只归档组织已作出结论的正式材料;入党申请最多只归档较为全面的首尾两份;被开除党籍的,其入党材料仍归入此类,但需要在其《中国共产党入党志愿书》封面注明何时由何机关开除党籍;开除党籍的处分材料属第八类
第七类	表彰奖励类材料	奖励材料	县级以上荣誉;奖状、荣誉证书等原件不归档
第八类	违规、违纪、违法、处理、处分类材料	处分决定材料(含甄别、复查结论)	纪检查处案件中的处分决定、批复、通知等原稿,索的调查证明材料、检举揭发旁证材料和司法部门判决书原件等,不归入人事档案
第九类	工资、任免、出国和会议代表类材料	工资、待遇的审批材料和任免呈报表	红头文件下发的任免通知不属于人事档案,如因缺少任免报表可将其归档;商调函、调令不归档;大中专毕业生派遣证属第十类
第十类	其他可供组织参考的材料		必须精练且确实有参考价值才可归档

(二)排列

人事档案材料应逐一查阅材料名称、内容及价值,严格按照十大类对号入座,按顺序排列。排列方式主要有:

(1)按档案材料形成时间排列:即按时间先后,由远及近排列,适用于第一类、第二类、第三类、第四类、第七类、第十类材料。这种方式与相对人的成长和发展变化相一致,也便于后续新材料的补充。

（2）按档案材料内容的系统性排列：将档案材料按照主次关系、重要程度进行排列，适用于第五类、第六类、第八类材料。其中第五类、第八类材料的排列顺序为：上级批复，结论或处分决定，本人对结论或处分决定的意见，调查报告，证明材料，本人检讨或交代材料等，其证明材料应根据每份材料所证明的主要问题对应集中排列。值得注意的是第六类材料，《中国共产主义青年团入团志愿书》应排在入团申请书等其他材料之前；《中国共产党入党志愿书》应排在入党申请书等其他材料之前，党员登记表等可按时间顺序依次排列。

（3）混合排列：按问题、时间排列，一类中有几个问题的，先按照问题分开，在同一问题下再按照时间顺序排列。如第九类材料，可根据不同层次干部的档案材料情况，采用按时间顺序或按材料性质相对集中排列，若是按材料性质相对集中排列，则排列先后顺序为：工资情况的材料，任免材料，出国、出境材料，其他材料。每种材料再根据形成材料的时间顺序排列。

（三）编目

人事档案材料在排好顺序后，要填写案盒封面、编写件号、页号及卷内文件目录。封面信息根据需要可详可简，但是档号、姓名、单位或部门等信息必填。下面将编码和目录登记进行简单说明。

1. 编码

每类干部档案材料，都要根据材料内容的内在联系或材料的形成时间固定好顺序排列，然后需在每份材料的首页右上角编上类号和顺序号，右上角编号结构一般为"类号＋顺序号"，如"1-1"表示这份材料是第一类第一份材料；如果使用混合排列法，编号结构一般为"类号＋问题号＋顺序号"，如"9-1-2"表示这份材料是第九类第一个问题的第二份材料，其他依次类推。写完类号和顺序号后须在每页材料的右下角（反面为左下角）编写页码。人事档案材料排序、编码说明可参见表9.3。

表9.3 人事档案材料排序、编码说明

类别	排列顺序	材料编号	备注
一、履历类材料	按材料形成时间先后顺序，由远到近排列	类序号按1-1、1-2、1-3等编写，页码按1、2、3等编写	类序号写在每份材料首页的右上角，页码写在每页材料的右下角（双面都有文字或图表的，背面页码写在左下角）
二、自传和思想类材料		类序号按2-1、2-2、2-3等编写，页码按1、2、3等编写	
三、考核鉴定类材料		类序号按3-1、3-2、3-3编写，页码按1、2、3等编写	
四、学历学位、专业技术职务（职称）、学术评鉴和教育培训类材料	先按问题排列：4-1 学历学位材料；4-2 专业技术职务（职称）材料；4-3 科研学术材料；4-4 培训材料；每个问题下再按材料形成时间先后顺序由远到近排列	类序号按4-1-1、4-1-2、4-1-3等编写，页码按1、2、3等编写	类序号写在每份材料首页的右上角，页码写在每页材料的右下角。复制件需归档的，应在复制件上注明材料出处、复制时间，审核人（复制人）要签名，并加盖材料出具单位或干部人事关系所在单位组织人事部门印章

续表

类别	排列顺序	材料编号	备注
五、政审、审计和审核类材料	有批复的,按上级批复、审查结论、本人对结论的意见(本人申请)、调查报告、主要证明、本人检讨或交代材料等顺序排列;其他材料按材料形成时间顺序排列	类序号按 5-1、5-2、5-3 等编写,页码按 1、2、3 等编写	类序号、页码的编写与第一类、第二类、第三类相同
六、党、团类材料	入团材料在入党材料前;《中国共产主义青年团入团志愿书》在其他入团材料前;《中国共产党入党志愿书》在其他入党材料前;其余材料按时间顺序依次排在入团或入党材料后	类序号按 6-1、6-2、6-3 等编写,页码按 1、2、3 等编写	
七、表彰奖励类材料	按材料形成时间先后顺序,由远到近排列	类序号按 7-1、7-2、7-3 等编写,页码按 1、2、3 等编写	类序号、页码的编写和复制件归档与第四类相同
八、违规、违纪、违法、处理、处分类材料	排列顺序同第五类	类序号按 8-1、8-2、8-3 等编写,页码按 1、2、3 等编写	类序号、页码的编写与第一类、第二类、第三类相同
九、工资、任免、出国和会议代表类材料	排列顺序同第四类,先按问题排列,每个问题下再按材料形成时间先后顺序,由远到近排列	类序号按 9-1-1、9-1-2、9-1-3 等编写,页码按 1、2、3 等编写	类序号、页码的编写和复制件归档与第四类相同
十、其他可供组织参考的材料	按材料形成时间先后顺序,由远到近排列	类序号按 10-1、10-2、10-3 等编写,页码按 1、2、3 等编写	类序号、页码的编写与第一类、第二类、第三类相同

2. 目录登记

人事档案材料排列编号固定后,按照固定的目录栏目和格式要求,将相应的归档材料登记,便于日后查找利用。目录登记时类目号使用汉字"一、二、三……",顺序号使用阿拉伯数字(1、2、3……)填写;为了使类序号和名称美观,可以把它们刻成条章,用时蘸上红色印油盖章到相应位置即可。

因为人事档案材料的动态性,为便于后续补充材料的登记,编写时应注意每类后面都要留出适当的空格,要求每一类约占一页,第三类、第四类、第九类可再多一页;每人至少 6 页目录。人事档案目录格式示例参见表 9.4。

表 9.4 人事档案目录格式示例

类号	材料名称	材料形成时间			份数	页数	备注
		年	月	日			
一	履历类材料						
1	高中学生登记表	2012	09	20	1	6	
2	××职业技术学院学生登记表	2015	09	08	1	6	
3	干部履历表	2018	07	16	1	10	
二	自传和思想类材料						
1							
2							
三	考核鉴定类材料						
1	2020年度考核登记表	2021	01	10	1	4	
2	2021年度考核登记表	2022	01	08	1	4	
3	2022年度考核登记表	2023	01	08	1	4	
4	2023年度考核登记表	2024	01	10	1	4	
四	学历学位、专业技术职务(职称)、学术评鉴和教育培训类材料						
4-1	学历学位材料						
1	高中毕业生登记表	2015	06	02	1	6	
2	学习成绩表	2018	06	15	1	1	
3	高校毕业生登记表	2018	05	30	1	8	
4	大学毕业证书	2018	06	20	1	1	复印件
…		…					
4-2	专业技术职务(职称)材料						
1							
2							
…		…					
五	政审、审计和审核类材料						
六	党、团类材料						
1	《中国共产主义青年团入团志愿书》	2010	05	10	1	3	
2	入团申请书	2010	03	16	1	2	
3	《中国共产党入党志愿书》	2017	04	26	1	12	
4	入党申请书	2016	10	12	1	6	
5	转正申请书	2018	05	20	1	5	
6	党员登记表	2018	05	30	1	5	

人事档案整理装订成卷后,应进行认真细致的检查,经验收合格后方能入库。

四、人事档案的利用

人事档案主要是供单位的人事部门对当事人进行考察、任免、聘任、政审、调动、组织处理等时使用,其他目的一般不予查(借)阅。

(一) 人事档案利用要求

查(借)阅人事档案的查(借)阅人员,必须严格遵守保密制度和查(借)阅档案规定,严禁涂改、圈划、增添、污损、抽取、折叠或撤换档案材料;查(借)阅人员不得泄露或擅自对外公布档案内容,违者视情节轻重予以批评教育或纪律处分。查(借)阅人事档案的单位和个人,只允许查(借)阅批准的内容,未经批准的档案内容不得擅自抄录、拍摄或复制;因工作需要作为证据的档案,必须由企业事业单位人事部门主管领导审查批准后方可抄录、拍摄或复制,并进行登记和加盖组织人事科公章后,方为有效。

查(借)阅人员严禁查(借)阅本人及其亲属的档案,因编制地方志、撰写人物传记等需要一般不得查(借)阅人事档案,如果确需查(借)阅的,必须经企业事业单位人事部门主管领导同意后,方可查(借)阅档案的有关部分内容。除因入学、入团、入党、参军和出国等需要进行政治审查外,所在单位和组织一般不得查(借)阅其父母及直系亲属的档案。

查阅人事档案,必须在人事档案室进行,严禁将档案材料带出,如因特殊情况必须借出时,要申明理由,并经审批通过后,方可借出;借出的档案必须妥善保管,不得转借他人,不得给无关人员翻阅,必须在规定时间内归还;下级人员不得查阅上级人员的档案;严禁因私查(借)阅档案;除干部死亡撰写生平材料需要外,干部档案一般不外借,如因其他工作需要必须借出使用,要经档案管理单位负责人批准,限15天内归还,借用期间不得擅自转借其他单位或个人。

(二) 人事档案利用手续

各部门因工作需要,需查(借)阅人事档案时,查(借)阅人员应填写查(借)阅人事档案审批表,如表9.5所示,按规定程序办理相关手续;查(借)阅本单位其他人员档案,经查(借)阅人员所在单位负责人审批及企业事业单位人事部门主管领导审批后方可执行。在查(借)阅人事档案时,必须履行登记手续,查(借)阅人员应填写登记表,并注明结束时间。

表9.5 查(借)阅人事档案审批表

查(借)阅单位					
查(借)阅人姓名		身份		政治面貌	
被查人姓名		身份			
查阅干部档案□ 借阅干部档案□ 查阅职工档案□ 借阅职工档案□					
查(借)阅事由					
查(借)阅内容					
查(借)阅人所在单位意见					盖章: 年 月 日
组织人事办审批意见					
备注					

注:"查(借)阅内容"项应注明了解哪些内容,是否需要摘录或复制等。

因托管机构和托管形式不同,流动人员的人事档案利用要求和利用手续会略有不同,具体可参照人才服务中心的具体要求。目前,随着政府数字化平台的推进,人事档案的利用方式越来越灵活,利用手续也越来越简化、便民。

随着数字化服务的推进,人事档案利用逐渐由纸质服务转变到网络化服务,这需要档案管理部门提前按照国家相关技术标准,利用扫描等技术手段将纸质档案转化成为数字图像和数字文本。人事档案利用中应保证数字档案的真实性、完整性、可用性、安全性,确保与纸质档案一致。干部的数字人事档案在利用、转递和保密等方面按照纸质档案相关要求执行。

五、人事档案的转递

职工在调离原单位后,人事档案必须及时转递到新的单位;接收单位的人事部门对转进的人事档案,要及时认真清点,人事档案经查实无误后,回执方可退回至人事档案寄出单位。辞职、自动离职或被单位辞退的职工,本人必须到单位人事部门办理档案转递至有关省(自治区、直辖市)人才交流中心等有关部门的手续。

人事档案需通过省(自治区、直辖市)机要交通运输部门以机密件形式寄出或由单位人事部门的两名正式党员取送,严禁公开邮寄或本人自带。人事档案在转出时必须完整齐全,按规定进行认真的整理并装订成卷,不可有零散材料,不得扣留材料或分批转递;装订完毕的档案要严密包封,并加盖密封章。

在转递档案时,转出单位必须详细填写干部档案转递通知单,并在封口包缝处加盖档案管理单位印章。收到档案的单位应认真核对档案,在回执上签名盖章并立即返回;凡属误转的档案,应写明情况,尽快退回转出单位;凡转出档案1个月后未收到回执的,转出单位应向接收单位催问,以防丢失。干部调配、任免部门应与干部档案管理单位加强沟通和联系,及时通报有关干部的调动、任免情况,以做到"档随人走"。人事档案转递通知单如表9.6所示。

表9.6 人事档案转递通知单

第　　　号

_____：

兹将_____同志的档案材料转去,请按档案内所列目录清点查收,并将回执退回。

经办人(签名)　　　　　　　　　　　　发件单位(盖章)
　　　　　　　　　　　　　　　　　　　年　　月　　日

姓名	原工作单位	转递原因	正本(卷)	副本(卷)	档案材料(份)	备注

续表

回执	＿＿＿＿＿＿＿＿＿＿＿＿＿＿＿＿＿＿： 你处于＿＿＿＿年＿＿＿月＿＿＿日转来第＿＿＿＿号存档人员转递通知单中所开列的＿＿＿＿＿＿＿＿＿＿＿＿同志的档案共＿＿＿卷,材料共＿＿＿份,已全部收到,现将回执退回,请查收。 收件人(签名)　　　　　　　　　　　　　收件单位(盖章) 　　　　　　　　　　　　　　　　　　　　年　　月　　日

回执邮寄地址及邮编：＿＿＿＿＿＿＿＿＿＿＿＿＿＿＿＿＿＿＿＿＿＿＿＿＿＿＿＿

六、人事档案的保管

人事档案是各级组织了解和掌握职工基本情况及选拔干部的重要依据,它的重要性和机密性决定了必须采用科学的保管方法保管人事档案。

单位人事部门应按照干部人事档案管理与利用的要求,对所管理的干部人事档案进行严密、科学的保管和保护。

人事档案的保管设施和安全措施必须符合国家有关规定,以确保绝对安全;任何人严禁携带人事档案进入公共场所;严禁无关人员进入人事档案室;严禁个人私自留存他人档案材料;任何人不得擅自将档案材料转移、分散、销毁和丢失。

定期检查与核对是保证人事档案完整、安全的重要手段。检查的内容是多方面的,既包括对人事档案材料本身的检查,如查看有无霉烂、虫蛀等,也包括对人事档案保管环境的检查,如查看库房门窗是否完好等。检查一般要定期进行。

在职、非在职和死亡干部的档案应分开保管,人员变动后档案的保管也应随之变动。退(离)休人员的人事档案,一般由原保管单位保管。死亡人员人事档案的保管：中央和国务院管理的省级干部死亡后,其档案先由原单位保管五年,之后移交中央档案馆;中央、国家机关各部委和各省(自治区、直辖市)管理的司局级职务的干部,全国著名的科学家、艺术家、教授和有特殊贡献的英雄、模范人物、知名人士死亡后,其档案先由原单位保管五年,之后移交本机关档案管理部门保管,并按照规定的期限,向同级档案馆移交。其他退职、自动离职、辞职、解聘的人员,其人事档案转递至有关组织、人事部门或人才服务中心保管。

被开除公职而未就业人员,其人事档案由原单位保管;已就业的,其人事档案由有关组织、人事部门或所属的人才服务中心保管。受刑事处分的人员的档案,由原单位保管,刑满释放后重新工作的,其人事档案由现单位人事主管部门或现单位所属的人才服务中心保管。出国不归、失踪和逃亡人员的人事档案,由原单位保管或移交所属的人才服务中心保管。

七、人事档案的销毁

经鉴定需要销毁的档案在销毁前应妥善保管,销毁时应按档案材料销毁制度进行。收集的人事档案材料,经鉴别属于重复的材料、不应归入人事档案的材料、无保存价值的材料要及时销毁。销毁的材料应登记,并写明标题及简要内容、材料形成时间和销毁理由,经单位主管领导审批后方可销毁。任何个人不得以任何借口随意销毁人事档案材料。必须到保密部门指定的场所销毁档案材料,并有两人同时监督销毁。在人事档案管理过程中形成的废纸需作粉碎处理。

随着社会体制的变革,出现很多"无主档案"。"无主档案"是指查找不到档案当事人下落的人事档案。它形成的原因主要是单位人事档案管理制度不健全,以致单位变动或人员调动时,未及时转递相关人事档案,或转递档案工作出现差错等。对于"无主档案"的处理应注意:认真鉴别档案材料的保存价值,认真查询档案当事人的下落,转递档案。经多方查询确实难以找到档案当事人下落的"无主档案",可以根据规定将其转交档案当事人原籍档案馆保存。

任务二　会计档案管理

思维导图

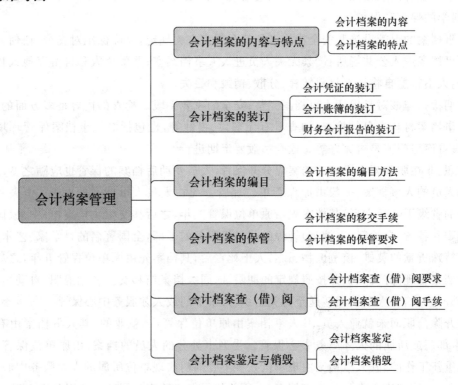

知识目标

- 掌握会计档案管理工作的内涵。
- 明确会计档案管理的任务及要求。

◉ **能力目标**
- 能够明确会计档案内容,掌握装订、编目、保管、查(借)阅、鉴定等的方法。
- 能够根据会计档案管理要求规范地进行会计档案的管理。

◉ **素养目标**
- 树立遵纪守法的法律意识。
- 培养守正清廉的职业素养。

◉ **案例导入**

单位会计档案丢失被行政处罚

2015年,××市××区档案局接到区属××委所属××单位有关人员的举报,反映该单位会计档案2010—2014年的现金日记账、银行存款日记账丢失。经调查情况属实,该单位会计档案2010—2014年的现金日记账、银行存款日记账不知去向,并发现2013—2014年的现金日记账和银行存款日记账为后补。究其原因为出纳员形成的会计档案没有及时归档而导致丢失了。事实清楚,证据确凿,最终该单位的行为被认定为违法行为,××区档案局给予区属××委所属××单位警告,并处罚款1万元;给予出纳员警告,并处个人罚款1000元。责令区属××委所属××单位于2015年12月31日前完成整改工作,并建议区属××委对当事人出纳员给予行政处分。这是××市××区档案局依据《××市实施〈中华人民共和国档案法〉办法》办理的第一起行政处罚案件。

会计档案记载了单位经济业务事项和资金使用情况,是财务会计工作的重要依据。会计档案管理是财务管理的最后一个环节,往往容易被忽视。2015年修订、2016年实施的《会计档案管理办法》要求单位应当建立和完善会计档案管理制度,对会计档案的收集范围、保管要求、鉴定与销毁程序等做出了明确的规定,以务实会计档案管理基础,加强会计档案管理,有效保护和利用会计档案。

◉ **理论支撑**

一、会计档案的内容与特点

(一)会计档案的内容

会计档案是指单位在进行会计核算等过程中接收或形成的,记录和反映单位经济业务事项的,具有保存价值的文字、图表等各种形式的会计资料,包括通过计算机等电子设备形成、传输和存储的电子会计档案。会计档案主要有会计凭证、会计账簿、财务会计报告以及其他会计资料等专业材料,它是记录和反映经济业务的重要历史资料和证据。

1. 会计凭证

会计凭证是指记录经济业务、明确经济责任的书面证明。它包括自制原始凭证、外来原始凭证、原始凭证汇总表、记账凭证(收款凭证、付款凭证、转账凭证)、记账凭证汇总表等。

2. 会计账簿

会计账簿是指由一定格式、相互联结的账页组成,以会计凭证为依据,全面、连续、系统地记录各项经济业务的账簿。它包括按会计科目设置的各类总账、各类明细账、现金日记账、银行存(借)款日记账、固定资产卡片及其他辅助性账簿等。

3. 财务会计报告

财务会计报告是指反映单位财务状况和经营成果的总结性书面文件,包括月度、季度、半年度、年度财务会计报告等。

4. 其他会计资料

其他会计资料属于经济业务范畴,是指与会计核算、会计监督紧密相关的,由财务部门负责办理的有关数据资料。例如,经济合同、财务数据统计资料、财务清查汇总资料、核定资金定额的数据资料、银行存款余额调节表、银行对账单、纳税申报表、会计档案移交清册、会计档案保管清册、会计档案销毁清册、会计档案鉴定意见书等。实行会计电算化的单位存储在磁性介质上的会计数据、程序文件及其他会计核算资料均应视同会计档案一并管理。

(二)会计档案的特点

会计档案有如下三个特点:

(1)产生与使用的普遍性。从会计档案的形成部门与单位来看,凡是具备独立核算资格的单位,都会产生会计档案。

(2)形成过程的连续性。从会计档案的形成过程来看,会计凭证最先产生,然后依据会计凭证填写会计账簿,最后根据会计账簿编制财务会计报告。

(3)形成程序的严密性。会计工作有严密的法规和制度要求,会计档案的形成从会计凭证的项目书写、审核,到会计账簿的设置、填写、核算,再到财务会计报告的完成,不仅程序密切相连,而且都必须采用国家规定的标准、方法和手续。

二、会计档案的装订

会计年度终了后,相关部门需要对会计资料进行整理立卷。会计档案的整理一般采用"三统一"的办法,即分类标准统一、档案形成统一、管理要求统一,并分门别类地按各卷顺序编号。

分类标准统一:一般将财务会计资料分成四类,包括会计凭证、会计账簿、财务会计报告、其他会计资料。

档案形成统一:案册封面、档案卡夹、存放柜和存放序列统一。

管理要求统一:建立财务会计资料档案簿、会计资料档案目录,会计凭证装订成册,财务会计报告和其他会计资料分类立卷,其他零星资料按年度排序汇编装订成册。

会计档案的装订主要包括会计凭证、会计账簿、财务会计报告的装订。

(一)会计凭证的装订

会计凭证的装订操作演示

会计凭证一般每月装订一次,装订好的凭证按年分月妥善保管归档。

会计凭证在装订前的准备工作主要包括以下内容:① 分类整理,按顺序排列,检查册数、编号是否齐全。② 按凭证汇总日期归集(如按上旬、中旬、下旬汇总归集),确定装订成册的本数。③ 摘除凭证内的金属物(如订书针、大头针、回形针),对大的张页或附件要折叠成与会计凭证相同大小的页面,且要避开装订线,以便翻阅时保持数字完整。④ 整理检查会计凭证顺序号,如有颠倒要重新排列,发现缺号要查明原因,要检查附件是否有漏缺,如领料单、入库单、工资单、奖金发放单是否齐全。⑤ 检查记账凭证上有关人员(如财务主管、复核人、记账人、制单人等)的印章是否齐全。

会计凭证装订时的要求主要包括以下内容:① 用"三孔一线"装订法。装订会计凭证应使用棉线,在左上角部位打三个孔,用"三孔一线"装订法打结装订,结扣应是活的,并放在会计凭证封皮的里面,装订时尽可能使记账凭证及其附件以保持大的显露面,便于事后查阅。② 会计凭证外面要加封面,封面用质量好的牛皮纸印制,封面规格略大于所附会计凭证。③ 装订会计凭证厚度一般为 1.5 cm,这样才可以保证装订牢固、美观大方。

会计凭证装订后需要注意以下内容:每本封面上填写好凭证种类、起止号码、凭证张数,会计主管人员和装订人(经办人)签章;在封面上编好卷号,按卷号顺序入柜,并要在显露处标明凭证种类卷号,以便于调阅。

(二) 会计账簿的装订

各种会计账簿在年度结账后,除跨年使用的外,其他的应按时整理立卷。基本要求主要包括:会计账簿装订前,先按会计账簿启用表的使用页数核对各个账户是否相符,账页数是否齐全,序号排列是否连续;然后按会计账簿封面、会计账簿启用表、账户目录、会计账簿账页、会计账簿封底的顺序装订。

活页会计账簿装订要求主要包括以下内容:① 保留已使用过的账页,将账页数填写齐全,去除空白页,撤掉账夹,用质量较好的牛皮纸做封面、封底,装订成册。② 多栏式活页账、三栏式活页账、数量金额式活页账等不可混装,应将同类业务、同类账页装订在一起。③ 在账本的封面上填写好账目的种类,编好卷号,会计主管人员和装订人(经办人)签章。

会计账簿装订的其他方面要求还包括:会计账簿应牢固、平整,不得有折角、缺角,错页、掉页、加空白纸的现象;会计账簿的封口要严密,封口处要加盖有关印章;封面应齐全、平整,并注明所属年度及账簿名称、编号,编号为一年一编,编号顺序为总账、现金日记账、银行存(借)款日记账、分户明细账。

(三) 财务会计报告的装订

在财务会计报告编制完成并及时报送后,留存的报表应按月装订成册以防丢失。小企业可按季装订成册。财务会计报告装订的要求主要包括以下内容:第一,财务会计报告装订前要按编报目录核对材料是否齐全,应整理报表页数,上边和左边对齐压平,防止折角,如有损坏部位需进行修补,完整无缺后装订;第二,财务会计报告装订顺序为财务会计报告封面、财务会计报告编制说明、各种按编号顺序排列的财务会计报告、财务会计报告的封底;第三,按保管期限编制卷号。

三、会计档案的编目

编目是指为会计档案编制案卷目录。会计档案案卷目录通常按会计凭证、会计账簿、财务会计报告和其他会计资料分类编制,永久保管的会计档案应单独编制案卷目录。会计档案案卷目录如表 9.7 所示。

表9.7 会计档案案卷目录

案卷号	类别	题名	起止时间	保管期限	卷内张数	备注

会计档案案卷目录的项目及填写方法如下所述:

(1) 案卷号:案卷号是指目录内案卷编排的顺序号,以自然数为序,每卷一个号。

(2) 类别:填写该会计档案所属的类别,如会计凭证类、会计账簿类、财务报告类等。

(3) 题名:即案卷标题,应能准确概括本案卷盒内会计档案的形成单位、时间、内容、类别,如××局财务部2024年现金日记账。

(4) 起止时间:即案卷最早形成年、月、日至最后形成年、月、日。

(5) 保管期限:根据会计档案整理鉴定时确定的档案盒上的保管期限填写,如永久、30年、10年。

(6) 卷内张数:卷内张数是指会计凭证总数、账页总数或财务报告的总张数,根据该卷会计档案的具体张数填写。

(7) 备注:备注填写需要说明的事宜。

四、会计档案的保管

2016年实施的《会计档案管理办法》第十一条规定:"当年形成的会计档案,在会计年度终了后,可由单位会计管理机构临时保管一年,再移交单位档案管理机构保管。"

(一) 会计档案的移交手续

财务部门在将会计档案移交本单位档案管理部门时,应按下列流程进行:编制会计档案移交清册,填写交接清单;在账簿移交日期栏填写移交日期;交接双方经办人和监督人核查交接清单项目无误后,在会计档案移交清册上签名签章。

(二) 会计档案的保管要求

会计档案室应选择在干燥、防水的地方,并远离易燃品堆放地,周围应备有适宜的防火器材;采用透明塑料膜作防尘罩、防尘布,遮盖所有档案架;会计档案室内应经常用消毒药剂喷洒,保持清洁卫生,以防虫蛀;会计档案室应保持通风透光,并有适当的空间、通道和查阅地方,以利于查阅;会计档案室应设置归档登记簿、档案目录登记簿、档案借阅登记簿,严防会计档案毁坏损失、散失和泄密;会计电算化档案保管要采取防盗、防磁等安全措施。

五、会计档案的查(借)阅

《会计档案管理办法》第十三条规定:"单位应当严格按照相关制度利用会计档案,在进行会计档案查阅、复制、借出时履行登记手续,严禁篡改和损坏。单位保存的会计档案一般不得对外借出。确因工作需要且根据国家有关规定必须借出的,应当严格按照规定办理相关手续。会计档案借用单位应当妥善保管和利用借入的会计档案,确保借入会计档案的安全完整,并在规定时间内归还。"

会计档案为本单位提供利用,原则上不得借出,有特殊情况确需借出,应经上级主管单位或单位领导、会计主管人员批准;当单位外部人员借阅会计档案时,应持有借阅人单位正式介绍信,经本单位领导人或会计主管人员批准后,方可办理借阅手续;当单位内部人员借阅会计档案时,应经单位领导人或会计主管人员批准后,办理借阅手续。借阅人应认真填写档案借阅登记簿,将借阅人姓名、单位、借阅日期、数量、内容、归还日期等情况登记清楚。借阅会计档案的人员不得在档案中乱画、标记,拆散原卷册,也不得涂改抽换、携带外出或复制原件(如有特殊情况,需经领导批准后方能携带外出或复制原件)。

六、会计档案的鉴定与销毁

(一) 会计档案的鉴定

会计档案的鉴定是指划分会计档案的保管期限,对其进行初步鉴定、复查鉴定和对丧失价值的会计档案予以销毁鉴定的工作。

会计档案的保管期限可分为永久保管和定期保管两类。凡是在立档单位会计核算中形成的,记述和反映会计核算的,对工作总结、查考和研究经济活动具有长远利用价值的会计档案,应永久保管。定期保管期限一般分为 10 年和 30 年。会计档案的保管期限,从会计年度终了后的下一年 1 月 1 日算起。例如,2024 年度终了的日期为 12 月 5 日,保管期限从 2025 年 1 月 1 日开始计算。属于永久保管的会计档案包括年度财务会计报告、会计档案保管清册、会计档案销毁清册、会计档案鉴定意见书,涉及外事和对私改造的会计凭证、账簿等。属于定期保管的会计档案包括会计账簿、凭证和月报等。

会计档案鉴定工作应由单位档案管理机构牵头,组织单位会计、审计、纪检监察等机构和人员共同进行。单位在鉴定会计档案时,应在由单位主管领导、财务部门与档案管理部门负责人及其他相关工作人员组成的鉴定工作小组领导下,制订方案,明确要求,确保质量,有序进行。任何个人不得擅自处理会计档案。

会计档案鉴定工作主要包括以下方面:

(1) 初步鉴定,由会计人员完成。在每年的年度终了时,对需要归档的会计材料进行整理、编目、装订,并根据《会计档案管理办法》确定保管期限。

(2) 复查鉴定,由档案管理部门负责完成。

(3) 销毁鉴定,对保管期满、可以销毁的会计档案,由档案管理部门会同财务部门共同提出销毁意见,经鉴定确认可以销毁的档案,档案管理部门需编制销毁清册,上报审批后才可以实施销毁。

(二) 会计档案的销毁

会计档案保管期满需要销毁时,本单位档案管理部门会同财务部门共同提出销毁意见,共同鉴定、严格审查,编制会计档案销毁清册,并上报审批报告(见表9.8)。机关、团体、事业单位和非国有企业会计档案要销毁时,报本单位领导批准后销毁;国有企业会计档案要销毁时,经企业领导审查后,报请上级主管单位批准后销毁。

表9.8 会计档案销毁审批报告

会计档案销毁审批报告

经会计档案鉴定小组于　　年　　月　　日鉴定后,共清理出无保存价值的会计档案(　)卷,应予销毁,请审批。

单位名称:

会计档案名称	起止卷号	共计册数	起止年度	应保管年限	已保管年限

主管部门审批意见: 年　　月　　日	本单位领导意见: 年　　月　　日
财务部门审批意见: 年　　月　　日	档案部门审批意见: 年　　月　　日
监销人签名:	销毁人签名:

但是,保管期满的会计档案,若其中有未结清的债权债务会计凭证和涉及其他未了事项的会计凭证,不得销毁,纸质会计档案应单独抽出,另行立卷,电子会计档案应单独转存,由档案管理部门保管到结清债权债务或未了事项完结时为止;建设单位在建设期间的会计档案,不得销毁。

此外,销毁档案前,档案管理部门应按会计档案销毁清册所列的项目逐一核对。各单位销毁会计档案时,档案管理部门和财务部门应共同派员监销;各级主管部门销毁会计档案时,同级财政部门、审计部门应派员监销。会计档案销毁后经办人在会计档案销毁清册上签章,注明"已销毁"字样和销毁日期,同时将监销情况写出书面报告一式两份,一份报本单位领导,一份归入档案管理部门备查。会计档案销毁清册如表9.9所示。

表9.9 会计档案销毁清册

案卷号	单位	类别	案卷标题	所属年月	会计专业编号	页数	保管期限	鉴定日期	销毁日期	备注

随着我国电子商务和电子政务的发展,会计电算化逐渐取代传统会计档案,智能化财务管理软件使财务工作更加便捷,财务工作实现数字化、自动化。因此产生了大量的电子会计资料,其中记录和反映单位经济业务事项,具有凭证、查考和保存价值的电子会计资料,归档范围也应和纸质会计档案归档范围一致,电子会计资料的归档、整理以及保管等要求,具体参照《电子会计档案管理规范》(DA/T 94—2022),在此不作赘述。

任务三　社保档案管理

思维导图

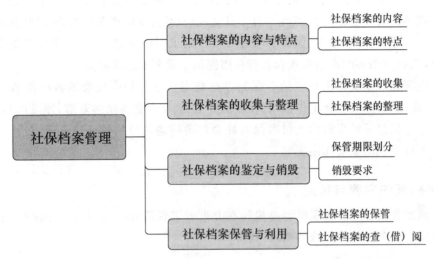

知识目标

- 理解社保档案管理工作的内涵。
- 明确社保档案管理的任务与要求。

能力目标

- 掌握社保档案收集、整理、查(借)阅等工作的方法。
- 能够根据社保档案管理要求规范地管理社保档案。

素养目标

- 树立以人为本的服务意识。
- 培养守正清廉的职业素养。

案例导入

2013年1月,戴××开始在浙江××公司工作。2022年11月戴××与该公司解除了劳动关系,之后又到外地打工,但2023年12月失业。期间,该公司因联系不到戴××,也就没有将戴××的档案及社会保险转移,致使其社会保险中断,失业金无法领取。于是,戴××向法院申诉要求该公司为其转移档案及社会保险关系,并要求赔偿2022年12月至2023年12月期间的失业金损失6000余元。

社保档案是参保人缴纳社会保险费、计发社会保险待遇的重要凭据,根据《中华人民共和国劳动合同法》(2012年修正)第五十条规定:"用人单位应当在解除或者终止劳动合同时出具解除或者终止劳动合同的证明,并在十五日内为劳动者办理档案和社会保险关系转移手续。"实现社保档案的规范化管理,保证社保档案的完整、安全和有效使用,直接关系到参保单位和参保职工的合法权益和切身利益。

理论支撑

社保档案主要是指事关民生的各类社会保险业务档案,是社会保险经办机构在办理社会保险业务过程中,直接形成的具有保存和利用价值的专业性文字材料、电子文档、图表、声像等不同载体的历史记录。2009年9月1日实施的《社会保险业务档案管理规定(试行)》对社保档案管理职责、归档范围、保管期限等方面作出了明确规定,这是社保档案制度化管理的里程碑,为社保档案的规范管理和合理利用提供了重要的法律依据。

社保档案记录了参保人从申请参保到办理离退休享受社会保险的各项待遇的原始信息,时间跨度较长,中间经历工作流动、失业而变更、续接保金等诸多环节,涉及内容繁杂,数量庞大。这些信息是社保机构支付参保人社会保险待遇的原始凭证与依据,在社会保险工作中具有不可替代的重要作用。

一、社保档案的内容与特点

社保档案包括各级社会保险经办机构在办理养老保险、医疗保险、失业保险、生育保险和工伤保险等业务工作中形成的档案材料。

（一）社保档案的内容

社保档案是社会保险事业发展的基础,具有凭证和依据作用。社保档案事关参保人一辈子,是一种比较特殊的档案,在服务民生、保障权益方面起着积极的基础作用。根据人力资源和社会保障部、国家档案局颁布的《社会保险业务档案管理规定(试行)》和社会保险相关政策规定,各单位及社会保险经办机构负责社会保险业务档案的管理工作,应依法管理好员工的各类社保档案材料。社保档案按照材料涉及内容来分,可分为九类,即四个共有的基础类：管理类、征缴类、统计类、稽核类；五个分险种的待遇类别：养老类、工伤类、失业类、医疗类、生育类。

按照材料的性质,每一大类社保材料又可分为：登记管理类文件材料(如参保登记、分立、更名、注销等核定材料,保险关系、基金转移材料)、保费征缴类文件材料(如缴费基数核定、增减变化及补缴各类保险费材料)、待遇核付类文件材料(调整待遇、增加补助、补贴等有关材料)、业务统计类文件资料(年度、月度统计报表)、稽核监督类文件材料(包括与社会保险有关的参保单位或个人有关情况,财务账簿、记账凭证、工资报表、财务报表、统计报表等资料的录音录像、照片、复制材料)等。

（二）社保档案的特点

社保档案主要有以下特点：

(1) 社会性强。社保档案的社会性源自社会保险自身的社会性。当前,我国的社会保险项目不断拓展,覆盖范围不断扩大,参保人数急剧增加,社保档案涉及人群越来越广。

(2) 专业性强。社保档案管理的工作流程与经办业务流程同时进行,归档范围和保管期限由资料所记载信息的专业查考价值决定。与一般的文书档案管理相比,社保档案管理对档案工作者的管理水平和操作技能都提出了较高的专业要求。

二、社保档案的收集与整理

（一）社保档案的收集

应按照《社会保险业务档案管理规定（试行）》的附件《社会保险业务材料归档范围和保管期限》对社保档案进行收集、整理、立卷、归档，确保归档材料的完整、齐全，不得伪造、篡改。收集范围主要是在社会保险经办机构办理养老保险、医疗保险、失业保险、生育保险、工伤保险过程中，直接形成的具有保存价值的文件、图表、声像、数据等各种形式和载体的原始记录。

（二）社保档案的整理

社保档案分类应当按照社会保险业务经办的规律和特点，以方便归档整理和检索利用为原则。可采用"年度—业务环节"或"年度—险种—业务环节"的分类方法对社会保险业务材料进行分类、整理，并及时编制卷内目录、案卷目录等。社保档案的整理主要包括以下步骤：

（1）确定文件材料的收集范围和划分保管期限。

各级社会保险经办机构应按照本机构社会保险业务档案分类、归档范围与保管期限表，准确划分归档范围，及时收集分散在各部门工作人员手中已办结的各种形式和载体的文件材料、财务报表、凭证等。

（2）分类、立卷与排列。

① 分类：按照社会保险管理类（GL）、社会保险费征缴类（ZJ）、养老保险待遇类（YL）、医疗保险待遇类（YB）、失业保险待遇类（SB）、工伤保险待遇类（GS）、生育保险待遇类（SY）、社会保险业务统计报表类（TJ）、社会保险稽核监管类（JH）等分类整理，根据每类文件材料的保存价值、所反映的业务环节、记载信息的类型等立卷或装盒。

② 立卷与排列：立卷时应注意保持彼此之间的相互联系，保证衔接有序、内容完整、真实有效。不同保管期限、不同年度、不同险种、不同类别的文件材料应归入不同案卷，不得混合立卷。

社保业务材料应按"件"整理，每份材料应当按照主表在前、附件在后，审核结果在前、审核依据在后，重要凭证在前、次要凭证在后的原则排序，做到数量准确，字迹、印章清晰，正文、附件、正本、副本齐全。

（3）装订及折叠。

① 社保档案按卷装订。社保档案应按业务办理流程依次排列装订。

② 去除铁质订书钉，要使用符合要求的纸张进行裱糊，以文件左边线和下边线为基准，在距左边线1.5cm，距上下边线4.5cm处等分三孔，用棉线装订，在背面打结，要求结实、平整、美观。

（4）编文件页码。给每卷归档文件材料编页码，有文字和图表的页面算一页，页码编在右上角（背面有文字的编在左上角）。

（5）编制档号。档号可以有次序地固定档案的位置，便于档案的保管、检索、统计和利用。要根据全宗内社保档案分类有关的代字、代号确定档号结构，档号结构是：全宗号-类别-年度-期限-案卷号。

(6) 填写案卷封面。案卷封面(如图9.1所示)需要填写的内容主要有：全宗名称、类别名称、案卷题名、卷内文件的起止时间、页数、保管期限、全宗号、目录号、案卷号等。

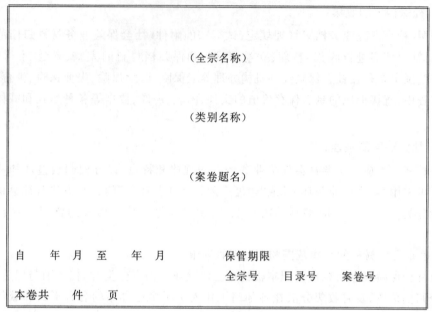

图 9.1 案卷封面

① 全宗名称：即立档单位名称，填写立档单位全称或规范简称。

② 类别名称：类别名称是指本案卷所属社保档案的类别名称，也可使用相应的规范类别代码：如社会保险管理类(GL)、社会保险费征缴类(ZJ)、养老保险待遇类(YL)、工伤保险待遇类(GS)等。

③ 案卷题名：即案卷的标题，是整理者根据案卷内文件资料涉及的内容概括提炼的。

④ 起止时间：填写本卷档案文件形成的最早日期和最后日期。

⑤ 保管期限：填写本卷档案所划定的保管期限。

⑥ 全宗号、目录号、案卷号：全宗号即档案所属全宗的代码，目录号是本案卷在案卷目录中的所属顺序号，案卷号是案卷排列的顺序代码。

(7) 填写备考表。备考表包括卷内件数、页数、本卷情况说明(如文件缺损、修改、补充、复制、移出、销毁等)、立卷人、检查人、立卷时间等信息。

(8) 装盒。同一年度、同一类别、同一保管期限的若干卷可装入一盒中。装好盒后，应在社保档案盒正面案卷题名粘贴处粘贴案卷题名。盒脊需要填写全宗号、年度、类别、保管期限、案卷号、盒号等信息。

三、社保档案的鉴定与销毁

社会保险经办机构应当成立由社会保险经办机构相关负责人、业务人员、档案管理人员，以及人力资源和社会保障行政部门有关人员组成的档案鉴定小组，负责社保档案的鉴定并提出处理意见，有必要继续保存的，应当重新确定保管期限。

（一）保管期限划分

社保档案的保管期限分为永久和定期两种，定期又分为四类。社保档案的保管期限代码为：永久（Y）、100年（H）、50年（C）、30年（Z）、10年（D）。社保档案的保管期限，自形成之日起的下一年1月1日开始计算。

（二）销毁要求

经过鉴定可以销毁的社保档案，社会保险经办机构应编制档案销毁清册，报同级人力资源和社会保障行政部门备案，经社会保险经办机构主要负责人批准后可销毁。未经鉴定和批准，不得销毁任何档案。社会保险经办机构应当派两人以上的监督人员监督销毁档案。监督人员要在档案销毁清册上签名，并注明销毁的方式和时间。档案销毁清册要永久保存。

四、社保档案的保管与利用

（一）社保档案的保管

社会保险经办机构应当认真按照档案保管、保密、利用、移交、鉴定、销毁等的管理要求执行相关程序，保证社保档案妥善保管、有序存放，严防毁损、遗失和泄密。

社保档案由县级以上社会保险经办机构集中保存。社会保险经办机构应当设置专门的保管部门和档案工作者，配备必要的设施、场所，确保档案的安全，并根据需要配备适应档案现代化管理要求的技术设备。

档案库房、阅览室、办公室应按要求分设，三个区域间应保持一定的分隔与联系，避免交叉。实行社保档案保管、查阅、办公三分开。

档案库房中应使用档案装具对档案进行保管。档案装具包括存放档案的档案架和装订档案的包装材料。按照保存档案的载体类型，应当配备存放纸质档案的活动密集架、档案箱、档案柜，以及存放磁性载体档案的防磁柜等。卷皮、案盒应符合国家标准。

（二）社保档案的查（借）阅

社会保险经办机构依法为参保单位和参保个人提供档案信息查询服务。

社保档案查询利用主要包括以下内容：

（1）参保单位或参保个人申请。参保单位或参保个人可向社会保险经办机构管理人员申请办理查询借阅手续，填写社会保险业务档案查询申请单，并根据利用范围履行审批手续，在指定的阅览区域内查阅。社保档案查阅完毕后，由借阅人在登记簿上签字。档案工作人员收回被查阅档案时，应当检查页码是否完好，并注明归还日期。

（2）社保档案一般不外借。因特殊情况确需将社保档案借出时，需经社会保险经办机构分管领导批准，借出时间不超过两个星期。严禁在档案上打点、画线、折角、做记号及涂改、撕、拆等。

（3）未经社会保险经办机构主要负责人批准，任何组织和个人不得擅自公布档案内容。

技能提升训练

▶ 任务描述

小张是××市 WX 区××公司(国企)的人力资源助理,负责日常人事管理工作,主要包括辅助领导完成人员招募、薪资计算,以及管理员工人事档案。××公司的人事档案是由公司人力资源部门集中管理。近期,公司面临两项重要的人事档案管理任务:一是技术部李华因拟提拔为 WX 区经济合作办公室副主任,其人事档案需进行政审,由企业行政部借阅李华的人事档案进行审核;二是行政部主管赵海离职去了另一家公司,人力资源部门需将其人事档案转递至××市 JN 区人才服务中心。人力资源主管授权小张负责完成这两项任务,即李华的人事档案借阅接待与赵海的人事档案转递工作。

▶ 实训内容

本实训任务通过让学生以小组合作形式模拟实际工作环境,规范地完成李华的人事档案借阅流程,并辅助赵海完成人事档案的转递工作。

▶ 实训目的

通过模拟人事档案借阅与转递工作的实训任务,学生加深对人事档案借阅与转递工作流程的熟悉程度,掌握相关要求,提升职业素养和服务意识。

▶ 任务实施

为更好地完成人事档案借阅与转递工作的实训任务,并熟练掌握相关流程,需遵循以下步骤进行:

第一步 了解人事档案管理的相关规范与要求

查阅并学习《干部人事档案工作条例》《流动人员人事档案管理服务规定》等相关法律法规,特别是关于档案接收、转递和服务利用的具体条款。

重点关注档案转递的审批程序、材料清单、转递方式(如机要通信、专人送取、邮政特快专递等)及禁止个人自带档案的规定。《流动人员人事档案管理服务规定》第四章对接收、转递和服务利用做出详细说明,如第二十条第一项、第二项、第三项规定:"根据流动人员或存档单位申请,拟接收的档案管理服务机构向原档案管理服务机构或原工作单位开具转档手续材料。""原档案管理服务机构或原工作单位接到转档手续材料后,应当按规定审核档案,对符合转递规定的,填写材料目录清单后严密包封,并填写档案转递通知单,于 15 个工作日内进行转递。对不符合转递规定的,原档案管理服务机构或原工作单位不得转出。""流动人员人事档案转递应当通过机要通信、专人送取或邮政特快专递等给据邮件方式进行。对曾属于党政领导干部、机关公务员、参照公务员法管理的机关(单位)工作人员(工勤人员除外),国有企业事业单位领导人员、管理人员和专业技术人员,军队文职人员人事档案的,应当通过机要通信或专人送取方式进行转递。严禁个人自带档案。"

第二步　任务分工

学生分为5~6人一组,每组设组长一名,负责统筹协调。

组内成员应明确分工,通过网络查阅国企人事部门关于人事档案的政策,特别是政审与转递的相关手续和所需材料。

确定模拟场景,如档案实训室、小型会议室等,准备必要的道具和资料。

第三步　熟知操作程序,实操演练

任务一　借阅人事档案

(1) 熟悉流程,设计脚本:小组成员需提前了解并熟悉政审的受理范围、所需材料、业务流程及注意事项。政审人员可提前电话联系该公司负责保管员工人事档案的部门,咨询确认借阅的具体细节,避免材料不全影响办事效率。

××市WX区区委组织部政审人员前往××公司借阅李华的人事档案。政审人员需持介绍信、工作证、身份证等合法证明,以及单位出具的政审函或查档证明。组织部需派负责人事工作的党员干部(通常两名以上中共党员)去办理人事档案借阅。政审函或查档证明应同时写明被查阅人的姓名、身份证号,查阅事由,两名及以上申请查阅人的姓名,并注明查阅人中国共产党党员身份。

备齐材料后,政审人员直接到公司人力资源部门提交申请材料,申请借阅材料进行政审。经公司人力资源部门审核,若申请材料齐全、符合相关规定,则受理该申请;若申请材料不齐全或不符合相关规定,由政审人员补齐后,再次申请,公司人力资源部门审核通过后受理该申请。

公司人力资源部门受理申请后,政审人员登记借阅利用信息,将被考察人的人事档案调出,政审人员现场查阅审核。具体流程如图9.2所示。

图9.2　人事档案借阅流程

(2) 模拟借阅流程:小组成员分工合作,选择合适的场地,模拟人事档案的借阅接待场景,同时拍摄视频,记录模拟过程。学生应注意档案的保密性和安全性,非必要不外借,利用完毕后认真核对归还。

任务二　档案转递业务

(1) 熟悉流程,设计脚本:针对赵海离职后的人事档案转递,公司人力资源助理需向赵海说明转档要求和所需准备的材料。因赵海去的公司无人事档案管理资质,其人事档案被公司托管在人才服务中心,因此,赵海需自行前往××市JN区人才服务中心申请转档,并提交相关申请材料。其主要步骤如下:

① 赵海携带新单位签订的劳动合同到与新单位对应的××市JN区人才服务中心开调

档函,调档函可在线下窗口办理,也可采用线上方式办理,具体步骤可参照相应人才服务中心档案利用服务指南。

② 凭调档函到原单位人事档案管理部门——人力资源部门办理调档手续。档案转出所需材料包括:调档函原件、转出申请表。

人力资源部门工作人员(案例中的人力资源助理小张)在审核材料、核实调档人身份后,即可调出调档人档案,检查、核对无误后,让调档人对其人事档案的转出进行登记,并签字。

具体流程如图 9.3 所示。

图 9.3　人事档案转递流程

(2) 模拟转递流程:小组成员需模拟人事档案转递过程,包括材料准备、审核、登记及转递等步骤。

模拟赵海备齐材料后,到公司人力资源部门提交申请。人力资源部门工作人员审核材料后,如符合规定,则登记人事档案利用信息并调出档案进行核对。核对无误后,通过规定的转递方式进行档案转递,确保档案安全、及时到达接收单位。

通过以上步骤的实施,学生能够全面掌握人事档案借阅接待与转递的规范流程和要求,为未来的职业生涯打下坚实的基础。

第四步　课堂分享,完成任务工单

实训结束后,各组在课堂上用视频形式分享实训过程,教师点评,小组互评;实训任务完成后,每位同学根据自己的任务分工和实训过程,完成如表 9.10 所示的任务工单,撰写实训总结。

表 9.10　任务工单

任务名称		人事档案的借阅与转递				
任务目的		通过人事档案的借阅与转递手续办理等工作场景的模拟,学生熟练掌握相关操作方法,进而提升专业技能				
任务内容		人事档案的借阅与转递				
任务提示		从学校等身边的人事档案着手				
第(　)组	姓名					
	学号					
任务	(1) 人事档案的借阅操作规范与流程					
	操作规范					
	具体流程					
	(2) 人事档案的转递操作规范与流程					
	操作规范					
	具体流程					

续表

实训心得	

思考与练习

一、案例分析

××单位职工田××,因对组织调动工作不满,将自己管理的会计档案100多份,从办公室抱到寝室撕毁,领导发现后及时予以制止,但已有49份会计档案被毁,事后田××认识到自己的错误,并尽力通过财务系统弥补已损毁的会计档案。单位根据相关规定,经研究决定,给予田××留用察看一年的行政处分。请用所学知识对田××的行为及后果进行分析。

二、技能题

1. 小张是××机械厂的一名工人,2015年因偷窃被判有期徒刑5年,期间社保停缴。2020年刑满释放后小张到××汽车修理厂工作。那么,小张可否查阅自己的社保档案?需要办理的手续有哪些?

2. 齐××原为一纺织厂工人,自1993年出国后,一直去向不明,人事档案也一直没有转走。现在这家纺织厂被并入另一家公司,那么,齐××的人事档案应如何处理?

拓展阅读

人力资源和社会保障政务服务平台

人力资源和社会保障政务服务平台(https://www.12333.gov.cn)由人力资源和社会保障部建设。作为人力资源和社会保障政务服务的总门户,该平台为群众提供就业创业、社会保障、人才人事、劳动关系、社会保障卡等方面的公共服务。除了该平台外,还有"12333"微信公众号和"掌上12333"APP,为人们提供便利。服务对象有个人和用人单位,只要实名注册后即可登录使用。

为进一步提升跨地区流动人员人事档案公共服务水平,人力资源和社会保障部积极推进流动人员人事档案跨地区服务,根据地方工作进展,分批组织各个省份和机构开通跨省线上服务,逐步扩大跨地区服务范围。

（1）流动人员人事档案"跨省通办"服务仅支持已开通服务的省份，且需要档案基础信息齐全。具体机构信息详见人力资源和社会保障政务服务平台公布的《开通跨省流动人员人事档案管理服务机构查询》。

（2）平台支持办理的流动人员人事档案跨地区服务事项包括：档案接收和转递、开具相关证明、提供政审材料、存档信息查询、办理进度查询等五项服务。如需申请其他服务，可联系存档机构办理。

（3）流动人员人事档案管理服务采取属地化管理，如有疑问，可咨询当地人力资源和社会保障部门（咨询热线12333）或存档机构（详见各地人力资源和社会保障部门所属流动人员人事档案机构信息）。

法规阅读

(1)《流动人员人事档案管理服务规定》

(2)《会计档案管理办法》

(3)《社会保险业务档案管理规定（试行）》

项目十

档案数字化与数据库管理

　　档案数字化是数字档案建设最基础的工作，传统载体的档案经高科技数码技术加工成数字档案形式，目的是适应档案信息服务的新需求，增强档案业务部门的服务水平。它为社会和单位内部的档案利用者实现计算机检索与阅读、网络在线查询等打下良好的基础。本项目将重点介绍档案数字化及档案数据库管理的具体操作过程与方法，适用于各级各类档案馆（室）的档案数字化及档案数据库管理工作。

本项目知识重点

【项目结构】

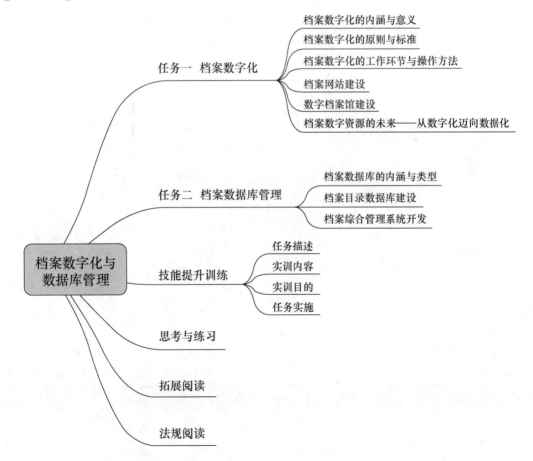

【项目目标】

(1) 知识目标：通过本项目的学习，掌握档案数字化工作的方法和步骤。

(2) 能力目标：通过本项目的学习与技能提升训练，能够按照档案数字化工作的方法与步骤、档案数据库建设的要求与标准，做好档案数字化和档案数据库管理工作，以服务社会。

(3) 素养目标：通过本项目的学习与技能提升训练，学生能够学会档案数字化与数据库管理技能，具有与时俱进、开拓创新的职业素养，以及精益求精的工匠精神。

【职业箴言】

数字驱动、守正创新，共享安全、云端服务。

解读：这是大数据时代对档案工作者提出的要求和赋予的使命，科技发展给档案管理工作带来了前所未有的发展机遇，也给档案管理工作带来了一定的挑战，档案工作者应不畏困难，迎难而上，守正创新，积极进行档案数字化，以实现云端服务。

任务一　档案数字化

▶ **思维导图**

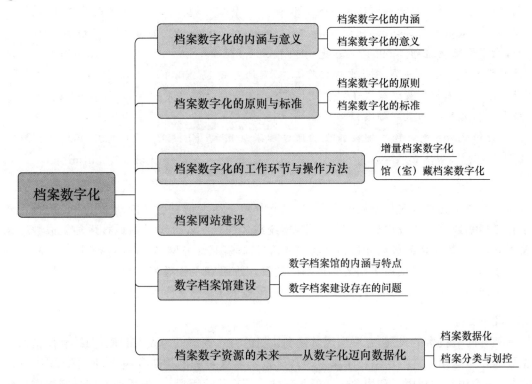

▶ **知识目标**
- 掌握档案数字化的内涵。
- 明确档案数字化的任务及流程。

▶ **能力目标**
- 能够明确档案数字化的意义与原则等。
- 能够根据相关程序,规范地进行档案数字化工作及其维护管理工作。

▶ **素养目标**
- 培养学生与时俱进、创新开拓的职业精神。
- 培养学生敬业尽责、精益求精的工匠精神。

▶ **案例导入**

> **浙江省温州市龙湾区数字档案馆成功通过国家级测试**
>
> 　　近年来,龙湾区档案局(馆)在项目建设、资源建设、服务绩效等方面取得了突破性进展,从 2013 年数字档案馆系统立项开始,先后投入 434.03 万元到硬件平台、软件系统、档案数字化加工等项目建设中。目前,建成机房设备为硬件平台中心,馆藏档案管理系统、馆室一体化系统、龙湾档案网等系统为软件平台中心,涵盖局域网、政务网和互联网的数字档案馆系统。同时,累计完成馆藏 118 个全宗,45698 卷 321093 件的纸质档案数字化工作,数字化比例达到了 99.43%。建成专题(民生)数据库 16 个,30927 卷 188923 件,占馆藏总量的 59.9%。开展电子文件接收工作,累计完成 13 家单位,60483 件,15 种类型的电子档案移交工作。最终建成了以软硬件系统为基础、数字资源为保障、安全管理为核心、服务利用为目标的数字档案馆体系。
>
> 　　资料来源:龙湾数字档案馆成功通过国家级测试[EB/OL].(2018-03-08)[2024-06-27]. http://www.longwan.gov.cn/art/2018/3/8/art_1247146_15851670.html.

　　档案数字化适应时代发展的新要求,是新环境下档案信息服务的新举措。传统档案数字化是档案数字化建设中最基础的工作,传统载体的档案经高科技数码技术加工成数字档案形式,这一数字化的成果能让档案利用者通过局域网、政务网、互联网进行计算机检索、阅读电子档案。这不仅提高了档案管理部门的管理水平和工作效率,而且也增强了档案业务部门的服务水平,为档案的内部管理及社会利用提供了高效率的全面服务。

▶ **理论支撑**

　　随着网络技术的发展,互联网因其便利快捷的特点逐渐成为人们获取信息、利用信息的主要途径。运用先进的网络技术来改善传统的档案保护和利用工作模式,便于档案信息的收集、保管和开发利用。利用数字图像处理技术等现代化手段,对纸质档案等进行数字化管理,成为当今档案信息化建设的重要内容。这要求档案管理部门充分运用计算机软硬件功能,最大限度地发挥人力资源和数字化加工设备的作用,兼顾保护档案原件的要求,保证数字化档案的真实可靠,以更好地发挥档案信息资源的作用。

　　我国档案信息现代化管理主要经历了两次飞跃:第一次,从 20 世纪 80 年代开始,档案信息目录实现使用计算机检索,建立了可供计算机检索的档案信息目录数据库(包括案卷级目录和文件级目录);第二次,从 21 世纪初开始,逐渐实现了档案信息数字化的管理与利用,即通过对档案信息进行电子扫描,建立档案信息图像、文件数据库,运用档案管理信息系统,结合计算机网络通信技术,使人们无论是到馆查阅,还是异地网络浏览,都可以做到在授权范围内实现档案信息全文查阅。

一、档案数字化的内涵与意义

(一)档案数字化的内涵

　　档案数字化是利用数据库技术、数据压缩技术、扫描技术等技术手段,将纸质档案、银盐感光材料照片档案、以模拟信号为记录形式(录音带、录像带)的录音录像档案等进行数字加工,将其转化为存储在磁带、磁盘、光盘、云盘等载体上并能被计算机识别的数字图像或数字文本的处理过程。它将各种载体的传统档案资源转化为数字化的档案信息,以数字化的形式存储,网络化的形式互相连接,利用计算机系统进行管理,形成一个具有有序结构的档案信息库。档案数字化主要包括以下三个方面的内容:

(1) 数字化加工、存储档案信息。数字化加工包括馆(室)藏各种传统档案的数字化和电子档案的数字化处理,其中传统档案是主要的数字化加工对象。纸质档案、录音录像档案等各种载体的传统档案资源经过数字化加工处理后,转化为可存储的数字化档案信息,档案工作者可利用计算机系统对其进行管理。

(2) 整合资源、构建档案信息库。这要求档案工作者根据档案馆(室)的馆(室)藏档案资源特点以及社会或单位档案信息利用方向,整合档案资源,形成一个个有序的、不同结构的档案信息数据库。

(3) 搭建网络服务平台。档案管理机构通过互联网等架构一个网络化信息服务平台,实现资源共享,及时提供档案利用服务。

(二) 档案数字化的意义

(1) 档案数字化能够为人们提供方便快捷的档案信息利用服务方式。档案收藏的目的除了保存历史记录外,主要就是利用,档案利用是档案工作的生命线。数字化的档案信息可以通过网络等实现异地远程利用,能为利用者提供方便快捷的档案信息利用服务方式和途径。

(2) 档案数字化是对纸质档案原件实行有效保护的方式。档案具有原始性和凭证性,是真实历史记录的重要体现。随着时间的推移,档案原件需要得到最大限度的保护,档案进行数字化后,档案利用主要是使用数字化的档案信息,档案原件得到了有效保护。此外,计算机存储的方式也给保护档案原件开辟了新的路径,档案数字化是保护濒危档案原件的最经济和最便捷方式。

(3) 档案数字化能够使不同载体形式的档案信息得到转化与再现。当档案载体形式不同时,我们经过数字转换将录音录像、照片等各种形式的档案信息进行再现,既加强了档案管理又方便了档案利用。

(4) 档案数字化为实现档案信息资源共享奠定了基础。随着近年来科学技术的发展,我国档案信息数据库快速发展起来,以信息网络和数字技术为手段,推动了我国档案管理资源共享,尤其是面向社会和民生的档案信息的共享。《"十四五"全国档案事业发展规划》正在"加快推进档案信息化建设""实施档案信息化强基工程"。其重点建设项目之一——全国档案查询利用服务平台建设项目的建设目标是依托国家档案局官方网站,运用信息网络技术,打破各省(自治区、直辖市)档案信息资源交互壁垒,构建全国范围的档案查询利用服务平台总门户,并对已建成的省级档案查询利用服务平台进行技术对接,实现全国档案信息资源的共享利用。

全国档案查询利用服务平台自2022年7月6日进入试行阶段,首批接入档案馆总数达1000余家,涉及各省(自治区、直辖市)档案馆、各计划单列市、副省级市档案馆及新疆生产建设兵团档案馆等。2023年全国档案查询利用服务平台又新接入档案馆684家,截至2023年年底,全国档案查询利用服务平台已接入档案馆1886家,各级综合档案馆接入率达60%。此外,该系统与高校档案查询利用平台也建立了链接,功能逐渐扩展,初步实现全国档案查阅"一网通办"。

在信息化和数字化技术飞速发展的时代,档案数字化是档案管理发展的必然趋势,我们现在所做的档案数字化工作除了能强化档案管理机构自身的管理和方便档案信息的利用外,也在为国家大环境下建立的科学技术档案信息数据库并入国家数字档案联网数据库、实现资源共享做好基础准备。

二、档案数字化的原则与标准

档案数字化要以档案利用为导向,要有步骤地进行,要符合实际、符合现代管理理念,不可片面地追求速度而忽略质量,造成浪费。

(一)档案数字化的原则

1. 科学性原则

档案数字化的科学性原则是指在进行数字化时应遵循档案信息形成、保管、利用的客观规律,使档案信息数字化工程真正服务于社会,发挥档案信息资源的作用。科学性原则要求从档案信息的收集、处理、存储、传递、利用乃至反馈的整个过程,都必须保证真实、准确、可靠,数字化的方法和手段要注意科学性。

2. 实用性原则

对于馆(室)藏档案的利用,有重复利用和紧急利用两种方式,急用、常用档案应优先进行数字化,坚持按"现用现扫,常用先扫,已用定扫"的思路进行数字化。社会需求是制订和调整档案数字化工作策略的"风向标"。档案业务部门应注重统计多年档案利用的情况,把利用频繁的档案进行综合分析,科学地确定优先数字化的档案范围。许多档案信息具有时效性,过了一定期限后价值就会降低,甚至丧失,因此,在进行档案数字化时要用发展的眼光看待,应争取在档案信息价值的升值前期完成数字化。档案数字化加工与数字化档案利用同步进行是充分利用计算机网络技术,更好、更快地实现档案数字化的最佳途径。

3. 规范性原则

档案数字化的规范性原则是指档案数字化后的文件格式应符合国家档案局颁布的档案电子文档标准要求,具有较好的通用性,能够通过计算机网络提供给利用者。数字化后的档案信息内容要与原纸质档案信息完全一致。《档案法》第三十七条明确规定:"电子档案应当来源可靠、程序规范、要素合规。电子档案与传统载体档案具有同等效力,可以以电子形式作为凭证使用。"这样,利用者在计算机网络上利用数字化档案信息就相当于在档案馆实地查阅原始档案实体,有些特殊的电子文件能以原始形成格式还原显示,如照片、图纸等。

4. 安全性原则

档案数字化的途径一般有两种:一是馆(室)藏传统载体档案数字化;二是通过归档接收电子文件。馆(室)藏传统载体档案数字化的方式一般是通过计算机录入和扫描两种方式进行,与传统载体的档案信息相比,这些数字化档案信息,因为依托于计算机存储技术、网络技术,所以具有明显的不稳定性,数字化信息的内容和位置易发生变化。因此,在档案数字化过程中,要做到以下几点以保证安全性:① 通过录入或扫描方式得到的数字化档案信息,要确保档案原件的安全;② 在处理和存储数字化档案信息时,要确保数字化档案信息的内容与档案原件相吻合;③ 遵循原始档案的保密性,确保涉密档案的信息不被未授权者浏览;④ 利用先进的计算机安全技术,如防火墙、实时杀毒软件及存储设备等,保证已经数字化的档案信息的安全。

5. 共享性原则

档案数字化的共享性原则是由档案信息的利用率决定的,由于档案信息是来自社会的宝贵财富,数字化的档案信息被利用得越广泛,其作用就发挥得越充分。因此,要建立完备的档案数字化保障体系和高效的信息流通、传递和利用体系,通过有效的分析和管理,及时准确地让利用率高且具有较大社会效益和经济效益的档案信息最大限度地被利用。

(二)档案数字化的标准

档案数字化的目标是实现档案信息的资源共享,但各行各业的单位档案信息载体、内容等千差万别,因此在档案数字化过程中各单位档案业务部门必须遵循国家档案管理和信息管理方面的标准。

目前,档案数字化工作的各类参照执行标准有:《纸质档案数字化规范》(DA/T 31—2017)、《录音录像档案数字化规范》(DA/T 62—2017)、《录音录像类电子档案元数据方案》(DA/T 63—2017)、《档案级可录类光盘 CD-R、DVD-R、DVD＋R 技术要求和应用规范》(DA/T 38—2021)、《照片类电子档案元数据方案》(DA/T 54—2014)、《特殊和超大尺寸纸质档案数字图像输出到缩微胶片上的技术规范》(DA/T 49—2012)、《数字档案 COM 和 COLD 技术规范》(DA/T 53—2014)等,这些标准是档案数字化过程中资源整合、有效共享的基础,也是档案数字化工作需要达到的要求。

三、档案数字化的工作环节与操作方法

档案数字化的工作内容主要有两个:一是每年新增的档案信息的数字化;二是馆(室)藏档案信息的数字化,馆(室)藏档案是指已经经过档案工作者整理上架的待检索查阅的纸质档案、录音录像档案等传统载体档案。数字化处理方式有直接扫描法、数码相机拍摄法、缩微影像转换法等。数字化基本程序包括前期准备、实施转换、图像处理、数字化存储、后期整理。

(一)增量档案数字化

增量档案是指每年各单位形成的待归档的各种形式的档案材料。随着我国信息化技术和电子政务、网络办公的发展,各单位文件在形成初期就以电子文件形式存在于计算机存储设备中,归档时是电子档案与纸质档案双套移交,因此每年的增量档案基本为各种形式的电子文件。为了规范后续档案管理,档案管理部门会预先结合单位实际情况,研发或购置相应的电子档案管理系统软件,档案形成部门直接利用电子档案管理系统软件进行前期预立卷控制和管理。因此增量档案的数字化操作比馆(室)藏纸质档案等传统载体档案的数字化操作更简单,工作量也更少。

增量的电子档案归档主要有两种方法:一是在线归档,二是离线归档。这类档案的数字化过程比较简单,一般经过归档后就基本完成。

1. 在线归档及数字化

在线归档即联机归档,是指将计算机网络中的电子文件目录和电子档案原件,利用电子档案管理系统软件进行在线归档处理,集中存储在受档案管理部门控制的计算机存储器中,向档案管理部门移交的过程。在线归档不改变存储方式和存储位置,即将电子文件的管理

权限向档案管理部门移交。

在线归档要求档案管理系统软件的功能模块中具有异地实时归档移交功能,就是在计算机网络中采用 C/S 架构(基于客户端/服务器模式)或 B/S 架构(基于浏览器/服务器模式),使档案形成部门的档案员在办公室的计算机终端上,利用功能模块中电子文件的上传功能,把不同内容的电子文件根据分类和档案著录原则分别挂接到档案管理部门的数据库服务器中的对应字段中,完成电子文件的在线归档。

常用的在线归档方法有以下两种:

(1) 在线集中式归档:在档案管理部门控制的数据库服务器中开辟中心文件库,各档案形成部门将归档电子文件分类别、年度、内容存储到该中心文件库中去,归档时集中到中心文件库去调取。

(2) 在线分布式归档:各档案形成部门将归档电子文件存储在本地终端中,归档时通过电子档案管理系统软件中的网络传输功能向档案管理部门移交。档案形成部门在上传归档文件时已经根据分类和档案著录原则把不同内容的电子文件分别挂接到档案管理部门的数据库服务器对应字段中,所以档案的数字化过程已基本完成,档案管理部门只需验收审核,并根据数据库中的案卷、卷内目录等对部分增量档案进行局部调整,分类整合。

2. 离线归档及数字化

电子文件的离线归档是指档案形成部门将电子文件集中下载到可脱机保存的载体介质上,并向档案管理部门移交的过程。其形式一般为记录有电子文件的磁性载体,如光盘、磁带等磁性材料。

在离线归档中,归档的电子档案只是存储位置从档案形成部门转移到档案管理部门,归档方式与传统的纸质档案归档类似。档案管理部门在接收到离线归档的电子文件光盘或磁性材料的载体后,应及时根据服务器数据库中的案卷、卷内目录及电子档案原件类型的字段将归档的字段内容确认无误后,再著录导入、归类挂接,追加到数据库服务器中,完成增量档案信息的数字化。

(二) 馆(室)藏档案数字化

馆(室)藏档案数字化是指利用扫描仪、数码照相机等数字化设备将档案馆(室)内已归档纸质档案、录音录像档案等传统载体档案的档案信息由各种物理载体形式转换为数字形式的过程。档案馆(室)应结合馆(室)藏档案的珍贵程度、开放程度、利用率、数字化资金情况等因素,科学有序地开展馆(室)藏档案数字化工作。

1. 纸质档案数字化操作

纸质档案数字化即采用扫描仪等设备对纸质档案进行数字化加工,使其转化为存储在磁带、磁盘、光盘等载体上的数字图像,并按照纸质档案的内在联系,建立起目录数据与数字图像关联关系的处理过程。

纸质档案数字化的基本环节包括数字化前准备与处理、档案扫描、图像处理、数据挂接、数字化成果验收与移交、档案归还入库等。

(1) 数字化前准备与处理。

首先,档案管理部门应对确定要进行数字化的案卷进行出库、清点、登记和档案质量检查,以确保纸质档案的安全。检查重点是档案的完整性、破损情况,记录并反馈缺码、缺页、重码、破损等情况。对于字迹不清、破损污染、编号有误、案卷(文件)题名不确切、缺少目录等不能进行数字化加工或数字化后影响利用的档案,应在数字化之前解决这些问题。

其次,拆除装订与整理修补。应以对纸质档案的保护为原则确定是否拆除装订。如需要拆除装订物,应注意保护档案不受损害,特殊装订且拆除装订后需恢复的档案,在拆除前应采用拍照等方式记录档案原貌,以便于恢复。应根据检查及反馈的情况对档案实体错误进行纠正,重新调整档案,包括重编页码、补编页码、纠正卷内(案卷)目录、备考表等。破损严重或其他无法直接进行扫描的纸质档案,应先由专业技术人员进行技术修复。

最后,还要建立数据库并进行相关设置。按照目录数据库建立时制定的数据规则,对照档案原件内容规范档案中的目录内容。

(2)档案扫描。依照整理后的纸质档案顺序扫描档案,依据案卷档号进行文件夹管理,同时依据档号进行文件命名。档案管理部门在扫描时应注意选择合适的扫描分辨率、扫描设备、扫描色彩模式、存储格式。

① 扫描分辨率参数大小的选择,原则上应保持扫描后的图像清晰、完整、不影响图像的利用,分辨率一般不应小于200dpi,特殊情况下,如文字偏小、密集、清晰度较差等,可适当提高分辨率,应不小于300dpi,个别需要高精度仿真复制的档案,扫描分辨率建议选择不小于600dpi。

② 扫描设备的选择是指应根据档案幅面的大小(A4、A3、A0等)选择相应规格的扫描仪或专业扫描仪。大幅面档案可采用大幅面扫描仪进行扫描,也可以采用小幅面扫描仪分幅扫描后进行图像拼接的方式处理。纸张状况较差,以及过薄、过软或超厚的档案,应采用平板扫描仪,纸张状况好的档案可采用高速扫描仪以提高工作效率。

③ 扫描色彩模式一般有黑白二值、灰度、彩色等。为最大限度保留档案原件信息,便于多种方式的利用,宜全部采用彩色模式进行扫描。页面为黑白两色,并且字迹清晰、不带插图的档案,也可采用黑白二值模式进行扫描。页面为黑白两色,但字迹清晰度差或带有插图的档案,也可采用灰度模式扫描。页面中有红头、印章或插有照片、彩色插图的档案,应采用彩色模式进行扫描。

④ 纸质档案数字化过程中,较常见的存储格式有 TIFF、JPEG、PDF、OFD 等。

(3)图像处理。按照实体档案的顺序排列扫描图像,并进行文件管理,确保图像端正、页码连贯无缺、图像干净无黑边。对分幅扫描形成的多幅数字图像,应进行拼接处理,合并为一个完整的图像;对阅读方向不正确或者不规范的数字图像应进行旋转、纠偏、裁边、去污等处理。

(4)数据挂接。档案管理部门挂接前应以档号为基础对数字图像命名,并依据整理后的档案实体录入卷内(案卷)目录。档案管理部门应借助相关软件将数据库中的目录数据和对应的纸质档案数字图像进行挂接,以实现目录数据与数字图像的关联,并逐条对挂接结果进行检查,确保对应准确、目录数据与数字图像一一对应。

(5)数字化成果验收与移交。档案管理部门应对数字化成果验收,包括目录数据中各条目的内容、格式等的准确性,元数据元素的完整性和赋值规范性,目录数据和对应的数字图像挂接的准确性等,验收合格方能移交。

(6)档案归还入库。档案管理部门在档案数字化完成后,应将档案原件依据国家标准与规范装订成卷,还原装订的档案要保证正确、美观。在还原装订后,按照要求履行一定手续将档案原件移交入库保存。

2. 录音录像档案数字化操作

录音录像档案数字化是指对模拟录音录像档案进行数字化加工，使其转化为存储在磁带、磁盘、光盘等载体上的数字音频文件和视频文件，并按照录音录像档案的内在联系，建立起目录数据与数字音视频文件关联关系的处理过程。

录音录像档案数字化过程包括：数字化前处理、数据库建立、信息采集、音视频处理、数据挂接与检查、数字化成果验收与移交、档案归还入库等。

(1) 数字化前处理。档案管理部门应先确定数字化的录音录像档案信息采集范围，再对录音录像档案载体进行外观检查，如出现卷曲、变形、划伤、脆裂、粘连、变色、生霉等影响数字化的不良情况，应对录音录像档案载体进行适度的清洗或修复等技术处理。

(2) 数据库建立。档案管理部门应根据档案著录的要求预先制定目录数据库的数据规则，包括数据字段类型、字段长度、字段内容要求等。在选择数据库时要注意数据格式的通用性，以便后续的数据交换；数据库中要进行功能设置，如数据自检的校对功能，可对著录项目的完整性、著录内容的规范性和准确性进行纠错提示，发现不合格的数据可及时进行修改。

(3) 信息采集。使用专业的录音录像数据采集设备，按照标准要求设置和调整相关参数后采集信息，具体录音录像数字化技术参数可参考《录音录像档案数字化规范》(DA/T 62—2017)执行。一般录音档案数字化的采样率不低于 44.1 kHz，珍贵的录音档案采样率不低于 96 kHz；量化位数为 24 bit，声道为原始声道数记录，文件格式为 WAVE 格式。录像档案数字化的视频编码格式采用 H.264 或 MPEG-2 IBP；采集为标清视频时分辨率为 720×576 或 720×480，采集为高清视频时分辨率不低于 1920×1080，采集为标清视频时视频比特率不低于 8 Mbit/s，采集为高清视频时视频比特率不低于 16 Mbit/s，文件格式为 AVI 或 MXF 格式。

(4) 音视频处理。音视频处理主要包括格式转化与效果处理两个方面。数据采集后要对原始音视频文件的拷贝文件进行压缩编码与格式转换，并对音视频进行降噪、画面去划痕、校色等处理，以保证采集后的数字音视频信息清晰完整、不失真，效果最接近档案原貌。

(5) 数据挂接与检查。档案管理部门应借助相关软件对数据库中的目录数据和对应的录音录像档案数字化音视频文件进行挂接，以实现目录数据与音视频文件的关联。挂接完成后应对挂接结果逐条检查，包括挂接文件与实际数字化数量是否一致、文件是否能正常打开等，发现错误应及时进行纠正。

(6) 数字化成果验收与移交。档案管理部门应成立专门的数字化成果验收小组或者采用计算机自动检验与人工检验相结合的方式对录音录像档案数字化成果进行验收。验收合格的数据应及时移交，并履行交接手续。

(7) 档案归还入库。数字化处理完成后，档案管理部门应按照相关要求对录音录像档案原件进行处理和清点，并履行档案入库手续。

相对于纸质档案数字化，录音录像档案数字化工作对设备和技术要求较高，在实际工作中往往外包。在具体实施过程中，档案管理部门应依据《档案数字化外包安全管理规范》，对数字化服务机构、数字化场所、数字化加工设备、数字化成果移交接收等有严格的安全管理要求，同时应指派专门人员参与档案数字化外包业务的监督、指导。

此外,在进行数字化时,还要注重档案数字化工作与档案数据库建设、档案信息网络开发的有机衔接;提出系统优化的技术路线,规划设计档案鉴定与数字化同步、档案数字化与上网利用同步、多种档案数据库建设同步的流程,以实现档案数字化与上网利用的低成本、高效率、高效益。同时,运用CA认证、数字水印、电子签章等技术,为网上档案信息资源安全、准确地利用提供技术保证,也为档案管理部门提供很好的实践模式。

四、档案网站建设

档案数字化的目的主要是建立数据库,实现远程网络服务与利用,而档案网站就是很好的平台。数字化档案信息可通过网站使利用者不受时间、空间的限制进入档案管理系统中查阅自己所需要的档案信息。

档案网站是档案机构在公共信息服务网站上建立的站点,一般是以主页方式提供档案服务和开展档案宣传。档案网站建设是档案信息化建设的重要步骤,是档案管理部门联系社会的重要窗口。档案网站的功能有服务功能、宣传功能、交流功能等。档案网站的主要内容有档案工作信息、档案机构信息、档案资源信息、档案利用服务信息等。

网站建设的战略方针是"统一规划,整体建设,一步到位"。"统一规划"可以最大限度地避免信息孤岛;"整体建设"可以集约化实施,降低建设中重复开发的投入,以较少的经费搭建公共平台,并解决基层经费少、缺乏专业人才等问题;"一步到位"即使用统一的软件系统,能够事先考虑到档案资源的社会共享问题,避免将来在不同的软件和数据格式中出现协调统一的问题。

档案数字化的关键内容是档案全文数字化,只有将档案全文信息公布在网上,才能真正发挥网络的作用,使用户在足不出户的情况下借助网络查阅档案,获取档案信息。

档案网站是档案界新兴的专业网站,目前,各地档案网站设立了"在线利用服务平台",以"馆室一体化"为理念,面向政务网建立档案服务中心,具有馆藏资源检索、虚拟档案室、现行文件阅览、在线移交、在线答疑、在线咨询等多种功能,涵盖了档案工作的各个环节。

服务社会是档案网站生存的必经之路。例如,全国档案查询利用服务平台是以信息化手段提升档案信息共享服务能力,为社会公众提供档案查询利用的跨区域、跨层级的公共服务平台。此服务平台依托于国家档案局官方网站,运用信息网络技术,打破各省(自治区、直辖市)档案信息资源交互壁垒,与已建成的省级档案查询利用服务平台进行技术对接,构建全国范围的档案查询利用服务平台总门户,实现全国档案信息资源的共享利用。用户进入全国档案查询利用服务平台可浏览查档须知、常见问题等信息,完成实名注册后即可登录,登录后可选择目标档案馆,填写查档需要的相关信息,提交查档申请。全国档案查询利用服务平台提供网上查档、代查档案两种查档方式:网上查档是指查档用户直接通过平台向受查档案馆申请查档的方式;代查档案是指查档用户到就近档案馆由工作人员协助向受查档案馆进行查档的方式。查档范围主要是各档案馆已接收进馆的婚姻档案、出生医学证明、土地确权、职称、劳模等民生类档案以及其他开放档案。此外,该平台还提供多平台链接,如与高校档案查询利用平台链接起来,真正充分发挥数字资源优势,实现档案查阅"一网通办",更好地提升档案工作服务民生的水平,让档案资源"活起来",让人民群众"少跑腿"。

五、数字档案馆建设

（一）数字档案馆的内涵与特点

数字档案馆是指各级各类档案馆为适应信息社会日益增长的对档案信息资源管理、利用的需求，运用现代信息技术对电子档案及其他数字资源进行采集、加工、存储、管理，并通过各种网络平台提供公共档案信息服务和共享利用的档案信息集成管理体系。数字档案馆是一个数字化的信息系统，它把分散于不同载体、不同地理位置的信息资源，以数字化的形式存储，以网络化的方式相互连接，从而提供即时利用，实现资源共享。数字档案馆是数字信息时代档案传递和利用的新途径，它采用现代高新技术，是档案信息的组织模式，代表的是一种信息环境和基础设施的构建，是超大规模的、便于使用的、没有时空限制的知识信息中心。

建设数字档案馆的动因来自外部和内部两个方面。

从外部来看：一是电子政务的推动。随着电子政务的发展，各地政府部门都把档案信息资源作为政务信息的一个组成部分进行统筹规划。二是档案信息化的推动。国家档案局在2002年就提出了推进档案信息化建设的任务，2002年发布了《全国档案信息化建设实施纲要》，2011年发布了《全国档案事业发展"十二五"规划纲要》，2016年发布了《全国档案事业发展"十三五"规划纲要》，2021年中共中央办公厅、国务院办公厅印发的《"十四五"全国档案事业发展规划》明确提出要"大力推进数字档案馆建设"。目前，全国数字档案馆基础设施更加完备，数字档案馆系统功能日趋丰富。三是信息技术的推动。信息技术的飞速发展，使数字档案馆应用成本不断下降，应用普及越来越快，这就使得数字档案馆的建设有了现实的可能性。

从内部来看：一是档案接收的需要。随着计算机的应用和普及，各单位产生了大量的电子文件。按照2012年国家档案局发布的《电子档案移交与接收办法》及附件《电子档案载体标注内容》等规定，要求档案移交单位定期向同级档案馆移交电子档案。因此，若不采用信息技术建设数字档案馆，档案馆就无法实现电子档案的接收。二是档案管理与利用的需要。目前的办公环境基本都是数字化、网络化的，档案馆若不加大数字化、信息化的建设，就无法将传统的档案管理业务固化在电子档案管理系统中，更无法实现数字档案资源自动化管理，实现收、管、存、用的自动化。

数字档案馆是利用网络远程获取档案文件信息的一种方式，它强调的是在数字档案馆环境下档案利用者利用档案信息资源的便利。

数字档案馆的主要特点体现在以下三个方面：① 存在方式上，数字档案馆是一种无形的信息组织与利用环境；② 运行方式上，数字档案馆是存取的档案信息的网络化；③ 功能定位上，数字档案馆以存取为中心。

数字档案馆与现行实体档案馆的关系：① 现行实体档案馆的馆藏档案是数字档案馆形成的基础；② 数字档案馆的出现对现行实体档案馆的馆藏建设提出了新的要求；③ 数字档案馆为现行实体档案馆提供了新的管理和服务机制。二者不是替代关系，而是相互依赖、相互促进的关系。

（二）数字档案馆建设存在的问题

相较于传统实体档案馆，数字档案馆有丰富的数字化资源、海量的存储空间、便捷的检索服务、快速的传输速度、高度的信息开放与共享等优点。然而，它也不可避免地存在一些

缺陷和不足,有的甚至可能是致命的缺陷,主要存在的问题包括以下四个方面:

1. 数字化档案信息的长期存取问题

数字化档案信息的长期存取问题是数字档案馆建设的一个具体而又棘手的难题。存储介质材料的使用寿命、对设备的依赖使得数字化档案必须依赖于计算机设备才能读出,这个特征对数字化档案信息的长期存取带来很多问题。

2. 数字化档案信息的安全问题

安全问题是计算机网络世界最难解决的问题,也是数字档案馆的重大难题之一。数字档案馆虽然被称为"馆",但它是虚拟的,计算机病毒、黑客等很容易对档案网络信息安全带来损害。

3. 数字档案馆建设的标准化问题

数字档案馆建设的目的是要将地区档案馆、全国档案馆乃至全世界的档案馆连成一个整体,以实现档案信息资源共享。这个整体性的数字档案馆事实上是一种在网络环境中共享的数字化档案信息资源社会档案馆系统,由一个个相对独立的数字档案馆组成。要对这些分散在各地的数字档案信息资源进行组织控制,就必须要有彼此兼容的硬件环境,要有一致的文件格式、统一的著录标引标准、数据描述标准、元数据标准、全文数据库标准等。

4. 数字档案馆建设的投入与产出问题

数字档案馆建设存在着投入与产出不协调的问题。在市场经济下,数字档案馆不像数字图书馆那样经济收益大,但它的建设费用却要远远高于数字图书馆。全国各个档案馆保存的档案几乎都是孤本,因而档案馆用于档案数字化的费用要远超图书馆用于数字化的费用,但是由于档案信息自身的限制,利用率并不高,因此建设数字化档案馆存在投入与产出的比率问题。

六、档案数字资源的未来——从数字化迈向数据化

当下,人工智能技术的发展已日趋成熟,加快了档案数字资源从数字化迈向数据化的步伐。人工智能技术目前除了用于档案影像 AI 修复着色、档案馆智能安防外,还可应用于档案数据化、分类与划控这两类工作场景中。

1. 档案数据化

数据化是数字化的延续。档案数据化不同于档案数字化,区别在于档案处理过程与结果不同。档案数字化是通过计算机技术、数字摄影或扫描技术等将纸质档案、录音录像档案等传统载体档案转换成数字化信息的过程,解决了传统档案信息的载体转换、数字存储和利用等问题。档案数据化是在数字化的基础上,以满足用户的业务运行实际需要为出发点,将数字化的信息进行条理化的过程,通过智能分析、多维分析等,有效解决档案信息内容控制的层级、深度问题,为现实利用提供有力的数据支撑。

2. 档案分类与划控

数字档案信息资源在人工智能技术中的模式辨别、自然语言处理以及机器学习等技术的支持下可以进行智能分类。如档案工作者可以利用语音辨别、图像辨别和视频辨别等组成的智能分类技术对多媒体数字档案信息资源进行智能辨别和分类。

划控是对不同门类档案的开放权限和范围进行界定,利用人工智能技术构建档案开放审核知识库、规则库,能有效辅助开放档案的审核工作,减轻档案馆开放档案审核的工作压

力,节省资源成本,加快海量档案开放审核的速度,提高档案开放审核的效率和质量。

目前,人工智能技术在档案数据化应用中仍处于探索和起步阶段,部分应用场景存在算法能力不足、样本训练不够等问题,人工智能技术与档案管理领域的深度融合和应用还有待进一步研发与落地。

任务二　档案数据库管理

思维导图

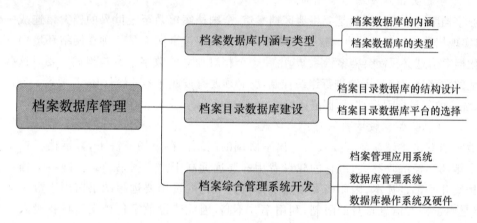

知识目标

- 掌握档案数据库管理的内涵及类型。
- 明确档案数据库的建设及管理流程。

能力目标

- 能够明确档案数据库的内容等。
- 能够了解档案数据库的建设与开发情况。

素养目标

- 培养学生与时俱进、创新开拓的职业精神。
- 培养学生敬业尽责、精益求精的工匠精神。

案例导入

长三角G60科创走廊串起九地

2024年是长三角政务服务"一网通办"上线5周年。在2024年举行的长三角G60科创走廊"一网通办"工作研讨会上,九地航运事项"一网通办"正式启动。目前,长三角G60科创走廊九地通办事项涵盖市场监管、卫生健康、公安等,数量从最初的30项增加到195项,政务服务效能不断提升,群众办事体验持续优化。

> 依托G60高速和沪苏湖高铁等交通大动脉，长三角G60科创走廊串联起上海松江、江苏苏州、浙江嘉兴、杭州、金华、湖州和安徽宣城、芜湖、合肥九地。
> 2018年9月28日，首批异地办理的11张营业执照和1张工业产品生产许可证在长三角G60科创走廊诞生；2019年5月，长三角政务服务"一网通办"上线，长三角G60科创走廊在此基础上持续推动"一网通办"系统互通、数据共享、标准统一，并于2023年6月6日上线长三角政务服务跨省通办远程虚拟窗口。
> 2018年至2023年，长三角G60科创走廊上的高新技术企业数量占全国比重从1/12上升到1/7，战略性新兴产业增加值占GDP比重从11.5%上升到15%……亮眼的"成绩单"离不开日趋完善的跨域合作机制。
> 长三角G60科创走廊联席会议办公室副主任表示：下一步将继续深入推进区域市场准入和许可、交通运输、人才服务等事项跨域远程办理，先行先试，持续推动优化区域营商环境，更好服务国家战略和地区经济社会高质量发展。
> 资料来源：龚雯，胡锐．一张网里织出的"幸福环"[EB/OL]．(2024-04-18)[2024-06-27]．https://www.gov.cn/lianbo/difang/202404/content_6946054.htm．

长三角"一网通办"平台是科技助推政务服务创新模式的成果，真正实现"互联网＋政务服务"下的"最多跑一趟或零跑腿"，一地认证，全网通办，提高了办事效率。平台跨地区通办的实现离不开各种与民生相关的专题档案数据库的建设。

▶ 理论支撑

数据库技术是20世纪60年代末发展起来的一门信息管理技术，是公认的信息资源开发、管理和服务的核心手段。目前，数据库的建设规模、信息量大小和使用频率已经成为衡量一个国家信息化水平和综合国力的重要尺度。在我国各级档案信息化规划中，档案数据库作为档案信息资源管理的核心工具，也逐渐得到广泛的关注。

一、档案数据库的内涵与类型

档案数据库是指在计算机存储设备上合理存放的、可以共享的、具有共同存取方式和一定组织方式的、相互关联的档案信息数据的集合。"相互关联""共同存取方式和一定组织方式""共享"是档案数据库的三个本质要素。

（一）档案数据库的内涵

从广义的角度讲，档案数据库就是以特定方式组织起来的档案数据集合。具体地讲，档案数据库就是为了满足多个利用者的多种利用需求，按照一定的数据模型将本单位所保管的档案信息存储在计算机中以备使用的数据形式。

1. 数字档案信息的组成形式

按照一定的规范与标准将不同载体的档案信息，通过各种方式进行数字化后录入计算机系统，就组成了档案数据库的内容。档案数据库能满足利用者检索全文和多媒体信息的需求。

2. 档案信息系统的核心

档案数据库中存储的是一系列相互关联的档案信息数据，而不是杂乱无章的数据，这些数据包括档案题名、责任者、分类号、主题词、内容摘要等，还包括全文、图像、声音、影像等。这些相互关联的数据是经过调查、试验、统计、整理和归纳后得到的，在经合理分类和规范化处理之后，以记录的形式存储。

此外，档案数据库系统并不只是纯粹的档案数据的集合，还包括档案管理活动中的其他信息，这些信息可以在数据库设计过程中被纳入管理。例如，在使用工具进行数据库需求分析时，可以将许多业务流程方面的管理信息纳入数据字典。数据库的概念设计阶段经常使用的实体关系模型（Entity-Relationship Model，ER 模型）要求仔细分析档案管理领域中各实体及实体之间的联系，并据此建立档案数据库，通过这种方式得到的数据库通常还包括一些管理实体的信息，如人员库、标准库、组织机构表、保管期限表、人员权限表、库房信息等，甚至还包括档案利用者信息，而其中相当一部分不属于档案本体数据所包含的范围。

（二）档案数据库的类型

1. 按档案数据库所含的信息内容划分

按档案数据库所含的信息内容划分是档案数据库的基本分类方法。按这种分类方法，档案数据库可分为：目录数据库、事实数据库和全文数据库。

目录数据库包括各种机读版的文摘、索引、目录等，作用在于指引利用者找到合适的档案信息源，即档案原文，从而满足利用者的检索需求。

事实数据库又称为文本—数值数据库，是同时包含文本信息和数值信息的数据库，它提供经过著录加工的一次文献信息，利用者可以直接从中查找自己所需的档案信息。

全文数据库是存储机读化的档案全文，可以用来检索档案原文中的任何字、句、段、节、章等。事实数据库和全文数据库的特点在于它们本身信息的原始性，即利用者所获取的数值、事实或文本，可直接向其提供档案原始信息。

2. 按档案数据加工的深度划分

按档案数据加工的深度划分，档案数据库可分为：一次文献信息数据库和二次文献信息数据库。事实数据库、全文数据库等属于一次文献信息数据库；目录数据库属于二次文献信息数据库，如案卷目录、文件目录、专题目录数据库等。

此外，按数据形式划分，档案数据库还可以分为文字型数据库、数值型数据库、图像型数据库，以及多媒体数据库等。

二、档案目录数据库建设

档案数据库建设是信息化建设的主要内容和重点，尤其是档案目录数据库建设，它是档案信息化建设的起点，是开发档案信息资源的关键。

档案目录数据库是将反映档案内容特征、形式特征的各种目录信息，依照一定的字段要求存入计算机中，形成用计算机检索的目录数据体系。根据著录对象的不同，档案目录数据库分为文件级目录数据库、案卷级目录数据库和专题目录数据库三大类。

（一）档案目录数据库的结构设计

1. 确定档案目录数据库的著录项目

确定档案目录数据库的著录项目即确定字段、字段名。根据行业通用标准《档案著录规则》(DA/T 18—2022)以及各地区相关文件中有关著录项目的规定,主要著录项目包括著录层级、档号、题名、日期、责任者、保管期限、开放标识等必要项,其余为选择项,如附件、主题词或关键词等。

2. 确定每个著录项目的格式

确定每个著录项目的格式即确定著录项目的字段类型、字段长度和约束条件等,具体可参照各地文书档案文件级目录数据库结构与数据交换形式。

(二)档案目录数据库平台的选择

档案目录数据库管理平台应具有高安全性、良好的开放性、处理大量数据的能力、操作简便、支持多用户共享、高性价比和适用性等特点。

档案目录数据库属于结构化数据库,一般通过关系型数据库管理系统(Relationship Data Base Management System,RDBMS)进行存储和管理。RDBMS 在可靠性、冗余度、一致性和并发控制等方面具有一定优势。因此,档案目录数据库通常选择主流的 RDBMS 作为建库平台。

目前,主流 RDBMS 主要有:SQL Server、Oracle、VFP、Access 等。前两者要求操作人员具备丰富的计算机知识和扎实的数据编程功底,需要由计算机专业人员作为操作人员,系统的价位相对高些;后两者是桌面数据库系统,操作人员即使不了解编程也可以方便地设计、构造数据库,它们对操作人员的要求相对较低些。一般档案馆优先考虑 SQL Server,普通档案室可选择 VFP 或 Access,国家综合档案馆可考虑 Oracle。

三、档案综合管理系统开发

作为管理系统知识数据的工具,数据库为了有效地管理档案信息,通常需要在"数据库管理系统平台"和"操作系统平台"上进一步开发"档案管理应用系统"(即应用软件)。档案综合管理系统是一套集档案采集、档案管理、档案利用于一体的综合性管理软件。该系统的应用可实现档案及档案材料的收集、鉴别、整理、保管、统计、查阅等日常工作的数字化管理。档案综合管理系统构建平台的层次关系如图 10.1 所示。

图 10.1 档案综合管理系统构建平台层次关系图

(一)档案管理应用系统

档案管理应用系统是指通过建立统一的标准来规范文件管理的系统,包括各业务系统的文件管理。目前,市场上有不少档案管理软件,应用于不同行业、不同种类的档案数据库管理,如人事档案管理软件、社保档案管理软件等。

档案管理应用系统主要包含六个方面的功能:档案业务管理功能、档案采集功能、网上查阅功能、档案业务处理功能、基础信息维护及其他辅助功能。

1. 档案业务管理功能

档案业务管理功能主要能完成对业务档案、文件材料的收集、鉴别、整理、保管、统计等工作,主要包括业务管理、信息管理、系统维护及管理工具四大子模块。

2. 档案采集功能

档案采集功能主要能完成对纸质档案材料的数字化采集处理工作。该功能可完成目录整理、档案采集、档案审核、系统维护等工作,并可利用现代化网络技术,实现多人多客户端,对多本档案、不同材料同时进行采集。

3. 网上查阅功能

网上查阅功能是以组织系统专网为网络基础,采用 B/S 架构,在组织系统内部完成本地及远程查档、阅档工作,并采用多种安全加密处理方式,以确保系统运行安全可靠,达到系统内部或异地对档案的查阅要求。在查阅过程中,系统会进行全面的日志记录,对信息传输、用户访问、数据打印等进行全面的安全设计。

4. 档案业务处理功能

系统中的档案业务处理功能紧密结合单位的档案管理工作,能完成日常档案业务处理工作。档案业务处理功能主要包括档案案卷管理、档案材料管理、档案零散材料收集、档案信息审核等。

5. 基础信息维护

基础信息维护功能包括档案信息管理、不同类别档案数据管理、各种样式名册输出等,可进行查询处理、统计分析,并以二维表、柱状图、名册等形式显示结果。

6. 其他辅助功能

其他辅助功能包括数据的发送、接收,数据的备份、恢复,用户管理、日志管理以及事务提醒等。

档案管理应用系统为企业事业单位的档案现代化管理提供了解决方案,档案管理应用系统既可以自成系统,为用户提供完整的档案管理和网络查询功能,也可以与本单位的办公自动化(Office Automation,OA)系统、数据保护管理器(Data Protection Manager,DPM)设计过程管理系统,或者管理信息系统(Management Information System,MIS)相结合,形成更加完善的现代化信息管理网络系统。

(二)数据库管理系统

数据库管理系统(Data Base Management System,DBMS)是一种操纵和管理数据库的大型系统,用于建立、使用和维护数据库。用户通过 DBMS 可访问数据库中的数据,数据库管理员也可通过 DMBS 进行数据库的维护。它可以使多个应用程序和用户用不同的方法在同时或不同时刻去建立、修改和访问数据库。该数据库管理系统主要有数据库的运行管理、数据组织存储与管理、数据库的保护与维护以及通信等功能。前两个功能尤为重要,其中数据库的运行管理主要负责 DBMS 的运行控制、管理,包括多用户环境下的并发控制、安全性检查和存取限制控制、完整性检查和执行、运行日志的组织管理、事务的管理和自动恢复,该功能保证了数据库管理系统的正常运行;数据组织存储与管理功能是对各种数据进行分类组织、存储和管理,包括数据字典、用户数据、存取路径等数据。

档案管理部门采用的档案管理系统软件有利用 Access 开发的适合中小型系统关联性的档案数据库,或者基于 RDBMS 的应用软件——SQL Server 信息系统。

随着大数据时代的到来,数据服务要面对万亿字节(Terabyte,TB)、百万亿字节(Petabyte,PB)级别的数据量。非关系型数据库管理系统逐渐被应用到档案管理系统之中。档案馆要充分考虑到自身的数据分析需要、技术力量和馆藏资源特点等因素,选择恰当的开发方式,实现信息系统的建设。

(三) 数据库操作系统及硬件

数据库操作系统(Operation System,OS)是系统软件,而 DBMS 是应用软件。一般 DBMS 是安装在 OS 上,DBMS 的数据管理可以用 OS 的文件管理,也可以向 OS 申请空间然后自己管理数据。目前流行的现代操作系统主要有 Linux、Windows、Windows Phone 和 Z/OS 等,除了 Windows 和 Z/OS 等少数操作系统,大部分操作系统都为类 Unix 操作系统,档案数据库多使用此类操作系统。

档案数据库的硬件设备一般包括计算机(包括 PC 与 Mac 机)、服务器、数据录入设备、存储与备份设备以及网络服务设备等。

计算机的硬件设备包括中央处理器、主存储器、磁盘存储器、打印机、磁带存储器、显示器、键盘输入设备和鼠标等。

服务器是指一个管理资源并为用户提供服务的计算机,通常分为文件服务器、数据库服务器和应用程序服务器。相对于普通 PC 来说,服务器在稳定性、安全性、性能等方面都要求更高,因为 CPU、芯片组、内存、磁盘系统、网络等硬件和普通 PC 有所不同。服务器有塔式(tower)、机架式(rack)、刀片式(blade)三种。档案数据库一般使用机架式服务器多台,用于数据库部署和应用 Web 部署。

存储与备份设备包括扫描仪、磁盘柜与硬盘、磁带库、光纤及光纤交换机等。

技能提升训练

▶ 任务描述

为加快推进档案信息化建设,有效提高档案利用服务水平,按照"存量档案数字化、增量档案电子化"的要求,××公司近期将一批利用率高的库存纸质档案进行数字化扫描,为后续档案数据库的建设做准备。

▶ 实训内容

将库存纸质档案进行数字化扫描。

▶ 实训目的

通过库存档案数字化扫描实训任务,学生熟练掌握纸质档案数字化的操作方法,特别是馆藏档案的数字化扫描流程,增强数字化意识,理解档案信息化对于提升档案管理效率的重要性。通过小组合作形式,培养学生的团队协作与沟通能力。

▶ 任务实施

为更好地完成纸质档案数字化扫描的实训任务,提升学生的档案管理技能,了解一定的纸质档案数字化扫描流程及技术,需遵循以下步骤进行:

第一步　了解纸质档案数字化的相关规范与标准

本次实训可参考的档案数字化标准规范主要有国家档案局发布的相关标准。

国家档案局颁布的《纸质档案数字化规范》(DA/T 31—2017)详细地规定了纸质档案数字化的组织与管理,确定了纸质档案数字化前处理、数字化采集、影像处理工作等要求,是纸质档案数字化的指导性文件。

第二步　任务分工

学生以 5～6 人为一组,每组设组长一名,负责统筹协调。

组内成员应分工明确,通过合理规划、规范扫描、数据处理等,完成此次纸质档案数字化扫描实训任务。

第三步　熟知操作流程,开展档案数字化实训

1. 操作流程

纸质档案数字化的基本流程主要包括:档案出库、档案数字化前处理、档案扫描、图像处理与存储、档案数据挂接(提前建好数据库)、数字化成果验收与移交、档案入库等环节。纸质档案数字化流程如图 10.2 所示。

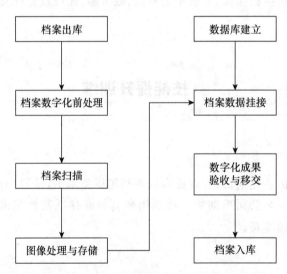

图 10.2　纸质档案数字化流程

本次实训任务主要是其中的档案扫描、图像处理与存储环节。

2. 按照档案数字化规范拆卷扫描并加工图像

(1) 档案拆卷

① 拆卷前:检查卷内文件页码是否完整,缺失的需补充;核对卷内目录与实际分页是否一致,发现错误及时更正。

② 拆卷时:小心拆除装订物,保护档案实体;对于需裁切的文件,经同意后细心操作,避免损坏;拆卷后所有案卷一律平放,不得竖放和侧放;如发现卷内文件有破损、残缺、缺页等

特殊情况应进行登记,数字化加工之前先进行档案修复,同时在记录表上注明是否已修复。

（2）扫描加工

扫描工作开始前,应检查扫描软件技术参数设置是否正确;扫描时应注意文件夹命名是否正确;根据待扫的档案幅面大小选择专业扫描仪,按档案原样扫描。一般普通纸张的案卷采用高速扫描仪进行批量快速扫描;针对纸张状况较差,以及过薄、过软或超厚的档案,采取加保护套及平板扫描方式。初始扫描时,应将档案纸张放置端正,不允许有折角、遮字或者缺损。扫描加工过程中必须注意图像质量,如对图像偏斜度、清晰度、失真度进行检查,发现不符合图像质量要求的情况,应重新进行图像的处理,并做好记录。

逐卷逐件逐页扫描,顺序不可弄混;先扫案卷封面和卷内目录,将案卷封面和卷内目录各自单独作为一个文件扫描;同时对照卷内目录所示页码对卷内文件进行分件扫描;扫描时做到不缺页、不重页、图像内容完整,文件上的正文、页码等必须扫描齐全完整,确保扫描图像与实体档案一一对应。如发现错误,对照档案数字化加工流程单,退回纠错。

3. 图像存储

将数字化加工成果的数据文件存入相应的文件夹中,并按规范做好标签,同时提供文件清单。

文件夹具体命名规则如下：

封面命名规则：档号＋案卷题名＋封面；

目录命名规则：档号＋案卷题名＋卷内文件目录；

文件夹命名规则：档号＋案卷题名（卷内文件总页数）；

文件（图像）命名规则：单页文件和多页文件均采用该文件与之对应的唯一档号＋文件名＋三位流水号的文件页码；

文件（PDF）命名规则：文件对应的唯一档号＋文件名；

备考表命名规则：档号＋案卷题名＋备考表。

图像的存储格式为：TIFF、JPG。一般来说,数字化加工成果包含双份四套图像数据：一套为 TIFF 格式原始图像；一套为 JPG 格式,主要用于提供利用；一套为 JPG 图像组成的 PDF 格式的文件；还有 JPG、PDF 加不可更改水印专用章各一套。

扫描完毕后将纸质档案整理装订,还原案卷原貌,再归还至档案室。

第四步 课堂分享,完成任务工单

实训结束后,各组在课堂上用 PPT 形式分享纸质档案数字化扫描实训过程,教师点评,小组互评；实训任务完成后,每位同学根据自己的任务分工和实训过程,完成表 10.1 所示的任务工单,撰写实训总结。

表 10.1 任务工单

任务名称	纸质档案数字化
任务目的	通过纸质档案数字化扫描、图片处理等的实训过程,学生熟练掌握纸质档案数字化扫描方法,提升专业技能
任务内容	纸质档案扫描、图像处理与存储
任务提示	从学校等身边的纸质档案入手

续表

第（ ）组	姓名					
	学号					
任务	(1) 纸质档案数字化扫描的规范要求					
	扫描前					
	扫描中					
	扫描后					
	(2) 纸质档案数字化图像处理与存储					
	图像处理					
	文件命名					
实训心得						

思考与练习

一、案例分析

××市档案局一直重视民生档案专题数据库建设，先后投入了大量的人力和物力，采用内外结合、技术外包等形式，先后建立了山林土地、婚姻等与老百姓相关的数据库。2023年9月，××市档案局坚持"就近申请、远程出证"的原则，投入使用了民生档案远程利用平台。民生档案远程利用平台在全市范围163个查档窗口实现了全面覆盖，做到了市、镇、村三级联动查档，百姓只要携带身份证就可到各村、社区便民服务中心查询，让百姓足不出村（社区）就能查询土地承包、婚姻等与百姓息息相关的民生档案，大大方便了百姓办事。截至2024年6月，该平台已为53人次提供了民生档案查询服务。接下来，××市档案局将丰富民生档案查阅内容，推出包括农民建房、收养、生育审批、病残儿鉴定、学籍和劳动模范等类型民生档案。

结合案例分析纸质档案数字化的社会意义及数字化建设原则。

二、技能题

秘书小王是一家证券公司的档案室资料员，公司积累了大批的客户资料，现公司为方便管理客户资料，领导让小王负责将以前的纸质客户资料扫描录入计算机，建立以客户为检索目录的专题目录数据库。你认为小王应该如何着手建设此数据库？

拓展阅读

《"十四五"全国档案事业发展规划》要求深入推进档案资源体系建设

"十四五"时期是我国全面建设社会主义现代化国家新征程的开局起步期,也是档案事业适应国家治理体系和治理能力现代化要求,走向依法治理、走向开放、走向现代化的重要战略期。2021年6月中共中央办公厅、国务院办公厅印发了《"十四五"全国档案事业发展规划》,其中第三部分第9条明确提出要"加快档案资源数字转型"。具体如下:

加快档案资源数字转型。加强国家档案数字资源规划管理,逐步建立以档案数字资源为主导的档案资源体系。大力推进"增量电子化",促进各类电子文件应归尽归,电子档案应收尽收,市地级以上国家档案馆全部具备电子档案接收能力,电子档案在档案资源体系中占比明显提升。继续做好"存量数字化",中央和国家机关传统载体档案数字化率达到80%,中央企业总部传统载体档案数字化率达到90%,全国县级以上综合档案馆应数字化档案数字化率达到80%。加快推进对重要档案数字化成果进行文字识别和语音识别。

法规阅读

(1)《纸质档案数字化规范》(DA/T 31—2017)

(2)《录音录像档案数字化规范》(DA/T 62—2017)

(3)《数字档案馆建设指南》

参 考 文 献

[1] 陈琳.档案管理技能训练[M].2版.北京：机械工业出版社,2015.
[2] 丁夕.档案管理信息化建设研究[M].长春：吉林出版集团股份有限公司,2023.
[3] 冯惠玲.档案学概论[M].3版.北京：中国人民大学出版社,2023.
[4] 冯惠玲,刘越男.电子文件管理教程[M].2版.北京：中国人民大学出版社,2017.
[5] 甘霖,刘满成.管理信息系统[M].南京：南京大学出版社,2017.
[6] 黄河,叶淑仪,傅爱娟.档案管理与实务分析[M].北京：北京工业大学出版社,2022.
[7] 李晓婷.人事管理实务[M].上海：复旦大学出版社,2019.
[8] 楼淑君,钟小安.档案管理实务[M].2版.重庆：重庆大学出版社,2014.
[9] 邵华.电子文件管理教程[M].苏州：苏州大学出版社,2023.
[10] 唐明瑶,刘益芝.档案管理[M].北京：科学出版社,2013.
[11] 王英玮,陈智为,刘越男.档案管理学[M].5版.北京：中国人民大学出版社,2021.
[12] 王英玮.专门档案管理[M].3版.北京：中国人民大学出版社,2017.
[13] 杨戎,黄存勋.文书处理与档案管理[M].上海：华东师范大学出版社,2013.
[14] 张虹.档案管理基础[M].4版.北京：中国人民大学出版社,2019.
[15] 赵映诚.文书工作与档案管理[M].4版.北京：高等教育出版社,2022.
[16] 周林兴.会计档案管理[M].武汉：武汉大学出版社,2023.